市民参加による
自治体

基礎自治体における
取組みを中心として

産業政策

河藤 佳彦 著

Kawato Yoshihiko

同友館

まえがき

　基礎自治体としての市町村（東京都の特別区を含む）による産業政策が自治体産業政策の中核を担う存在として重要性が注目されるようになったのは，地方分権の推進への取組みを国が本格的に始めた1990年代に入ってからであると言える。また，1999年の中小企業基本法の大幅な改定により，自治体産業政策の重要な対象である中小企業の振興が自治体の責務とされたことも，自治体産業政策の推進を後押しした。さらに，国と地方を挙げて進める地方創生への取組みにおいても，自治体産業政策の目的である地域産業の振興は，その実現のための重要な原動力として重要性を高めている。

　自治体産業政策は，中小企業を中心とした地域企業に最も身近な政策主体である市町村が，その位置づけを活かすことにより，実効性の高いきめ細かな支援策を地域企業に提供することができる。また，地域ブランド戦略や「食」の観点から農業振興を図ることにより，中山間地域の産業や観光産業の振興を図ることができる。さらに，まちづくり政策と連携して商業や都市型産業の振興を図ることにより，まちなかの活性化を進めることもできる。このように自治体産業政策は，地域経済の発展に貢献できる大きな可能性を内包している。

　しかし，自治体とりわけ市町村にとっては，産業政策は比較的新しい政策領域であり，その実施方法については手探り状態であるとも言える。この状況において，市町村では近年，産業政策の指針を示す「産業振興ビジョン」の策定，地域の経済・産業団体，市民団体，個別の事業者や市民（これらの諸主体を総称して「市民」とする），国や都道府県の産業支援機関，学識経験者などが参画し，自治体に対して産業政策に関する提言を行う「産業振興会議」の設置・運営，また産業政策を理念において応援する「地域産業振興条例」や「中小企業振興条例」の制定などが進められ，実質的な成果を上げ始めている。市町村による自治体産業政策における市民参加は，政策形成過程においてだけではない。実践活動においても，事業者や市民団体を含む幅広い層の市民と協働

して，地域経済の活性化に取り組み，成果を上げる事例も見られる。

　このように，自治体産業政策の実効性を高めるための方策として，市民参加の有効性が注目される。そこで本書では，自治体産業政策の意義について理論的な検討を行った上で，その政策過程への市民参加の意義や方法について検討し，実践事例において有効性を確認する。それにより，市民参加による自治体産業政策の一層の発展に少しでも寄与したい。

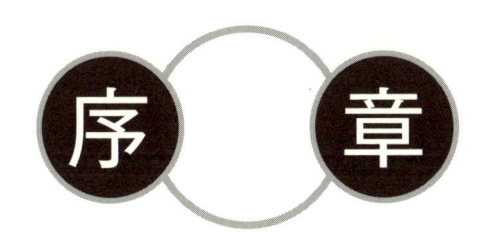

第1節　本書の目的

　近年，都道府県や市町村（東京都の特別区を含む。）による産業政策（以下，「自治体産業政策」とする。）への注目度が高まっている。取り分け，地域の事業者に最も身近な政策主体である，基礎自治体の市町村への期待が大きい。その背景には，主に次の二つの要因があると考えられる。

　第一の要因として，先端的な技術産業の発展や経済のソフト化・サービス化が進むなかで，大規模な生産設備を所有しない中小企業者（中小企業と個人事業者）であっても，高付加価値な財やサービスを創出できる機会が拡大したことにより，地域経済の発展を先導する中小企業者の，自立的発展と地域経済発展の主導的役割への期待が1980年代以降高まってきたことがある。さらに，1999年の中小企業基本法の大幅な改正により，中小企業の振興が自治体の責務とされたことも，自治体産業政策の推進を後押しした。

　第二の要因として，国と地方を挙げて推進している地方創生においても，地域産業はその実現のための原動力として重要性を高めていることがある。我が国が直面する人口減少問題の対応策として，国は2014年に「まち・ひと・しごと創生法」（平成26年法律第136号）を制定し，『まち・ひと・しごと創生総合戦略』を策定した。全国の自治体も，国の方針を踏まえ，各々が地方版『まち・ひと・しごと創生総合戦略』を独自に策定し，そのなかで，地域活性化方策として大きな効果が期待される「産業政策」が，重視されるようになった。

　第二次世界大戦の後も，近年に至る長期間にわたり，地域産業政策は国の主

導により進められてきたため，自治体には政策のノウハウと実績の蓄積が十分に行われてこなかった。また，中小企業政策は国の所管であり，自治体はそれを補助する立場にあった。都道府県は第二次世界大戦の以前から，公設試験研究施設の設置・運営など，重要な政策を展開してきた実績があることは評価される。しかし例えば，中小企業が事業の共同化などにより経営の高度化を図る「中小企業高度化資金制度」や中小企業の設備の近代化を促進する「中小企業設備近代化資金助成制度」は，主に都道府県により運用されてきたが，制度は国により構築されたものであり，多額の国の資金が充当されてきた。また，企業誘致政策については，都道府県や市町村が，独自の条例を制定するなどして取り組んできたが，多くの場合，国の産業立地政策の受け皿としての性格が強く，地域特性を活かした独自の政策として理解することは難しい。すなわち，自治体による産業立地政策は，国による様々な優遇措置を導入することが第一の目的となることが多かった。

　それに対して近年では，地域の個々の中小企業者のニーズへの対応の必要性が高まっている。それは，成長が期待される新事業領域の中小企業者が増えてきており，それらの事業者に対してきめ細かな支援をすることにより，地域産業全体の発展への波及効果が期待されるからである。また，地域の諸主体が連携することによる，地域産業の発展促進への取組みに対する支援の必要性も高まっている。こうした動向に伴い，地域の事業者に身近な基礎自治体である市町村への，独自政策の策定や実施に対する要請が高まってきている。

　自治体産業政策は，実効性の高いきめ細かな支援策を地域事業者に提供できる。また，地域ブランド戦略や「食」の観点から農業振興を図ることなどにより，中山間地域の産業や観光産業の振興を図ることができる。さらに，まちづくり政策と連携して商業や都市型産業の振興を図ることにより，まちなかの活性化を進めることもできる。このように自治体産業政策は，地域経済の発展に貢献できる大きな可能性を内包している。

　しかし，産業政策は自治体にとって比較的新しい政策領域であり，手探り状態であるとも言える。その中で自治体では近年，産業政策の指針を示す「産業

振興ビジョン」の策定，地域の経済・産業団体，市民団体，個別の事業者や一般市民（これらの諸主体を総称して以下，「市民」とする。），国や都道府県の産業支援機関，学識経験者などが参画し，自治体に対して産業政策に関する提言を行う「産業振興会議」の設置・運営，また産業政策を理念において応援する「地域産業振興条例」や「中小企業振興条例」の制定などが進められ，実質的な成果を上げ始めている。実質的な成果が見られる自治体に着目すると，その共通点として，地域の産業関係の諸主体が連携・協働して，産業ビジョンの策定や地域産業政策の検討，さらにその実施に取り組んでいる実態が見えてくる。

　そこで本書では，先述のとおり一般市民を含む地域の産業関係の諸主体を広義の「市民」として捉え，その市民と自治体が連携・協働して取り組む産業政策を「市民参加による自治体産業政策」と表現し，その意義について理論的把握に努めると共に，実態を知ることにより，実績を生み出す要因や課題について分析し，将来のあり方について考察したい。

　自治体産業政策における市民参加は，政策形成過程だけではない。実践活動においても，事業者や市民団体を含む幅広い層の市民と協働して地域経済の活性化に取り組み，成果を上げている事例が見られる。このため，自治体産業政策の実効性を高めるための方策として，市民参加の有効性が注目される。

　「市民参加」または「市民との連携・協働」の態様やパートナーシップの当事者は多様である。その全てを網羅して検討することは困難だが，具体的な実践事例を採り上げ，成果の要因について考察することは，その成果を他の地域に広く応用する上で重要となる。また，実践の裏づけとなる理論を理解する必要もある。

　そのため本書ではまず，自治体産業政策における市民参加の意義について理論的な検討を行った上で，自治体産業政策への市民参加の方法について考察し，実践事例においてその有効性を確認する。そしてそれを，市民参加による自治体産業政策の発展に役立てたい。

第2節　自治体産業政策を捉える視点

　地域において産業の振興に取り組む団体は，自治体としての市町村と都道府県，国，商工会議所や商工会，地域経済団体など多様である。そのなかで，地域の事業者の身近な存在であり，公共主体として地域の諸主体の連携を公正な立場から促進できる主体として，基礎自治体である市町村に期待される役割は大きい。そこで本書では，市町村による産業政策を「自治体産業政策」の中心に据え，その現状や課題，将来展望について検討する。そのため，以下，自治体産業政策を中心に，それを包含する地域産業政策までを視野に入れ捉える視点について，先行研究に基づき概観する。

（1）自治体産業政策に求められる要件

　長谷川（1998）は自治体産業政策における，地域政策との関係について次のように論じている。「さまざまな政策を統合させることに，地方自治体による地域政策の特徴があるから，地域産業政策も産業と生活，つまり産業論的視点と地域振興論的視点の総合化が大事である。地域産業政策を地域の総合的な視点から捉える必要があり，地域産業政策が地域政策においてどのように位置づけられるかが重要となる」（p.41）。自治体による地域政策には，地域住民の多様な生活ニーズを充足し，生活満足度を総合的に高めることが求められるのであり，地域産業政策は多様な地域政策の1つとして捉えることができる。

　地域経済の発展促進方策を提供することにより，地域政策としての要請に応え得る地域産業政策は，地域政策においても重要な政策分野として位置付けられる。このことについては，自治体産業政策の視点から長谷川（1998）も次のように論じている。「地方自治体が地域産業政策を確立することの意義は大きい。その展開にあたって，ハイテク産業の育成策や中小企業政策を推進することはもとより，所得分配の平準化，公害の制御，地域福祉のレベル・アップなども地域産業政策の重点的な政策課題に含め，地域の立場にたって主体的に地域の産業振興をはかるシステムを考えるべきである」（p.41）。自治体は産業

政策について，幅広い地域政策のなかで他の政策分野と融合的・横断的に捉えて関連づけ，相互の相乗効果を図れるよう展開することが重要となる。

長谷川（1998）は，地域産業政策には2つの類型があるとする。すなわち，「産業のインフラにかかわる政策（物的インフラ，制度的インフラおよび人的インフラに対する施策）と産業間の資源配分にかかわる政策（ターゲットとして選択した特定産業に資源を傾斜的に配分し，当該産業の発展を加速化する政策）との2つのタイプがある」（p.36）としている。地域産業の発展に必要な諸資源，諸制度を基本的な基盤として捉えていること，発展が期待される産業に着目し重点的に支援策を講じることの必要性を論じたものであり，地域産業政策の意義を的確に表現している。

本多（2012）は自治体産業政策について，次のように評価している。「自治体は地域の持つ産業構造，地理的特性，風土に独自に対応しやすく，地域の実情に応じた企業支援を企画・実行できる立場にある。近年，こうした自治体の優位性が評価され，自治体の地域振興に果たす期待は高まっており，独自の政策を実施する自治体が増えてきている」（p.229）。また，「自治体の商工施策は，財政的には制度融資による金融支援がメインであるが，地域に身近な政府として自治体に期待されているのは，単なる金融支援のみならず，企業間のネットワーク形成や情報収集・提供といった属人的要素の強いソフト支援といえる」（p.230）としている。自治体産業政策に求められる政策領域は拡大していると言える。さらに，「短期的な経済成長を目的とせず，長期的・持続的な地域経済の発展を目的として，環境，文化，福祉といった多様な要素にも配慮しながら政策を展開していくことが求められる」（p.231）としている点も注目される。自治体産業政策は，幅広い地域政策のなかで捉え，長期的で持続的な地域の発展を支える役割を担っていく必要がある。

本多（2012）のもう1つの注目すべき主張は，実態調査への取組みの重要性である。「実態調査は将来の施策の推進のためのヒントを与えてくれるものであり，そこで得られた調査データは政策の大きな根拠となる。実態調査を通して，職員の地元企業・産業に対する知識が深まることや，企業とのネットワー

クや信頼が生まれることなども大きな利点といえる」（p.231）とする。政策は現状や実態に対する正確な認識に基づき，課題の解決や長所の発展促進を図っていくものである。そのため，実態調査は必要不可欠であると言える。

　また，伊東（2011）は，地域産業の振興・活性化の重要な要件として，連携，適確な計画・プラン，イノベーション（広義の革新）を挙げている（pp.247-248）。すなわち，「地域産業・地域企業が，自ら立てた計画に即して，地域に内在する様々な資源（人材，設備，資金，技術，情報等）や組織を，多様な連携＝創造的なネットワークを構築して，地域に見合った得意な方法で有効に活用し，イノベーションをおこすことによって，地域産業の振興・活性化が図られる」（p.248）ことが重要と認識している。

　地域産業政策は，計画的・戦略的に，多様な地域資源や連携を駆使することにより推進することが重要であることは，伊東の主張のとおりであると言える。さらに伊東（2011）は，需要サイドに立った地域産業振興の必要性，地域産業の振興・活性化を図るうえでの人材の確保・育成の重要性，地域産業の差別化・個性化を図ることの重要性も指摘しており（p.248），重要な要件として確認しておきたい。

　一方，地域産業政策については，多くの先行研究において，産業政策と生活活動の強い関係性のなかで捉えることの重要性が論じられている。この点について植田（2009）は，「地域経済の振興と生活の「場」としての地域の再生を不可分のものと考え，地域産業政策においても両者を常に密接に関係づけていくことである」（p.33）と論じている。そのために，「企業的性格をもたないあるいは企業的性格が普通の企業とは異なるさまざまな経済活動の主体（NPO，社会的企業，コミュニティ・ビジネスなど）をも地域産業政策の対象に含みこんでいくことである」（p.33），「地域で生産活動を行っている企業だけでなく，生活をしている住民との認識の共有や共同作業が必要になってくる」（p.33）としており，一般市民を含む地域の諸主体が連携・協働して地域経済・地域産業の振興に取り組んでいくことの重要性が改めて確認される。

（2）自治体産業政策の実践事例

　自治体産業政策において，先駆的な取組みを始めたのは，製造業が盛んな墨田区である。高野（2010）はその取組みの成果を次のように紹介している。

　墨田区が中小企業施策に力を入れるようになったのは，1970年代半ば（昭和50年代）になってからである。その背景として，1970年代半ば（昭和40年代後半）のオイルショックを契機に，日本経済が高度成長から低成長へ様変わりしたこと，工場等制限法などによる地方分散政策や1960年代後半（昭和40年代）の公害問題などによって工場の流出と街の活力低下が見られたことを挙げている（p.85）。

　そこで採られた産業振興策は，まず1977〜78（昭和52〜53）年にかけて，区役所の係長級職員180人が約9,000の製造業を訪問し「中小企業実態調査」を行ったことである（p.86）。次に，1979（昭和54）年に「墨田区中小企業振興基本条例」を制定したことである（p.86）。墨田区の取組みは市区町村としては極めて先進的だとする（p.88）。続いて条例制定の翌年に，産業振興会議が始まる。この会議は工業，商業分野の企業人と学識経験者，区職員の三者で具体的な施策を提案する諮問機関で，多くの斬新な施策を生みだしている（p.88）。1980年代前半（昭和50年代後半）は，施策の基盤形成期であった。施策は中小企業への融資，経営相談などの基本的なものから，業種別団体，商店街など個々の団体への振興計画づくりと事業化への支援，面的なまちづくり事業などに産業振興の立場で関わるなど，一歩一歩広がりを持っていった（p.88）。さらに一歩踏み込む形となったのが，すみだ産業会館（1983年）とすみだ中小企業センター（1986年）の開設である（p.88）。

　高野（2010）による以上の紹介によれば，墨田区は全国に先駆けて，中小企業実態調査，中小企業振興基本条例の制定，産業振興会議の設置，産業会館と中小企業センターの開設など，ソフト事業とハード事業を着実に進めてきた。厳しい社会経済状況に置かれたことにより，差し迫った必要性があったからこそ進められた側面もあるが，積極的かつ戦略的に施策を展開してきたことによる実績は高く評価できる。

また，渡辺（2010）は，2007（平成19）年4月に「帯広市中小企業振興基本条例」を施行し，地域の中小企業振興に積極的に取り組んでいる帯広市の取組みを採り上げ，次のように紹介している。「帯広市中小企業振興基本条例」の前文には，次の4つの理念が書き込まれた。①基幹産業である農業を中心に産業が発展，②近隣町村との連携による地域経済圏・十勝，③中小企業は地域経済振興の重要な担い手，④中小企業振興の位置づけの（地域での）共有（pp.122-123）。そして，条例施行後の2007年7月に，条例第4条（市長の責務）を具体的に実現するための施策議論の場として，「帯広市中小企業振興協議会」が発足した。協議会は，商工会議所及び同友会の推薦，中小企業団体・金融機関・関連行政機関の18人の委員で構成された。また，委員会で具体的な検討を進めるために4つの部会「創業・モノづくり部会」「経営基盤・人材部会」「交流部会」「産業基盤部会」が設置され，中小企業の経営者を中心に22人の部会員も含め，総勢40人の関係者による協議会活動が進められた（p.131）。

　さらに渡辺（2010）は，次のように紹介している。中小企業振興協議会の提言をもとに，2009年2月，「帯広市産業振興ビジョン」がまとまった（p.131）。産業振興ビジョンでめざす地域産業の姿を「地域力をいかした活力ある地域産業の形成」とし，振興施策の視点として，地域資源を活用した産業の振興，産業間・産学官連携による産業の振興，中小企業の活性化による産業の振興を挙げている。また，振興ビジョンは，全体を「五つの施策の基本方向」にそって，「六つの重点プロジェクト（（ⅰ）創業・起業支援，（ⅱ）中小企業総合支援，（ⅲ）人材育成，（ⅳ）ものづくり創造，（ⅴ）ビジネス拡大立地促進，（ⅵ）交流拠点形成）を決めている」（pp.134-135）。さらに，推進体制として，中小企業者，中小企業関係団体，金融機関，行政，大学などで構成する，「帯広市産業振興会議」を設置し，中小企業振興及び地域産業振興等の推進に関する事項等について協議を行うこととされた（pp.134-135）。

　渡辺（2010）による以上の紹介によれば，帯広市は中小企業振興基本条例の制定を契機として，地域の産業関係の諸主体の連携・協働体制を構築して

いったという。すなわち，中小企業振興協議会を結成して産業振興ビジョンを策定し，そのビジョンの中に推進体制として産業振興会議を位置づけた。地域としての産業ビジョンの推進体制を，その構想段階から実施段階までを一貫して，地域連携・協働体制のなかで構築してきたのであり，産業振興会議の運営により産業振興に取り組める体制が継続されることが望ましいと言える。

さらに渡辺（2010）が，「行政の課題としては，市民が暮らしやすい生活市域づくりと，その市域の行政コストを生み出す基となる強い企業群（産業構造）づくりへの支援が，バランスよく両手に乗っていることが極めて重要だと考えています」（p.145）と主張していることにも注目したい。地域産業を捉える場合の重要な視点は，市民の生活を経済的にも質的にも豊かなものにするために，地域産業は重要な役割を担うということである。市民生活との共存共栄の視点が求められる。

（3）本書における考察の方向性

（1）および（2）の考察から，自治体産業政策のあり方について考えると，地域住民の生活満足度を総合的に高めることを目的とした，多様な政策の集合体としての地域政策と連携して取り組むことが重要となる。

すなわち，地域住民の生活と一体的に地域産業を捉え，その振興を図る必要がある。そのためには，条例やビジョンによって政策理念を明確化すること，また，その理念を実現するには地域の諸主体の連携・協働が必要であること，それを具体化する場として産業振興会議のような仕組みも同様に重要であると言える。

そこで本書においては，これらの要件が重要であることを基本的な視点として，自治体産業政策のあり方について考察を進めていきたい。

第3節　本書の構成

本書の目的を踏まえ，次のような構成とする。

序章（本章）では，本書の目的を提示した上で，先行研究をレビューすることにより，自治体産業政策を捉える視点として，自治体産業政策に求められる要件と実践事例の概観，考察の方向性を確認する。また，本書の構成を概観する。

　第Ⅰ章では，自治体産業政策の意義について検討する前提として，自治体産業政策を包含する「地域産業政策」の将来への展望を得るため，その基本理論から実践事例までを体系的に挙げて考察する。

　地域産業政策は，多様化・個性化の進むなかで必然的に重要性を増している。そうした中で，地域産業振興に求められるのは，地域の人々が自らの地域資源を十分に把握し，地域の優位性や個性の源泉として最大限に活用することであるという視点からアプローチする。

　第Ⅱ章では，内発的発展を促進する自治体産業政策の基本要件について考察する。そのために，まず内発的発展の基本的な意義について確認した上で，内発的発展を誘発・促進する産業分野や企業の要件と把握方法について整理する。さらに考察を発展させ，内発的発展を促進する自治体産業政策の推進体制や担い手人材のあり方について検討する。

　第Ⅲ章では，近年，全国で進められている地方創生への取組みのなかで，地域産業政策は人々の生活に経済的な基盤を提供するという重要な役割を担っていること，また，自治体産業政策には多様な事業方策があるが，核心的な意味において重要性を持つのは生産性の向上であることを踏まえ，地域の個性や優位性を生産性の向上に繋げていく基本的な方策について検討する。

　第Ⅳ章では，自治体産業政策における市民参加のあり方について考えるためには，その前提となる自治体政策への市民参加の意義と枠組みについての理解が必要になることを踏まえ，自治体の政策形成における市民参加の基本的な枠組みを検討する。またその理解を深めるため，市民参加の有効性を，群馬県渋川市による総合計画の策定と実施を実践事例として確認する。

　第Ⅴ章では，市民参加による自治体産業政策の一つ目の実践事例として，埼玉県上尾市を採り上げる。上尾市は，東京都心部や埼玉県の中枢部に近接する

都市としての特徴などを活かした産業活性化の方策を示す『上尾市産業振興ビジョン』を策定し，その推進のための組織として「上尾市産業振興会議」を設置した。「上尾市産業振興会議」は，地域における産業関係の諸主体による連携と協働の場として，上尾市の産業政策の実施に重要な役割を担っている。その取組みを確認した上で，産業振興ビジョンと産業振興会議の意義について考察する。

　第Ⅵ章では，市民参加による自治体産業政策の二つ目の実践事例として，長野県上伊那郡辰野町の産業政策を採り上げる。辰野町の産業政策は，町に住み働く人々を増やすことに重点を置き，町役場が地域の事業者や個人（広義の市民）と連携して諸事業に取り組んでいる点に特色が見られる。移住定住促進を基本目標とする町役場の政策との関係において，産業政策の意義について考察する。

　第Ⅶ章では，市民参加による自治体産業政策の三つ目の実践事例として，長野県飯田市と下伊那郡の町村（飯田・下伊那地域）を採り上げる。飯田・下伊那地域では，地域の諸主体の協働により自立的な経済発展を進めてきた。本章では，その中心的な役割を担ってきた3つの第三セクターの活動に着目し，事業実績を上げて来た要因について考察する。

　終章では，これまでの考察を振り返り，「市民参加による自治体産業政策」の意義について理論的側面と実践の側面から総合的に考察する。そして，自治体産業政策の将来のあり方についても，併せて考察したい。

【参考文献】
伊東維年「終章 現代の地域産業振興策」伊東維年・田中利彦・出家健治・下平尾勲・柳井雅也『現代の地域産業振興策：地域産業活性化への類型分析』（MINERVA 現代経済叢書109）ミネルヴァ書房，2011年，pp.245-249
植田浩史「第1章 地域経済の現状と地域産業政策の課題」植田浩史・立見淳哉編『地域産業政策と自治体：大学院発「現場」からの提言』創風社，2009年，pp.15-42

高野祐次「1 条例に魂を入れてきた墨田区の商工観光行政」岡田知弘・高野祐次・
　　渡辺純夫・西尾栄一・川西洋史『中小企業振興条例で地域をつくる：地域内再
　　投資力と自治体政策』自治体研究社，2010年，pp.81-119

長谷川秀男『地域産業政策』日本経済評論社，1998年

本多哲夫「第10章 産業政策・中小企業政策」植田浩史・北村慎也・本多哲夫編著
　　『地域産業政策：自治体と実態調査』創風社，2012年

渡辺純夫「2 中小企業振興基本条例から産業振興ビジョンづくりへ」岡田知弘・高
　　野祐次・渡辺純夫・西尾栄一・川西洋史『中小企業振興条例で地域をつくる：
　　地域内再投資力と自治体政策』自治体研究社，2010年，pp.121-146

第I章

地域産業政策の意義と枠組み

はじめに

　本章では，自治体産業政策の意義について検討する前提として，自治体産業政策を包含する「地域産業政策」の将来への展望を得るため，その基本理論から実践事例までを体系的に考察する。

　我が国では「産業政策」としてこれまで，国の主導により成長産業の育成，産業構造の調整，産業立地政策などが実施されてきた。地域における産業政策も，1990年代に入る頃までは，国の産業政策の具体化方策の一環として国の主導により実施されてきた。

　地域における産業政策は，国の産業立地政策の受け皿としての企業誘致政策や国の中小企業政策の実施など，国の実働機関としての役割が大きかった[1]。地域におけるこのような産業政策は，国の産業政策を地域の実情に合わせて実施する点においては，地域も一定の主体性を有していたと言える。また，都道府県や政令指定都市などの大規模自治体が設置運営する試験研究機関は，地場産業への技術支援など地域の産業特性に応じた特色ある業務を実施してきた。しかし，市町村の産業政策は基本的・一般的な商工施策に留まり，自ら地域産業における課題を発見して解決のための政策を立案・実施するという，本来の意義での「地域産業政策」の主体としての役割は極めて不十分であった。

　1990年代に入る頃から地域において自立への機運が高まり，地方自治の様々な分野において分権化への動きが活発化すると，自治体にも政策主体としての積極的な取組みが見られるようになった。その理由としては，次のような点が挙げられる。①価値観が多様化すると共に生活の質的豊かさが求められるよう

になり，それに的確に応えるのは生活に密着した地域産業であること，②少数のリーディング・インダストリーが国の経済成長を牽引できる時代ではなく，地域の特色ある諸資源を活かした多様な地域産業の発展が国の経済発展を支えることが期待されること，③少子高齢化が進み労働力人口の量的増大が期待できないことから，高齢者や女性など多様な人々の多様な働き方が地域産業を支える構造になってきたことなど。

一方，1990年代を産業史的観点から捉えると，1970年代の石油危機を契機とした省エネ型産業へのシフトに伴い，1980年代以降には知識集約型産業への期待が高まり，革新型の中小企業の活躍領域が増大した時期に当たる。また，IT（情報技術）やデザインなどソフトな要素を活用することにより，既存の産業分野の中小企業にも，革新型中小企業への新たな発展の可能性が高まった。人々の価値観の多様化・個性化の高まりもこの流れを強めている。

このため，中小企業の活動を政策的見地からきめ細かく積極的に支援することにより，政策効果が期待されるようになった。特に身近な公共団体である市町村には，政策主体としての大きな期待が寄せられている[2]。国の産業政策においても，個性豊かな地域産業の発展は国の産業発展の重要な要素になると認識されるようになり，個性的な産業政策に積極的に取り組む市町村や地域個性を活かした企業活動に取り組む中小企業に手厚い支援を行うようになった。

多様な施策が展開されるようになってきたことは高く評価される。しかし，市町村には戦略的な地域産業政策への取組みの歴史が浅いため，施策を基盤において支える理念の理解や方法論が十分に確立しているとは言えない。そこで本章では，自治体を含めた多様な政策主体による地域産業政策に実効性を持たせるために重要な意義を持つ，基本的な理念や理論について確認する。すなわち，地域産業政策の基本理論から，その主要な担い手としての自治体産業政策の役割までを体系的に挙げて整理し考察する。

第1節　地域産業政策の主な担い手と対象

　本書の主要テーマである自治体産業政策について検討するため，その前提として，これを包含する概念として「地域産業政策」の概念を提示し，その中での自治体産業政策の位置付けを確認する（図Ⅰ-1）。

　地域産業政策の主な担い手は，都道府県や市町村などの自治体及びその出資法人である財団や第三セクターなどである。また，商工会議所や商工会などの公的団体も担い手としての重要な役割を担う。国は，基本的なビジョンの策定や支援制度の整備などの面で地域産業政策を支援する。

　筧（2002）は「自治体の地域産業政策は，従来から都道府県が主導しており，市町村は企業誘致や工業団地の提供等を行っている」としている。確かに，自治体の地域産業政策は都道府県が主導することが多かった。しかし，1999年の中小企業基本法の大幅改正以降，地域の中小企業に最も身近な市町村に政策主体としての役割が強く期待されるようになり，法制度も整った。ま

（図Ⅰ-1）地域産業政策の担い手と対象

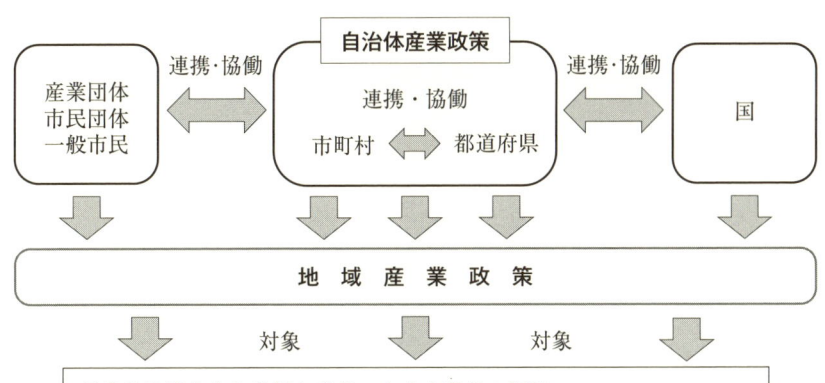

出典：河藤（2008，p.42）を基に作成。

た，市町村と密接な協力関係を有する商工会議所などの政策主体にも関心が高まっている。

こうした点を踏まえると，地域産業政策の主な担い手として，次のような社会的主体が挙げられる。

① 国・都道府県：広域的な視点で産業政策のフレームを提供すると共に，市町村では財政的に整備の困難な機関・施設（研究・技術開発支援機関，経済調査機関等）の整備，信用保証や大規模な融資・出資制度など大きなリスクを伴う信用補完・供与などの施策を実施する。

② 市町村：自らの基礎的サービスを提供しながら，国や都道府県など，地域外部の支援策を地域のニーズに確実に結びつける。

③ 産業団体：商工会議所・商工会や経済団体・業界団体などは，会員企業や業界の利益を現実的に踏まえた実効性のある政策を進める。

④ 市民団体：経営支援NPOや公益法人などは，企業OBなどの民間人材が持つ高度な技術やノウハウを活用した実効性のある支援策を提供する。

⑤ 一般市民：消費者としての貢献（小売業やサービス業などの振興），また地域産業の理解者として地域産業を受け容れ，地域ブランドとして地域外部に向けて発信する。

また，政策の対象は，事業者規模においては中小企業（個人事業者を含む）が中心となる。一方で，産業については，製造業や小売業，サービス業に留まらず，農業や観光も幅広く包含する。農業については主に，市場で取引される商品作物や農商工連携による食品関連産業の振興などが想定される。観光を産業として捉えると，観光は旅行業だけでなく，飲食業，宿泊業，旅客運送業，観光施設運営業，製造業（土産物製造）など，幅広い産業分野にわたる複合産業である。また，観光まちづくりや製造業のブランド化などにより地域全体のブランド力を高めることによって，地域産業の幅広い分野の高付加価値化を推進することも地域産業政策の重要な役割となる。

自治体，とりわけ基礎自治体である市町村は，地域産業政策において中心的

な役割を担う。その理由の第一には，市町村が地域の事業者に最も身近な行政主体であることが挙げられる。公正性を強く求められる団体であることから，地域の事業者の全てを政策対象とする。第二には，高い中立性を持つことから，事業者相互，都道府県，国，産業団体，市民団体，一般市民など幅広い諸主体のコーディネート役を務めることが期待されることが挙げられる。

第2節　地域産業政策に関する基本概念

　地域産業政策について考察する前提として，社会における産業の役割及び，取り分け地域における産業の役割について確認する[3]。

(1)「産業」の意義

　「日本標準産業分類一般原則」は「産業」を次のように定義している。「財又はサービスの生産と供給において類似した経済活動を統合したものであり，実際上は，同種の経済活動を営む事業所の総合体と定義される。これには，営利事業と非営利事業がともに含まれるが，家計における主に自家消費のための財又はサービスの生産と供給は含まれない」。そして，2013年10月改定時点（2014年4月施行）における産業分類では，大分類20，中分類99，小分類530，細分類1,460となっている[4]。すなわち「産業」とは，事業所において社会的な分業として行われる財貨及びサービスの生産又は提供にかかるすべての経済活動であると言える。ただし，産業政策の対象となるのは，このうち市場取引の対象となる営利事業であり，非営利事業は含まないと理解することが現実的であろう。

　近年は社会経済情勢の移り変わりが激しく，産業分野の区分についてもその実態に合った見直しが常に求められる。実際に，日本標準産業分類に基づく産業分類も時代の変化に応じて適時，見直しが実施されてきた。さらに，産業分野については融合化・ボーダレス化が進んでいる。商品やサービスの提供が供給者の視点のみからできる時代は終わり，消費者や需要者のニーズに合わせて

新分野を開拓し供給しなければ，企業は生き残っていけない時代を迎えている。例えば，利用者のニーズに対応し，在宅福祉サービスの提供と併せて福祉関連用具を開発・販売するということも行われている。したがって，産業について実態を把握したり考察したりするためには，既存の縦割り的な産業分類の概念に囚われることなく，柔軟な視点で産業の実態を現実に即して把握することが求められる。

(2)「産業」の役割と「中小企業」の役割

社会において産業は，次のような役割を担っている。

① 付加価値の創出：付加価値は産業活動によって生み出される新たな価値であり，それにより働く者は雇用と所得，また企業は生産活動や技術革新などに必要な投資資金を得る。さらに，付加価値からは，国民や地域住民に公共サービスを提供するための財源となる税が生み出される。企業からの税だけでなく個人からの税も，その源泉の多くは産業活動に貢献することにより得た所得であり，産業活動による付加価値に由来している[5]。

② 精神的豊かさの創出：付加価値は人々に物質的豊かさをもたらすが，産業活動の本来の目的は，物質的豊かさに立脚した精神的豊かさの創出にある。多様で革新的な産業活動は，この要求に応えるものである。

地域における産業の役割は，社会全般における役割に加え，地域個性の創出による地域活性化も重要である。具体的には，地場産業や観光産業，商店街の商業振興などが挙げられる。すなわち，地域が有する自然的・地理的優位性，高度な技能を有する人材，都市・交通基盤，独自の文化・歴史，学術・研究機関など，地域産業を支える地域資源を有効活用して地域の優位性を発揮し，独自性の高い発展を，産業活動を通じて実現することである。

さらに，地域産業においては特に中小企業の役割に着目する必要がある。中小企業は，事業活動において地域の企業や消費者と密接な関係を有しており，

地域経済の重要な担い手となっている。すなわち，製造業においては大企業の生産を支える下請や地場産業における特産品づくり，商業においては小規模商業者による商店街や中心市街地の賑わいづくり，またコミュニティ・ビジネスの実施主体などとして活躍している。

(3)「産業政策」の意義

　地域における産業政策，すなわち「地域産業政策」について考えるため，その基となる「産業政策」の意義について確認する。産業活動は人々に量的・質的豊かさを供与する作用であり自立して付加価値を創出することが必要であることから，産業活動を支える企業活動は自由競争のなかで自立的に営まれるべきものである。しかし企業には，自由な市場競争に参加する条件が制約されている場合がある。例えば，中小企業に対する大企業の不当取引，創業時における信用不足による資金調達難，資金や経営ノウハウの不足による技術革新や経営革新の遅れ，また市場ニーズや取引先に関する情報不足などである。

　自由競争を前提とした市場メカニズムが健全に機能し，企業が自立的に事業活動を展開できるよう，国や自治体，またはそれに準ずる公的主体が一定の限度において規制や支援策を講じるのが産業政策である。小宮（1984）も産業政策（狭義）の中心課題を，価格機構のもとでの資源配分にかんする「市場の失敗」（market failure）に対処するための政策的介入であるとする。「産業政策」に関するこの基本的な性格は国および地域について共通するが，「地域産業政策」においては，地域資源を活用した地域企業の活動を促進することが重要であり，国を主体とする「産業政策」と共通性を持ちつつ地域の実情に応える特別な役割を担うものであると言える。

(4)「地域産業政策」の意義

　「地域産業政策」の意義について，近年の研究から注目すべきものを概観する。山﨑（2003）は，地域における生活水準の維持，拡大の方策として，地域の企業の生産性と競争力の上昇が必要であるとする。ただし，生産性の上昇

は生産コスト低減という効率化のみを意味するのではなく，むしろ先進国型産業として高い賃金水準を維持できる高付加価値製品，サービスへのシフトによる生産性上昇が必要となるとする。また，山﨑（2003）は地域産業政策を「ミクロ経済政策」と捉える。この用語は，2002年12月4日，経済産業省で開催された産業クラスター研究会の報告でマイケル・ポーター（ハーバード大学教授）が使用した用語であるとする。そして，「地域，企業，農業，製造業，サービス業の競争力を強化するためのミクロ経済政策，つまり地域産業政策が求められている」とする。山﨑は一方で，別著（2004）において次のようにも論じている。「地域産業政策は，ミクロ経済政策であるが，市町村という地理的範囲では完結するとは限らず，むしろ広域的な産業集積のなかでのふさわしいポジション獲得競争という性格が強い。そのためには，市町村という枠組みを超えた広域経済圏の優位性と，将来の発展方向性に対する正しい認識が，地域産業政策立案の前提条件でなければならない」。この論点を踏まえると，地域産業政策は「セミ・マクロ」の概念として捉えることが適当であると考えられる[6]。

　議論の焦点をさらに，地域産業政策の今日的意義に絞り込む。山﨑（2003）は，「地域産業政策」の性格について，「全国一律の政策ではなく，歴史的に形成されてきた地域の産業集積・産業構造および地理的特性，地域の資源や地域の競争優位性を活用した，個性的な政策でなければならない」とする。そして次のように論じている。「地域産業政策の目的は，「地域魅力の創出」である。競争力，魅力を失った産業を保護する政策ではない」とする。新たな地域活力を生みだすため，競争力のある新しい地域産業の振興政策を，地域が主体的に立案し実施していくことが必要となる。

　また，筧（2002）は次のように述べている。「新しい地方産業振興策は地域自らの計画により，民間主導型経済への転換を図るための地域の比較優位性を生かした，地域の自立化に貢献する，地域の内発的発展を図るための産業創造政策である」。伊藤（2004）は，「地域自立のため経済面での自立型運営を求めるのであれば，地域特性に合った，他地域に勝る産業振興手法を開発しなけ

ればならない」とし，その具体的な方策について次のように述べている。「地域産業が自立的に発展するためには，産業内部の企業間で競争だけでなく協調する意思と行動が地域に埋め込まれ，地域体質，産業風土として醸成されていることが大切である。簡単にいえば，すでに数多くみられる異業種交流を，より高度に機能が発揮できるような仕組みに仕上げることがひとつのあり方である」，「自社の強みを認識し，それぞれの強みを連結することにこそ意義がある」，「異業種交流，多角的連携に産学公連携を組み合わせていくのであるが，自治体はその「場」を設ける役割を果たさなくてはならない」。

さらに伊藤（2004）は，地域産業政策に地域産業のイノベーション促進の役割を期待する。「弱体化したとか産業空洞化にさらされているといわれるが，既存の地域産業をどのようにイノベーションするかが先であり，これにベンチャーなどの新規創業支援を組み込んでこそ産業振興政策が充実したことになる」，「競争力を失った産業を丸ごと保護するのはコストが高くつくが，強みの部分はいっそう強化して新たな生き方をみつける。このような視点と「目利き力」が自治体の政策支援においてもますます重要になるだろう」としている。

地域産業政策には，競争力のある中小企業者や創業者を的確に見出し，イノベーションを促進することによって，地域産業の先導役として成長していくことを支援するための多様な取組みが求められる。

地域産業政策は，「地域」，「産業」，「政策」という3つの重要要素を総合的に結び付け新たな政策手段を構築し，既存の産業資源を有効活用し，地域の優位性や個性を活かして地域経済の新たな発展を促進する方策である。また，その政策対象として中小企業者の振興を図ることにより，その政策効果を高める方策である（図Ⅰ-2）。地域産業政策には，中小企業者の経営を幅広く底支えすると共に，競争力のある中小企業者や創業者を的確に見出し，イノベーションを促進することによって，地域産業の先導役として成長していくことを支援するための多様な取組みが求められる。

21

（図Ⅰ–2）地域産業政策のキーワード

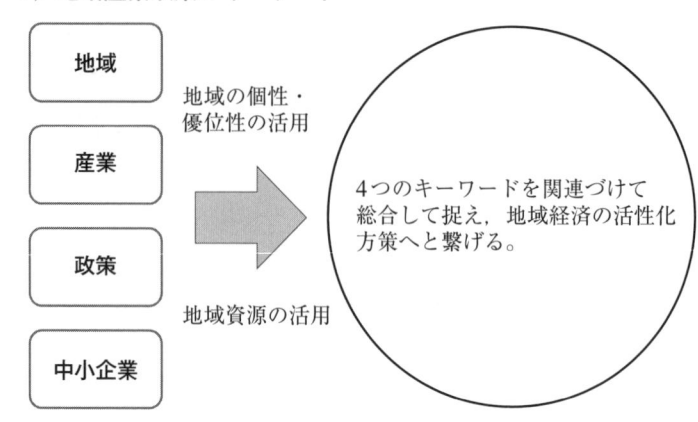

出典：筆者作成。

　「産業」と「政策」を結びつけた「産業政策」の意義については既に確認したので、次に地域産業政策を強く特色づける「地域」の意義について改めて確認する。

　地域とは何か。高谷（1993）によると、「地域とはそれ自体が存在意義を持っているような範囲。そこでは住民が共通の世界観を持っているような範囲」（p.34）である。また、D.ウィトルセイ（1973）は、次のように述べている。「地域とは地球上に発見される複雑な現象を地域的に集団化し、選択し、研究するための工夫である。それがかような地域的集団化に関連して等質であるならば、地域である」。すなわち、地域は物理的に範囲を定められた地理的エリアではなく、もっと広い概念において有機的な関係を持った範囲を指すものと言える。その地域において産業が担う独自の役割とは、地域経済の活性化・個性創出の源泉となることである。

　「地域産業政策」に関する理解をさらに深めるため、次の項以降、「地域資源」及び「中小企業政策」の重要性、また「地域政策」と「中小企業政策」、さらには「産業政策」及び「産業立地政策」との関係性について考察してい

く。

(5)「地域資源」の重要性

　地域産業政策の効果向上に最も重要で基本的な方策が「地域資源」の有効活用である。そのためには，地域資源の概念を的確に把握する必要がある。地域資源については，「中小企業地域資源活用促進法」（「中小企業による地域産業資源を活用した事業活動の促進に関する法律」〔平成19年法律第39号〕）は，次のように規定している。①地域の特産物として相当程度認識されている農林水産物または鉱工業品，②前記の①で示された鉱工業品の生産に係る技術，③文化財，自然の風景地，温泉その他の地域の観光資源として相当程度認識されているもの（趣旨要約）。これは主に，法律による支援の対象を規定する趣旨を持つ。しかし，地域産業の振興のために役立つ地域要素は，できる限り幅広く地域資源として捉え，有効活用することが望ましい。

　例えば，労働力や産業の立地条件としての自然環境，地域の伝統や文化，高速道路や鉄道，航路などの交通基盤，さらに既存の地域産業集積そのものも地域資源として捉えることができる。法律にも，産業集積の形成と有効活用を促進する「企業立地促進法」（企業立地の促進等による地域における産業集積の形成及び活性化に関する法律）（平成19年法律第40号）があった（現在は新たな法律へと承継されている）。

　そこで，地域資源を「地域活性化に有益なあらゆる存在」として捉える。地域資源の活用可能性を可能な限り発見し，実用に供することが重要となる。

(6)「中小企業政策」の重要性

　地域産業政策における中小企業政策の役割について検討するには，まず中小企業政策の意義について確認する必要がある。「中小企業政策」は，産業分野を横断した政策領域である。産業政策のなかで中小企業というとらえ方が必要となる理由としては，①規模の中小性：数多くの参入企業との競争と専門化が必要であること，②中小企業の経営組織の独自性：顔のえる機動性と柔軟性の

ある組織であること，③外部資金調達面での制約：大企業との競争上の不利（渡辺・小川・黒瀬・向山，2013）といったことが挙げられる。

　また，横倉（1984）は，中小企業を対象とする政策について，その根拠をヒト，カネ，モノ，情報に関する市場の不完全性を補完するという点に置かれるとし，中小企業の経営資源の調達・蓄積の面での不利が，急激な環境変化への適応を困難にし，適応の過程でのフリクションを大きくしている状況に対しては，産業調整政策の一環としての政策も必要とされるとする。すなわち，中小企業政策の根拠は，市場の不完全性による不利を「是正」するという点にあると指摘する。

　さらに，中小企業が政策対象として重要な意味を持つ側面的な理由として，第1次産業を除く民営の企業において，中小企業が企業数では全体の99.7％，従業者数では約70.1％という大きな割合を占めている（2014年）[7]こと，また自立のために様々な面で政策的支援を必要とすることを挙げることができる。

　このように，中小企業については，産業分野という観点とは別の企業規模の中小性に由来する様々な特性が生じ長所にも短所にもなることから，それらを総合して長所を伸ばし短所を補っていくという観点からの政策が求められる。

(7)「地域政策」と「中小企業政策」

　地域と中小企業の関係において最も重要な点は，中小企業が地域に根ざした経済活動を営んでいることであり，地域の内発的発展（第Ⅱ章において詳しく考察する）にとって重要な役割を担うということである。すなわち，その企業活動による地域経済への波及効果，雇用の創造，税収への貢献などである。また，このような量的貢献に留まらず，成長分野への取組みなど積極的な企業活動は，地域に質的な活力をもたらし，地域全体を元気にする効果も期待される。

　このように，地域にとって活動そのものが重要な意味を持つ中小企業は，当然のこととして地域政策の重要な対象となる。その中心的な内容は，産業を活用したまちづくりである。製造業においては，地場産業による特産品づくり，

中小企業のまちであることを積極的にアピールすることによる地域のイメージづくりなど，商業においては，小規模商業者の振興による中心市街地・商店街の活性化など，さらには，コミュニティ・ビジネスの振興による地域活性化などを挙げることができる。

また，地域産業の拡大のために自治体が工業団地や卸団地を造成するなどして，企業誘致を行うこともある。さらに，広い意味では，国による地域政策と言える国土政策における産業立地政策の影響を中小企業は受ける。

法制度面においては，1963年に制定された中小企業基本法の大幅改正が1999年に行われた。その改正点には，注目すべき二つのポイントがある。一つは，改正前は弱者としての中小企業への支援を主たる目的としていたが，改正後は中小企業を革新の積極的な担い手としてとしても着目した点である。もう一つは，中小企業振興における地方公共団体（自治体）の役割について，改正前は国の施策に準じて施策を講ずることに留まっていたが，改正後は国との適切な役割分担を踏まえ積極的な責務を担うことが規定された点である。

地域産業政策は，産業政策と地域政策の相互に重なり合う領域として定義することができる。また，産業政策の一領域として中小企業政策があるが，同時に地域に根ざした中小企業は地域政策の対象としても重要な存在である。したがって，地域産業政策の核心的な領域は，産業政策，中小企業政策，地域政策が重なり合った部分であると言える（図Ⅰ-3）。1990年代以前においては，産業政策とりわけ中小企業政策と地域政策の共有領域は小さかったが，それ以降急速に拡大し，中小企業政策においても，地域政策との連携さらには融合が不可欠となっている。

(8)「地域政策」と「産業政策」・「産業立地政策」

伊藤（2011）は産業構造，産業組織および地域経済を「セミ・マクロ」の領域として位置づけ，産業政策は特に，産業間の適正な資源配分のために行われる「産業構造政策」としての意義を持つものとしている。また，産業組織や地域経済の理論的概念も同様に，セミ・マクロの次元で捉えている（pp.6-8）。

（図Ⅰ－3）地域産業政策の位置づけ

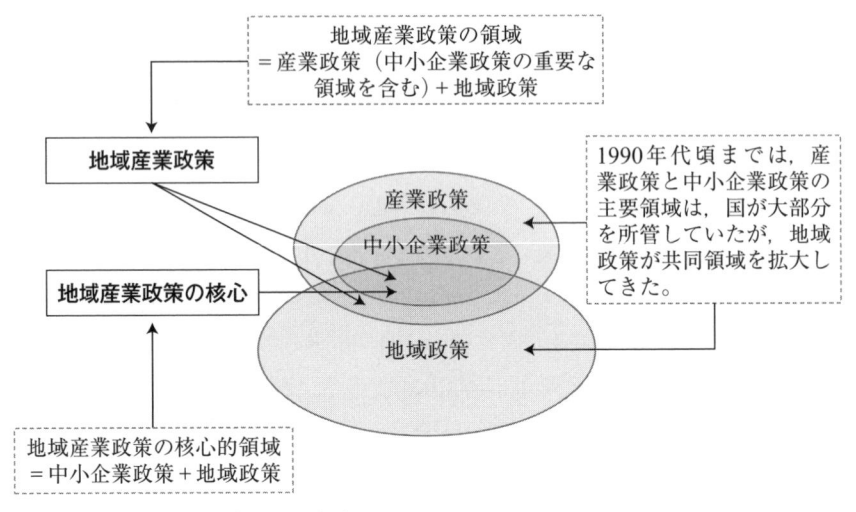

出典：河藤（2008, p.15）を基に作成。

伊藤のこの認識は的を射たものだと言える。産業政策とは，国家的視点あるい
は地域的視点において，ある特定の産業の全体を，適正な競争原理のもとで健
全な方向に発展させていくための方策から，個々の企業を，同様の意味におい
て適正な競争・発展ができるよう支援するための方策までを包含する。このよ
うに産業政策とは，国の産業全体から企業経営までを視野に入れてなされる政
策であると言え，地域政策としての産業政策である地域産業政策もこの概念の
範疇において捉えることができる。さらに地域産業政策は，その対象とする地
域範囲についても，国土全体のマクロな産業立地政策として捉える視点から，
国土を構成する地域から草の根的に捉える視点までも含めた幅広い領域を対象
とする政策であると言える。

　また，伊藤（2011）は地域と中小企業との関連性に着目し，地域中小企業
は，生産・販売面，雇用面といった経済的側面において地域経済の中核的な役
割を果たしているとともに，地域の社会・文化面での活動によって地域イメー
ジの確立と，地域におけるゆとりと豊かさの実現に貢献しているとして，地域

における中小企業の役割の重要性を強調する（pp.264-265）。先に言及したように，地域が発展するためには独自の個性を持つことが重要であり，それを生み出すことができるのが，内発的発展である。その原動力となり得るのは，活動基盤を多くの地域に置く大企業やその支店ではなく，まさに，地域に根づいた中小企業であると言える。

一方，島田（1999）は，産業立地政策を国土政策との関係において捉えるとともに，基盤的技術産業集積，都市・商業集積，農業による地域振興など，様々な地域の発展形態について考察を加え，「今後の産業立地においては，特色ある地域資源を活用していかに地域の魅力を高めていくことができるかが喫緊の課題」（p.156）としている。島田は，更に産業政策のあり方に踏み込み，「産学官連携の強化や，既存の産業支援機関相互のネットワーク化による公的な産業支援の強化といったソフトな産業インフラ（知的環境）の整備がいままで以上に重要になっていく」（p.156）とする。併せて，産業立地策や産業創出のために地方自治体の果たすべき役割の重要性についても指摘している。

また，関・小川（2000）は，製造業・情報産業を中心に，日本の各地に展開している地域産業に注目し，その構造的な特質を明らかにしながら，新たな発展に向けた産業政策を構想するために，産業都市を類型化し，その地域の産業特性や産業構造を，歴史的変遷，産業発達史を踏まえつつ明らかにしたうえで，地域産業の振興に向けた取組みを評価し，様々なタイプの産業集積の生き残りと発展のための方策について展望している。

このように，地域産業政策が対象とする政策領域は，概念についても地理的範囲についても幅広い視点を包含しているものと言え，その考察の視点はマクロとミクロの双方に関連性を持つ中間的な位置にあるという意味において「セミ・マクロ」の領域として性格づけることができる。

第3節　地域主体の産業政策に必要な視座

地域産業政策を実践的で実効性の高いものとするためには，地域経済の特色

や優位性の捉え方，歴史的な流れを踏まえた，現状に対する基本的な視座が必要となる。その中でも重要なものを確認する。

（1）地域産業政策の活躍舞台としての地域経済

　地域には，交通基盤，地理的条件，歴史的背景など，多くの要因が複合して生み出された個性があり，地域経済には，産業地域としての個性に自治体による独自の産業政策なども加わり，多様な特色が備わる。

　地域経済の活性化と発展に有効な方策を見出すためには，まず，対象となる地域経済の実態や特徴を理解することが重要である。地域経済の実態や特徴を客観的に捉えるには，理論的な枠組みの適用，定量的な手法による分析，さらに定性的な手法による具体的な個性や優位性などの把握が必要となる。

　地域経済の類型については，第Ⅱ章第2節で詳しく言及するが，例えば山田・德岡（2018）は，「同質地域」，「結節地域」，「計画地域」という類型セットを提示している。また，中小企業庁（2006）は，主に工業（製造業）の産業集積について，「企業城下町型集積」，「産地型集積」，「都市型複合集積」，「誘致型複合集積」という類型セットを提示している。地域経済の類型セットは，これらの事例に留まるものではない。地域経済の個性（特性）や優位性を理論的な基準に基づいて客観化・相対化し比較分析を行う際には，その趣旨・目的に応じて，類型セットは選択または構築する必要がある。

　また，地域経済の特徴の数量的把握には，次のようなデータや手法が活用される（大友，1997）。①県民経済計算：都道府県の経済実態を県内総生産や県民所得などにより示す総合的な指標（①は筆者による），②統計資料：行政地域，人口集中地区，大都市圏・都市圏，農業集落，国勢統計区などの区分による基礎的な統計資料，③地域特性の把握：構成比や特化係数，専門化係数など，④地域内・地域間相互作用の把握：重力モデルや地域産業連関分析，ハフの商圏モデルなど。また，産業立地や産業集積を理解する古典的な方法論としては，ウェーバー（Alfred Weber）の『工業立地論』（1909年）やマーシャル（Alfred Marshall）の『経済学原理』（1890年）などがある。

　このような方法により地域経済の特色や優位性を認識し，それを最大限に活用して地域経済の成長発展に結び付ける方策が今日的な地域産業政策であると言える。山﨑（2003）による次の言及はその事例に該当する。「小さな行政単位である市町村は，小さいがゆえに社会資本整備の状況に差異が生じる。港湾を有する市町村，高速道路のインターチェンジのある市町村，空港に近い市町村，海外からの電話ケーブルの陸揚げ拠点となっている市町村など，それぞれに個性といえる。企業活動はこれらの社会資本の活用という側面を有しており，地域の産業政策は，自らの置かれた空間克服システムの特色および今後の展開を把握することから始めなければならない」。

（2）戦後の地域開発政策の歴史と地域主体の産業立地政策

　地域経済の現状を理解し将来について考えるためには，その特徴を歴史的に捉える視点も重要である。また，国土全体の視点から国と地域の関係の中で産業立地政策を捉える必要もある。

1）戦後の地域開発政策

　第二次世界大戦後の，国が主体となって推進された地域開発政策について概観する（岡田ほか，2016年）。①戦後復興期：四大重点産業（電力・鉄鋼・海運・石炭）の強化のため，大都市部の既存工業地帯に重点的な投資が行われた。②「特定地域総合開発計画」（根拠法；国土総合開発法，1950年）：多目的ダムによる「河川総合開発」（水害防除，電力供給，食糧増産）をめざした。③「全国総合開発計画」（根拠法；②と同じ）：大都市部の工業地帯への著しい産業立地の集中による産業基盤の狭隘化や住宅など生活基盤の劣悪化により，太平洋ベルト地帯への産業立地の展開が進んだ一方で，地方との経済・所得格差の拡大が顕在化したことから，1962年に全国総合開発計画が始まった。その基本的な課題は太平洋ベルト地帯からの産業分散，大都市と地方の格差是正であり，5次にわたり継続された。④「国土形成計画（全国計画・広域地方計画）」（根拠法；国土形成計画法，2005年）：国と地方の協働によるビジョンづ

くりにより，開発中心から，景観・環境を含めた国土の質的向上など成熟社会型の計画への転換が進められている（④は筆者による）。

　戦後における我が国の従来の地域産業政策の位置付けについて，近年の研究から注目すべきものを概観する。山﨑（2003）は，次のように述べている。「経済産業省（旧通産省）による地域産業政策は，地域指定が行われたことを除けば，全国一律の産業立地政策であり，同一の業種を対象として，同時期に，同様の政策手段によって企業誘致しようとする政策であったと一般化することができる」としている。また，筧（2002）は，「我が国の地域産業振興政策は昨年度廃止された新産・工特法に代表される国が振興策を定め，地域が応募し，それを国が認定し，国が個別法に基づき当該計画を支援するという国主導の全国一律の金太郎飴的振興政策が主体であった。また，地域産業政策自体も工業誘致に代表される外部からの企業導入や地場の中小企業の保護政策が中心となっていた」とする。

　高品（2002）は「地域産業を振興する政策枠組みは，中央政府主導で行われてきたといえる。地域ごとに独自の多様な政策ではなく，地域産業政策に中央指導型の画一的な政策をとってきたように思われる」とし，その具体例として，テクノポリス，頭脳立地，地方拠点都市，産業集積活性化及び産業クラスターの5つの政策を挙げている。

　これらの先行研究のいずれも，従来の地域産業振興政策は国主導により進められたものであり，地域が主体性を持って進めてきたものでないと論じている。

　戦後の地域開発政策の基本的な目的は，経済活動や生活水準に関する大都市と地方との地域間格差の是正にあると言える。それは，地方における産業拠点開発の波及効果を活用した経済の量的豊かさの創出を目指すものであったが，1970年代の石油危機を契機にその目標は，地場産業や歴史・文化・自然など地域資源の有効活用による生活の質的豊かさの創出へとシフトしていった。換言すると，経済効率を重視した国主導の開発政策から，地域の独自性に沿った多様な発展を目指す政策へと変革していった。今後は，地域経済の特徴を客観

的に把握し，地域の優位性を生かした地域経済の活性化政策を展開することが一層求められる。

2) 産業立地政策と企業誘致[8]

　国を主体とした国土政策と産業政策の連携による産業立地政策を，その受け手としての地域の立場から整理する。我が国では，高度経済成長期に顕在化した，都市部と地方の地域間格差の是正を図るため，国によって企業立地の地方分散化政策が推進され，それに呼応するように地域は企業誘致を進めた。企業誘致を伴う地域開発としては，次のような事業が挙げられる。

　①新産業都市・工業整備特別地域（1962年；新産業都市建設促進法，1964年；工業整備特別地域整備促進法）：重化学工業による地域開発，②テクノポリス構想（1983年；高度技術工業集積地域開発促進法）：半導体関連の先端技術産業の誘致，③頭脳立地（1988年；地域産業の高度化に寄与する特定事業の集積の促進に関する法律）：地方圏のソフトウェア等，産業支援サービス業の立地，④オフィス・アルカディア（1992年；地方拠点都市地域の整備及び産業業務施設の再配置の促進に関する法律）：地方圏のオフィス機能の立地促進。

　これらの企業誘致は，地域間格差の是正に重要な役割を果たしてきた。しかし一方で，進出企業にとって自らの企業部門を当該地域に立地することの優位性や必要性が十分に確保されないと，地域に定着しない事例も多く見られる。企業の地域への進出理由は，多くの場合，経済好況時の事業拡張にある。人件費や地代など経費節減の可否や，自治体からの補助金・融資など優遇措置の有無が，この場合の企業の判断基準となる。こうした企業誘致では，定型的な生産や作業など，地域産業の支援を必要としない企業部門が進出する場合が多く，雇用もパートタイマーなど非正規雇用の割合が大きい。さらにこのような部門は，企業本体の存続における重要性が低いため，経済情勢の変化や経営の悪化などにより合理化が必要となった場合には，企業は優先的にこの部門の撤退を進めるため，地域の企業誘致は失敗に終わる。

こうした事態を引き起こさないため，自治体には地域経済と強い連関性を構築できる企業部門を戦略的に誘致することが求められる。すなわち，地元産業が生産する原材料や部品がなければ，重要な製品の生産ができない部門の立地や，当該部門が必要とする特別な知識や技能を持つ労働者を輩出する大学や専門学校，高等学校が地域にあることなどが挙げられる。

3) 企業誘致への共通価値の理論の応用[9]

誘致企業が地域経済の発展に貢献するための基本的な要件は，地域に定着することである。その実現のためには，誘致主体となる自治体が「地域の論理」と「企業の論理」は異なることを十分に認識した上で，企業誘致に取り組むことが必要となる。「地域の論理」とは，企業誘致における自治体の目標が，地域経済の活性化による住民生活の向上など公共福祉への貢献にあること，また「企業の論理」とは，企業の目標が，売上や利潤の増加など個別利益の獲得にあることである。両者の目標は相反するものと捉えることもできる。自治体には，この両者の目標が共に達成できるビジョンを描くという難しい対応が求められる。それができなければ，たとえ企業誘致に成功しても短期間で誘致企業が撤退する事態を招きかねない。

こうした事態を回避するためには，自治体が誘致企業に対して，自らの地域が「経営戦略上の重要な立地要件」となる個性や優位性を備えていることを的確に提示する必要がある。それは，交通基盤や優れた人材，取引企業群の存在など，地域に特有の地域資源である。誘致企業がその重要性を認識し自社のニーズと合致すれば，その企業は自らの強い意志により，本社をはじめ主要な生産拠点，流通拠点，営業拠点，研究開発拠点などを誘致地域に立地させ，そこに定着するものと考えられる。これにより自治体も，多様な地域資源の有効活用を促進することができる。

併せて，企業誘致により地域経済の拡大を図ることも重要であることから，誘致企業には，地域外からの所得誘導効果の高いこと，すなわち，製品やサービスを地域外に広く販売して利益を上げ，その成果を地域内に還元できる企業

であることが求められる。

　企業誘致においてこれらの要件を実現するために重要となる理論や具体的な方策について，以下，掘り下げて考察していく。「地域の論理」と「企業の論理」の両立と統合が実現できる企業誘致の可能性に理論的な根拠を提供してくれるのが，マイケル・E・ポーター（Michael E. Porter）（以下，「ポーター」とする。）ら（2011）の「共通価値の戦略（CSV：Creating Shared Value）」（本章ではCSVを「共通価値創造」と表現する。）である。以下，「地域の論理」と「企業の論理」の両立と統合の理論的根拠としてこの理論を概観する。

　ポーターら（2011）の主張する共通価値創造とは，企業は単に利潤の追求だけに終始していては成長に限界が生じるという認識のもとに，企業活動の中核的な目的である利潤追求が社会的利益の実現に合致することが，企業の新たな成長・発展に結びつくとする理論である。

　共通価値創造を実現するための方策として，ポーターら（2011）は次のような3つのアプローチを提示している。①製品と市場を見直す，②バリューチェーンの生産性を再定義する，③企業が拠点を置く地域を支援する産業クラスターをつくる。

　①〜③のアプローチを，地域経済の活性化に適用する視点から，次のように捉えたい。①は，地域資源や地域市場を活用して新たな商品やサービスを生み出す可能性を示している。②は，誘致企業が地域の企業との取引関係や立地上の優位性などを有効活用することにより，自社の生産性の向上が図れる可能性を示している。③は，誘致企業を核とする産業クラスターが形成できれば，地域の産業集積は全体として生産性が高まり発展に繋がることを示している。誘致企業は必ずしもクラスターの中核でなくてよいだろう。クラスターの重要な構成員となることができれば，地域経済の発展に十分な役割が担える。

　以上3つのアプローチのうち取り分け③は，地域経済の内発的発展を促進する総合的な効果が期待できる方策として特筆される。そこで次項では，クラスター理論について検討する。

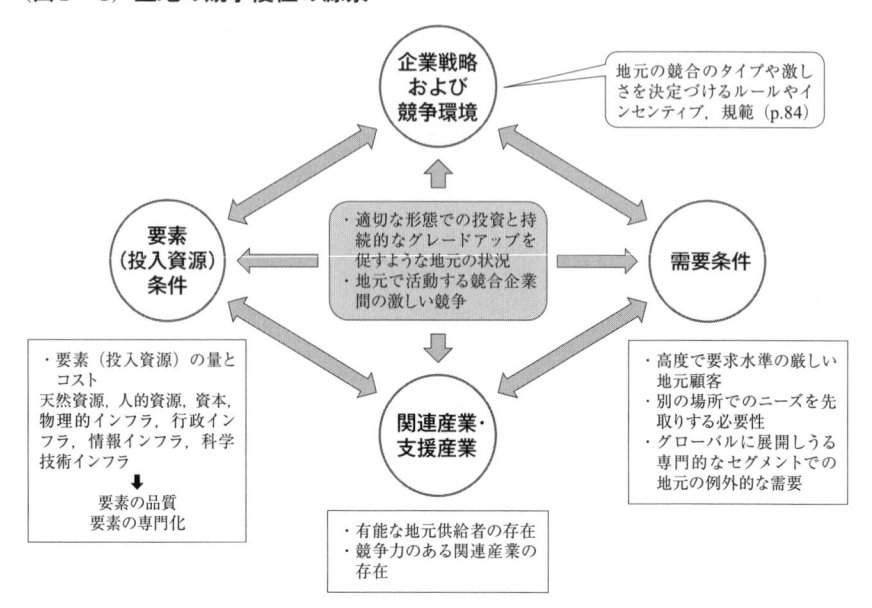

出典：マイケル・E・ポーター（1999），p.93より作成。

4）地域主体の産業クラスター政策

「クラスター」とは元々，房または集団を意味する。産業クラスターに理論的な拠り所を提供するのは，マイケル・ポーター（Michael E. Porter）である。ポーター理論の趣旨によれば，産業クラスターとは，地域が保持する優位性を自立的な企業が最大限に活用することにより，当該企業が生産性を高めていくと共に，集積全体として有機的な協働体を形成し，生産性の向上やイノベーションを促進する要件を備えた産業集積であると言える。

その理論の大きな特徴は，産業集積に属する個々の企業の革新を産業集積という周辺環境との連続性の中で捉えることにある。すなわち，各企業が立地環境としての産業集積の利点をチャンスとして経営戦略に生かす方法を提示している。地域環境とは，①高度で要求水準の厳しい地元顧客などに立脚する需要条件，②天然資源や人的資源などの要素（投入資源）条件，③関連産業・支援

産業，④企業戦略および競争環境である（マイケル・E・ポーター；Michael E. Porter, 1999）（図Ⅰ-4）。集積内の製造業，商業，サービス業など多様な産業分野の企業がこれらの立地環境を有効活用し，大学や自治体の研究機関，産業振興拠点などの支援も得て競争や連携をすることにより，地域産業の発展が促進される。

　我が国では国により産業クラスター計画が策定され，2001年度から地域の経済産業局と民間の推進組織が一体となって18のプロジェクト（2009年度当時）が推進されてきた[10]。しかし，財務省による2010年度の予算編成に向けた調査において全部廃止の対象となり，当初計画された事業は大きく転換した[11]。産業クラスター計画に位置づけられたプロジェクトは現在，主に民間・自治体等が中心となった地域主導型のクラスターと位置付けられている。経済産業省は，今後も引き続き，各地のクラスター間ネットワークや地方経済産業局のノウハウ等を活用し，新事業の創出に向けた施策を進めていくとしているが，国の関与は限定的になったと言える[12]。

　産業クラスター計画に対する研究者の評価は，積極的評価と消極的評価に2分される。積極的評価には次のような研究がある。山﨑（2015）は，産業クラスター計画と知的クラスター創生事業について，「両事業ともに予算規模はきわめて小規模であったが，「クラスター政策」の影響力は小さくはなかった」と評価している。また大久保・岡崎（2015）は，産業クラスター計画への参加が，企業の売上高や取引先数にどのような影響を与えたかを定量的に評価し，「クラスター政策は地方企業が大都市圏との取引を始める「外延」（extensive margin）の効果をもったと言える」としている。一方，消極的評価には次のような研究がある。星（2016）は，「産業クラスター計画は，計画全体として見れば，当初期待された成果を残すことはできなかったと判断せざるを得ない」としている。またその要因について，「国主導で画一的に進められたことによる，地域産業の実態と乖離した計画策定にある」としている。

　山﨑が指摘するように，一義的に産業クラスター事業に効果が無かったと評価することは拙速であるかもしれない。しかし，星の指摘するように，事業が

課題を内包していた可能性も否定できない。一方で，計画が地域主導型に移行した後も活動を積極的に継続している事業があり，産業クラスターの形成そのものの有効性が否定されるものではない。この点について伊藤（2014）は，首都圏西部ネットワーク支援活動（TAMA）の事例を踏まえ，「現在までの産業クラスター政策には，それのみで地域の活性化が実現するほどの影響力を期待することは難しいというのが実情と言えよう」と評する一方で，「地域内の企業と企業をつなぎシナジー効果を生み出していく場として，また行政と企業をつなぐ場として，産業クラスター政策は一定の機能を果たしてきたと言えよう」としており，産業クラスター政策の効果に一定の肯定的評価を加えている。

　産業クラスターの有効性については，賛否両論のある産業クラスター計画の実績のみから評価するのではなく，産業クラスターの本来の意義に立ち戻って評価し，形成要件を明確にした上で，その可能性や効果について検討する必要がある。政策的観点からすると，成長可能性の高い産業クラスターを国が重点的に支援する政策については，支援対象は国が一方的に指定するのではなく，地域が主体的に国に提案する方法が望ましいと考えられる。地域の優位性を最大限に活かしつつ，各々の産業クラスターにおいて独自の自律的イノベーションを促進するための国家政策が求められる。

むすび

　本章では，自治体産業政策に関する考察に先立ち，それを包含する地域産業政策の将来への展望を得るため，地域産業政策の主な担い手と対象，地域産業政策に関する基本概念，地域主体の産業政策に必要な視座という基本的な重要事項について確認して考察した。

　本書のテーマである自治体産業政策は，地域産業政策の中心的な役割を担う存在である。また，地域産業政策において重要なことは，政策対象となる中小企業を中心とした地域産業の諸主体のニーズに丁寧に応えていくことである。

そのため，諸主体のニーズを的確に把握することが重要となる。そして，政策の諸主体が，必要に応じて，単独で，また連携・協働して取り組んでいく仕組みが地域産業政策には必要であると言える。その中で，中立性，公正性，普遍性を有し，地域産業の諸主体に最も身近な市町村は，地域産業政策を実施するに当たり中核的な役割を担う。したがって，市町村における産業政策を実効性のあるものとするための方策は重要な意義を持つ。

　また，地域産業政策への理解のための基本概念として，「産業」の意義，「産業」と「中小企業」の役割，「産業政策」の意義，「地域産業政策」の意義，「地域資源」の重要性，「中小企業政策」の重要性，「地域政策」と「中小企業政策」，また「地域政策」と「産業政策」・「産業立地政策」の関係性について確認した。自治体産業政策のあり方について考察するためには，このような基本的な概念を把握しておくことは重要である。

　さらに，地域主体の産業政策の理解に必要な視座として，地域産業政策の活躍舞台としての地域経済の捉え方と，地域産業政策による地域経済の活性化策の基本的なあり方を確認した。そして，戦後の地域開発政策の歴史と地域主体の産業立地政策について確認した。戦後の長い期間，国の主導のもとで地域開発が進められた。その事実認識のうえに，地域主体の産業立地政策のあり方について考察する必要がある。

　自治体は，地域産業政策の主要な担い手である。市民参加による自治体産業政策のあり方について考えるうえで，地域産業政策の基本的な概念と捉え方を整理して理解しておくことは重要である。

（注）
1）1999年の大幅改正前の中小企業基本法（1963年施行）における，国と地方公共団体（自治体）の施策の位置づけについては，各々次のように規定されている。〔国の施策〕第3条　政策全般にわたり，必要な施策を総合的に講ずる。〔地方公共団体の施策〕第4条　国の施策に準じて施策を講ずるように務める。
2）例えば，埼玉県上尾市では，2014年3月に策定した『上尾市産業振興ビジョン』

に基づき，2014度に設置された「上尾市産業振興会議」による継続的な提言により，多様な産業施策を展開している（第Ⅴ章を参照）。ちなみに，上尾市の1990年度と2017年度の商工関係予算を比較すると，以下のとおりである。

1990年度：環境整備事業〔商店街環境整備事業（補助金），商店街活力再生推進事業（補助金），街路灯新設事業〕，中小企業資金融資（預託金），小口資金保証料補助金，産業フェア補助事業，大谷準工業地域基盤整備研究会事業（補助金）

2017年度：商店街環境整備事業（補助金），商店街活力再生推進事業（補助金），中小企業融資あっせん事業（預託金），小口融資保証料補助金，創業資金融資利子補給補助金，商工会議所等補助金，観光協会補助事業，空き店舗等活用推進事業（補助金），農商工観ポータルサイト運営事業，産業振興推進事業（産業推進会議），「ものづくりのまち上尾」推進事業（「販路及び取引の拡大」と「後継者育成・人材確保」）

　1990年度と2017年度の予算には，商店街活性化や中小企業融資に共通点が見られるが，産業振興会議が設置された後の2017年度には，政策指向型の多様な事業項目が見られる。出典：上尾市予算書（1990年度及び2017年度）より抜粋。

3）増田ほか編（2011）の「産業政策」の項目（筆者担当，pp.21-22）の内容を基本として再編した。

4）総務省（http://www.soumu.go.jp/toukei_toukatsu/index/seido/sangyo/H25index.htm，2019年4月27日取得）による。

5）付加価値は，個別企業が生産活動を通じて国民経済に付加した国民経済に対する寄与分である。付加価値は，計算においては企業の生産高（あるいは売上高）から，材料費など前段階の企業から購入した前給付費用を控除して算出される。一方で，付加価値を構成項目から見ると，従業員への分配分である労働所得（人件費）と広い意味の利益（これから租税・利子その他が支払われる）からなる。
　前者のように，控除形式で付加価値を算定する方法を控除法といい，付加価値はこの側面からは企業の純生産高をあらわす。これに対して，後者を加算法といい，この面からは付加価値は各関係層への分配額をあらわすことになる。出典：大阪市立大学経済研究所『経済学辞典　第3版』岩波書店，1992年，pp.1142-1143

6）伊藤（2011）が，「とくに産業間の適正な資源配分のために行われる産業構造政策，すなわち，産業政策をセミ・マクロの代表的な経済政策としてあげること

ができる」(p.6) と述べているように，産業政策そのものが「セミ・マクロ」の領域に属する。産業政策を構成する領域である地域産業政策も同様である。さらに地域産業政策は，政策対象とする地域の範囲においても，マクロとしての国民経済とミクロとしての企業活動の両方に関わりを持つ中間的な位置づけにあることから，その意味においても「セミ・マクロ」の領域に属すると言える。

7) 中小企業庁『中小企業白書』2018年による。

8) 増田ほか編（2011）の「企業誘致」の項目（筆者担当，p.165）の内容を基本として再編した。

9) 河藤（2018）より，該当箇所を選択引用した。

10) 産業クラスター計画は地域の中堅中小企業・ベンチャー企業が大学，研究機関等のシーズを活用して，産業クラスター（新事業が次々と生み出されるような事業環境を整備することにより，競争優位を持つ産業が核となって広域的な産業集積が進む状態）を形成し国の競争力向上を図るもの。目標レンジは下記のとおり。

【第1期（2001〜5年）産業クラスターの立ち上げ期】
　　クラスターの実態と政策ニーズを踏まえて，国が中心となって進める産業クラスター計画プロジェクトとして20程度を立ち上げ，自治体が独自に展開するクラスターと連携しつつ，産業クラスターの基礎となる「顔の見えるネットワーク」を形成する。

【第2期（2006〜2010年）産業クラスターの成長期】
　　引き続きネットワークの形成を進めるとともに，具体的な事業を展開していく。また，同時に企業の経営革新，ベンチャーの創出を推進する。なお，必要に応じて，プロジェクトの見直し，新たなプロジェクトの立ち上げを柔軟に行う。

【第3期（2011〜20年）産業クラスターの自律的発展期】
　　ネットワークの形成，具体的な事業展開を更に推進していくとともに，産業クラスター活動の財政面での自立化を図っていき，産業クラスターの自律的な発展を目指す。

　　出典：経済産業省（https://www.meti.go.jp/policy/local_economy/tiikiinnovation/industrial_cluster.html，2019年4月27日取得）

11) 財務省主計局『徹底した予算の効率化（22年度政府案）』2010（平成22）年2月による。

12）上掲10）の出典による。

【参考文献】

伊藤正昭「地域経済を支える地域産業の活性化：新しい地域産業政策パラダイム」〔解説〕財団法人 自治研修協会『月刊 自治フォーラム』2004年3月号，pp.4-10

伊藤正昭『新地域産業論：産業の地域化を求めて』学文社，2011年

伊藤白「産業クラスター政策による地域振興：広域多摩地域と沖縄を事例に」国立国会図書館調査及び立法考査局『レファレンス』平成26年4月号，2014年，pp.67-79

D・ウィトルセイ（山本正三訳）「地域の概念と地域的方法（上）」『地理』第3巻第3号，1973年，pp.409-418

大久保敏弘・岡崎哲二「産業政策と産業集積：「産業クラスター計画」の評価」独立行政法人 経済産業研究所『RIETI Discussion Paper Series 15-J-063』2015年12月，p.13

大友篤『地域分析入門 改訂版』東洋経済新報社，1997年，pp.19-36，221-247

岡田知弘・川瀬光義・鈴木誠・富樫幸一『国際化時代の地域経済学 第4版』有斐閣，2016年，pp.135-165

筧喜八郎「地域産業政策の新展開と自治体の役割」『人と国土21』第27巻第5号，2002年，pp.28-31

河藤佳彦『地域産業政策の新展開：地域経済の自立と再生に向けて』文眞堂，2008年

河藤佳彦「地域産業の内発的発展を促進する都市自治体の誘致促進政策」公益財団法人日本都市センター『都市とガバナンス』第30号，2018年

小宮隆太郎「序章」小宮隆太郎・奥野正寛・鈴木興幸太郎編『日本の産業政策』東京大学出版会，1984年，pp.1-22

島田晴雄『産業創出の地域構想』東洋経済新報社，1999年

関満博・小川正博『21世紀の地域産業振興戦略』新評論，2000年

高品盛也「〈現地調査報告〉米国の地域産業政策と我が国への示唆」国立国会図書館調査及び立法考査局『レファレンス』第52巻第5号（通巻第616号），2002年5月15日

高谷好一「第二章「地域」とは何か」矢野暢編『地域研究の手法 講座現代の地域研

　究　第1巻』弘文堂，1993年，pp.23-45

中小企業庁編『中小企業白書』2006年，pp.135-136

星貴子「地域産業振興策の現状と課題：推進組織からみた地域産業振興の在り方」
　日本総合研究所『JRIレビュー』Vol.7，No.37，2016年，pp.2-30

マイケル・E・ポーター（竹内弘高訳）『競争戦略論Ⅱ』ダイヤモンド社，1999年

マイケル・E・ポーター，マーク・R・クラマー（Michael E. Porter and Mark R. Kram-
　er)「経済的価値と社会的価値を同時実現する共通価値の戦略」『DIAMONDハー
　バード・ビジネス・レビュー』第36巻第6号，ダイヤモンド社，2011年6月，
　pp.8-31

増田正・友岡邦之・片岡美喜・金光寛之編『地域政策学事典』勁草書房，2011年，
　pp.21-22

山﨑朗「地域産業政策と地域・企業・産業の競争力」財団法人福岡県市町村研究所
　『福岡県市町村研究所研究年報』2003年8月，pp.1-11

山﨑朗「新しい環境条件下における地域産業」『經濟學研究』第70巻第4・5合併号，
　2004年，pp.355-370

山﨑朗「クラスター政策の評価について」『経済地理学会年報』第61巻第4号，2015
　年，pp.389-397

山田浩之・徳岡一幸編『地域経済学入門［第3版］』有斐閣，2018年，pp.4-6

横倉尚「第19章　中小企業」小宮隆太郎，奥野正寛，鈴木興太郎編『日本の産業政
　策』東京大学出版会，1984年，pp.445-465

渡辺幸男・小川正博・黒瀬直宏・向山雅夫『21世紀中小企業論［第3版］』有斐閣，
　2013年，pp.63-76

内発的発展を促進する
自治体産業政策の基本要件

はじめに

　本章では，内発的発展を促進する自治体産業政策の基本要件について考察する。市民視点から見た，地域に根ざした産業政策とは，内発的発展を促進する産業政策として捉えることができる。すなわち，地域内部に根付いた産業活動により付加価値を創出し，その活動成果の多くが地域内に還元される構造を創り出すことが重要となる。

　そのため，本章ではまず，内発的発展を促進する自治体産業政策を検討するための前提要件となる，内発的発展の根源的な意義を確認する。そのうえで，内発的発展を実現できるのはどのような要件を備えた産業であるのか，またその産業を政策としてどのように振興してくのか，基本的な要件について検討したい。

第1節　内発的発展の基本的な意義

　地域産業の内発的発展のあり方について考えるためには，地域主義と内発的発展の視点が重要となる。そこで，これらの概念について造詣の深い玉野井芳郎氏の見解に基づき，その意義を確認したい。

　まず，地域主義について考える。玉野井（1990）は，「「地域主義」は何よりもまず地域共同体の構築をめざすことを提唱する」（p.11）としている。そして，「地域主義がめざす地域共同体は開かれた共同体でなければならない。開かれたという意味は，上からの決定をうけいれるというより，下から上への

情報の流れをつくりだしてゆく。そればかりか地域と地域との横の流れを広く
つくりだしてゆくことをも意味する」（p.12）としている。すなわち，地域主
義を中核において支えるのは，底部から上部への情報の流れによって支えられ
る地域共同体であり，その地域共同体は地域間の横の連携も創り出していく存
在として捉えることができる。

　次に内発的発展である。玉野井（1979）は，これを内発的地域主義として
捉え，「一定地域の住民＝生活者がその風土的個性を背景に，その地域の共同
体にたいして一体感をもち，経済的自立性をふまえて，みずからの政治的，行
政的自律性と文化的独自性を追求すること」（p.119）と定義している。また，
玉野井（1990）は次のように述べている。地方は歴史と伝統を誇る複数的個
性の地域から成っており，「これらの諸地域に自分をアイデンティファイする
定住市民の，自主と自立を基盤としてつくりあげる経済，行政，文化の独立性
をめざすものといえる」（p.8）。内発的地域主義には，政治，行政，経済，文
化の自立性が重要であると言える。

　玉野井（1990）はこれらのことを踏まえ，地域主義を次のように定義して
いる。「一定地域の住民が，その地域の風土的個性を背景に，その地域の共同
体に対して一体感をもち，地域の行政的・経済的自立性と文化的独立性とを追
求することをいう」（p.29）。地域主義と内発的発展は一体のものとして捉える
べきであろう。

　地域産業の意義について考える場合のもう一つの大事な論点として，経済活
動と生活活動の関係がある。すなわち，地域の経済活動においては両者が融合
し一体となっている場合が多い。商店街における商業活動がその代表的なもの
と言える。商店街へのニーズは，地域のコミュニティ活動と表裏一体の関係に
ある。この点に関しては，玉野井（1990）も次のように述べている。「この新
たな文脈に登場しているのは，狭義の「経済」概念に代わる広義の「経済」概
念である。人間のくらしとは何かが問われているといってよい」（p.10），「地
域共同体の構築という「地域主義」の課題は，「ものづくり」から「生活づく
り」への転換という時代の展望を含意するものであることが知られなければな

らない」（p.11）。

　玉野井の主張を今日の自治体産業政策のあり方に当てはめて解釈すると，地域の産業は生活と一体として捉える必要があることを示している。すなわち，地域に経済的豊かさをもたらすのが産業活動である。地域に雇用の場が創出されれば，人々はそこで生活し，経済的豊かさは生活者に還元される。それにより，子育て支援や高齢者福祉など，生活を豊かにする諸政策を展開する財源も生み出される。生活環境が充実してくれば，移住定住も増え，その人たちが労働者や消費者として地域産業を支えていく。これからの自治体政策では，産業政策と生活づくり政策は密接な関係を有する存在，さらには融合した存在として捉え，一体として取り組んでいく必要があると言える。

　内発的発展論の本質について，さらに川勝（2017）に基づいて考察を深めたい。川勝（2017）は，主に鶴見和子による『鶴見和子曼荼羅』[1]に依拠しながら，内発的発展論の分析対象や方法論の特徴点を取り出している。「鶴見の内発的発展論の対象は一個のミクロの生命体からマクロの地球に及び，その方法論は自然科学から社会・人文科学にわたっている」（p.25）としており，広範囲に亘る。その中から，地域産業の内発的発展のあり方について考える際に重要と考えられる事項を抜粋する。

　内発的発展論に関しては，次の論点が着目される。「内発的発展論の分析対象の単位は地域である。（中略）内発的発展論は言葉のすぐれた意味において地域研究である」（pp.22-23）。また，「内発的発展論は地球志向をもつ。あるいは全体性を視野にいれた発展論である」（p.23）としていることも考え合わせると，内発的発展論の分析対象単位は「地域」であるが，それは孤立した存在としての「地域」ではなく，地球レベルの全体性の中での位置づけや役割を考える必要のある「地域」だということである。

　筆者が最も重要な特徴として受け留めたのは，次の点である。「内発的発展論は創造の過程を対象としており，創造とは何かを理解する方法論である。創造とは自己のうちにある可能性が発現することである。（中略）発展は与えら

れるものではない。自己のうちにある生命力や可能性を創発させる自己啓発の努力である」（川勝，2017，p.17）。地域が，自己のうちにある生命力や可能性を創発させる自己啓発の努力をすることにより，自らの地域に根付く産業を創出することは重要である。

　また，次の点も注目される。「内発的発展論はアイデンティティ論である。（中略）内発的発展とは人間の自覚の深まりであり，社会的自立・精神的自律の高まりであり，個性としてのアイデンティティの確認である。内発的発展論はアイデンティティを探求する方法論でもある」（川勝，2017，pp.18-19）。地域の人々が自らの住む地域の個性にアイデンティティを持つことにより，地域に対するプライドが生まれ，自律的な発展へと繋がっていくことが期待される。

　さらに，「内発的発展論は危機を対象とし，危機を克服するダイナミック・セオリー（動態論）である。（中略）内発的発展論は，危機は克服しうるという確信のもとに，危機の実態を真正面から明らかにする危機の理論である」（川勝，2017，p.21）とする点も重要である。人口減少，少子高齢化が進む我が国の構成地域の再生と発展に，内発的発展論は重要な思想的背景を提供してくれる。

第2節　内発的発展を誘発・促進する産業分野や企業の要件と把握方法

　本節では，前節までの地域主義や内発的発展論に関する理念的検討を踏まえ，内発的発展を誘発・促進できる産業分野・企業の要件と，その把握方法について検討する。

　まず，その要件を概括的に確認すると次のようになる。（1）地域の個性（特性）・優位性を活かせる産業分野・企業であること。地域の個性（特性）・優位性の把握方法としては，地域や産業地域，産業集積の類型化，数量的な方法，歴史的視点などが挙げられる。（2）地域産業との連関性の強い産業分野・企業であること。連関性が強いとは，例えば企業の事業活動に欠かせない原材料

や製品，資金（地域金融機関からの融資など），安定した労働力（正規雇用）などを地域内部で調達することである。(3) 地域の外部からの所得誘導効果の高い産業分野・企業活動であること。すなわち前記 (2) の要件に加え，その成果物（製品，サービス〔観光など〕）を地域外部の幅広い市場に販売して利益を上げる産業・企業であること。

　以上の3要件に合致する，産業分野や企業を把握するための類型や指標について以下で検討する。

(1)「地域の個性（特性）・優位性を活かせる産業分野・企業であること」の把握方法

　地域・地域産業の個性（特性）・優位性については，次のような類型化や数量的な把握方法が事例として挙げられる。

1) 地域の類型化の事例

　山田ら（2018，pp.4-6）は，地域を実質的に類型化する場合の基本的な3つの地域概念と，各々の地域概念に基づく地域類型化の判断基準について，次のように整理している（要点）。

　「同質地域」：地域を構成する諸要素のなかで特定の要素に注目した場合の，その要素について共通の特徴を持つ（同質的である）空間の集合（産業活動に着目：農業地域，工業地域など。人口密度や人口増加率に着目：過密地域，過疎地域など）。

　「結節地域」：地域を構成する空間の相互依存関係に着目して定義される地域内部の構造や，そこに立地する主体間の関係を議論するために不可欠の地域概念。ある生産要素や生産物の市場を空間的に捉えたもの（都市圏，商圏など）。

　「計画地域」：政策的な目的の対象になる地域（首都圏整備計画，近畿圏整備計画，広域地方計画の対象地域など）。形式的な地域や，経済的な地域とは必ずしも一致しない。

地域産業の現状について論じる場合，産業分野に着目した「同質地域」の視点から産業地域として捉える場合が多い。しかし，小売業やコンテンツ産業などの都市型産業の立地について論じる場合には，都市圏や商圏の観点から捉えることが重要となる。また，製造業についても，食品加工業など，その立地条件を大都市圏との関係において論じることが有効な場合もある。さらに，現実の産業立地の状況を論ずる場合には，首都圏整備計画など政策的な視点から捉える必要もある。このため，地域に適した産業立地のあり方について論じるためには，上記の3つの地域概念から多面的に捉えることが求められる。

2）地域類型と産業地域

　地域類型と産業地域の関係を知ることは，地域において自治体などの政策主体が産業政策を策定し実施するに当たり，当該地域に適した産業を把握するなど，有益な情報を得ることに繋がる。ここでは，その試案として（図Ⅱ-1）を示す。

　ここに示す地域類型は，都市地域であるか非都市地域であるかの違いを基本とするものであり，1）とは異なる視点である。都市地域については，東京都心部や名古屋市，大阪市などの大都市，地方中核都市などを想定している。また，都市地域については，経済活動が活発な経済都市とは別に居住が中心の住宅都市の類型を設定する。ただし，経済都市については，経済活動と併せて居住も大きな規模で行われていることには留意する必要がある。

　なお，各地域の産業は，日本標準産業分類の産業分類に基づくものではない。また，全ての産業分野を網羅するものでもない。地域特性との関係において注目すべき産業について，主な立地地域を地域類型との関係において整理したものである。（図Ⅱ-1）に示した，地域類型との関係における各産業地域は，以下のように捉えることができる。

　工業地域：工業（製造業）が多く立地する地域は，企業城下町型集積，都市型複合集積，産地型集積などに類型化され，産業特性により，その立地は経済都市地域から非都市地域にまで亘っている。

　商業（小売業）地域：小売業が多く立地する地域は，居住生活者の需要が大きな住宅都市から，経済活動に従事する都市労働者の需要が大きな経済都市を中心とした地域にまで亘っている。ただし，経済都市には多くの居住生活者もあり，その需要も大きく存在する。また，郊外型の大型ショッピングセンターなどは非都市地域に立地している。

　商業（卸売業）地域：卸売業は取引相手が消費者ではなく事業者であるため，基本的には事業者との取引の便利な経済都市を中心に立地している。

　対個人サービス業地域[2]：対個人サービス業は，商業（小売業）の立地する地域と一体的に捉えることができる。すなわち，居住生活者，都市労働者の需要への対応を中心として立地している。

　対事業所サービス業地域[3]：対事業所サービス業への需要は，主に事業所の活動が活発な経済都市において多くある。また，経済都市に近接した住宅都市においても，ソフトウェア業やインターネット附随サービス業などの業種は，生産設備を必要とせず，居住する高度な専門人材が豊富であることから，経済都市からの需要に応えて立地している場合が見られる。

　農業・林業・漁業地域：一般に農業・林業・漁業が盛んに行われるのは，広い土地や自然環境に恵まれた非都市地域である。

　都市近郊農業地域：野菜や果樹などの商品作物は，居住生活者の多い都市地域において生産される場合が多く見られる。消費地に近接して新鮮な作物を提供でき，高付加価値が期待できるからである。

　金融業地域：金融業への需要は，主に事業所の活動が活発な経済都市において多くある。また，住宅都市においても居住生活者による一定量の需要が期待される。

　観光関連産業地域[4]：観光産業は，関連産業の幅広い複合的な産業分野である。この複合的な産業を総体的に観光関連産業として捉えると，観光関連産業は都市地域，非都市地域に拘わらず，あらゆる地域において地域個性に応じた振興が期待される。

（図Ⅱ-1）地域類型と産業地域の関係

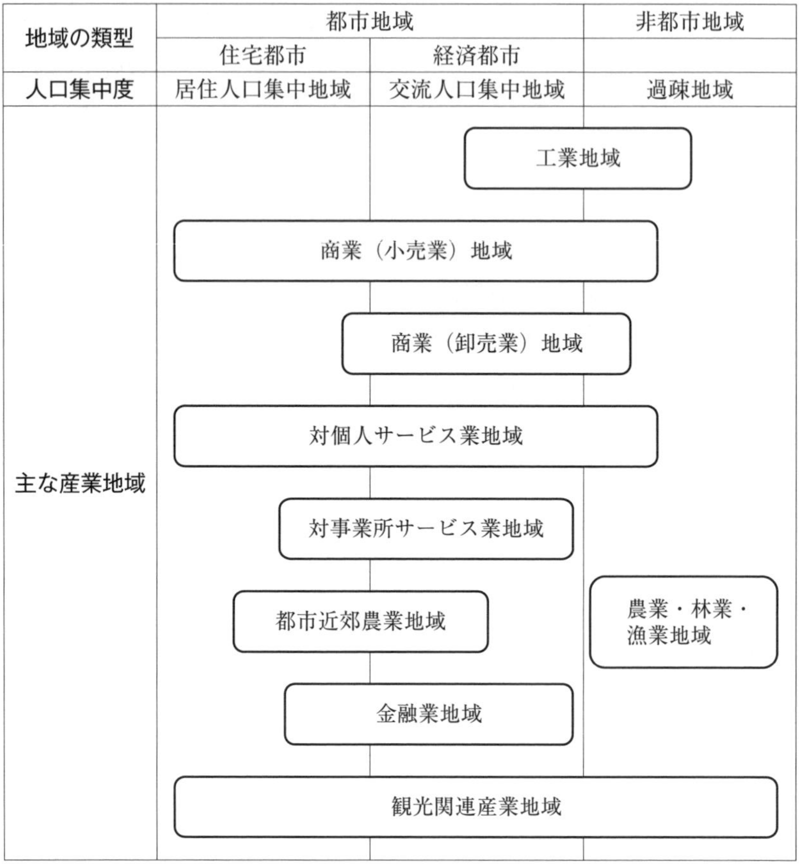

地域の類型	都市地域		非都市地域
	住宅都市	経済都市	
人口集中度	居住人口集中地域	交流人口集中地域	過疎地域

主な産業地域	
	工業地域
	商業（小売業）地域
	商業（卸売業）地域
	対個人サービス業地域
	対事業所サービス業地域
	都市近郊農業地域　　農業・林業・漁業地域
	金融業地域
	観光関連産業地域

出典：筆者作成。

3）産業集積の類型の事例

2）で示した産業地域は，産業集積を形成する場合がある。産業は集積すると規模の経済や相互近接性により，特別なメリットを生み出す。そこで，産業集積という視点から産業地域を捉える必要もある。産業集積は多様な産業分野について形成の可能性がある。また，複合的な産業による産業集積も存在する。その中で，中小企業庁（2006）は主に工業（製造業）の産業集積につい

50

て，次のような類型を提示している。

　企業城下町型集積：特定大企業の量産工場を中心に，下請企業群が多数立地することで集積を形成する。

　産地型集積：消費財などの特定業種に属する企業が特定地域に集中立地することで集積を形成する。地域内の原材料や蓄積された技術を相互に活用することで成長してきた。

　都市型複合集積：戦前からの産地基盤や軍需関連企業，戦中の疎開工場などを中心に，関連企業が都市圏に集中立地することで集積を形成する。機械金属関連の集積が多く，集積内での企業間分業，系列を超えた取引関係が構築されているケースも多い。

　誘致型複合集積：自治体の企業誘致活動や，工業再配置計画の推進によって形成された集積である。誘致企業は集積外部の系列に属する企業が多く，集積内部での連携が進んでいないケースも多い。

　ただし，全国の集積地域すべてを特定の類型に当てはめることは難しく，複数の属性を持つ集積も多く見られる。

　地域産業の個性（特性）・優位性を的確に把握するためには，上記のような類型を組み合わせた複眼的な視点が必要となる。すなわち，地域特性を一般的な観点から類型化したうえで（前述1）など），これと関連づけて地域産業の類型を把握する（前述2），3）など）ことが必要となる。取り分け地域産業の立地形態が多様化する今日においては，単に産業分野を基準とするだけでは地域産業の的確な把握は困難であり，地域の交通機能や都市との関係などの，産業分類とは別の座標軸を導入することが重要となる。

4）地域産業の数量的な把握方法の事例

　地域産業の数量的な把握方法は多くあるが，以下では産業構造と産業特性の2つの観点から具体的な指標の適用事例を示す。

（a）産業構造の把握（事例）

　産業構造とは，国または地域における産業分野の構成割合を示す指標であり，使用するデータとしては付加価値額，従業者数などが挙げられるが，各々のデータの特徴を把握し，選択的・総合的に活用することが必要となる。例えば，付加価値額は全ての産業について算出が可能であるため，農業，製造業，卸売・小売業など，特徴の大きく異なる産業分野を包括する産業構造も示すことができる。また，従業者数も同様である。

　しかし，例えば事業所数をデータとして使用する場合には注意を要する。何故ならば，事業所数は事業所規模の大小に拘わらず表示されることから，全体として事業所数が少ない場合でも大規模な事業所の割合が大きければ，大きな付加価値や雇用を生み出す可能性が高く，事業所数に基づく産業構造が必ずしも当該地域の産業規模の比率を的確に反映するとは言えない。

　産業構造を知るために活用できる政府統計としては，経済センサス（基礎調査，活動調査），工業統計調査，商業統計調査，県民経済計算，国勢調査などが挙げられる。これらのデータは，都道府県・市町村別，また産業分野別などにより分類整理がされている。各々の統計データの特徴を把握し，選択的・多面的に活用することが求められる。

　地域における産業構造を把握することにより，当該地域において大規模な付加価値や雇用を創出している「基幹産業」を見出すことなどができる。

（b）産業特性の把握（事例）

　（a）で把握方法を概観した産業構造により，地域産業の構成比率を把握することはできるが，その指標を他の地域と比較した場合の相対的な特徴までは把握できない。例えば，ある地域におけるある産業の構成比率が従業者数基準で30.0%である場合，それが他の地域と比較して標準的であるのか特徴的であるのかを知ることはできない。これに一つの判断基準を提示してくれる指標が，特化係数である。

　特化係数は次の算式で導出される。

特化係数＝当該地域における当該産業の構成比率（％）/全国における当該
産業の構成比率（％）

すなわち，特化係数は，全国における当該産業の構成比率を標準的な構成比
率として捉え，当該地域における当該産業の構成比率がどの程度乖離している
のかを，両者の構成比率相互の比率により示すものである。数値が1であれば
標準的な産業であり，1より小さければ標準より集約度の小さな産業と捉える
ことができる。それに対して数値が1より大きければ，当該地域において集約
度が高く個性的な産業と捉えることができ，当該地域は当該産業に関して"特
化"していると言える。

（c）具体的な地域への適用

（a）と（b）で示した地域産業の数量的な把握方法について，具体的な地域
への適用を試みる。地域としては，群馬県太田市を採り上げる。

まず，太田市の産業構造（図Ⅱ-3）を全国の産業構造（図Ⅱ-2）との比較
により確認する（従業者数基準）。全国との比較において特徴的なことは，製
造業の構成比率が高いということである。それを数値において確認するため，
特化係数を算出する（図Ⅱ-4）。特化係数が1を超える産業分野は製造業と運
輸業・郵便業であり，取り分け製造業が際立っていることが改めて確認できる[5]。

次に太田市において，産業構造における構成比率と特化係数が共に大きい製
造業に着目して，その産業構造を確認する。データは，従業者数と粗付加価値
額の両方を用いて示した（図Ⅱ-5，6）。両者には程度の違いはあるが，共に
輸送用機械器具製造業の占める割合が大きい。

さらに，輸送用機械器具製造業の構成内容を総務省統計局『経済センサ
ス　基礎調査』（2014年）の産業（小分類）従業者数により確認すると，全体
18,865人のうち18,189人（96.4％）が自動車・同附属品製造業であり，自動
車産業が太田市の主要産業になっていることが分かる。

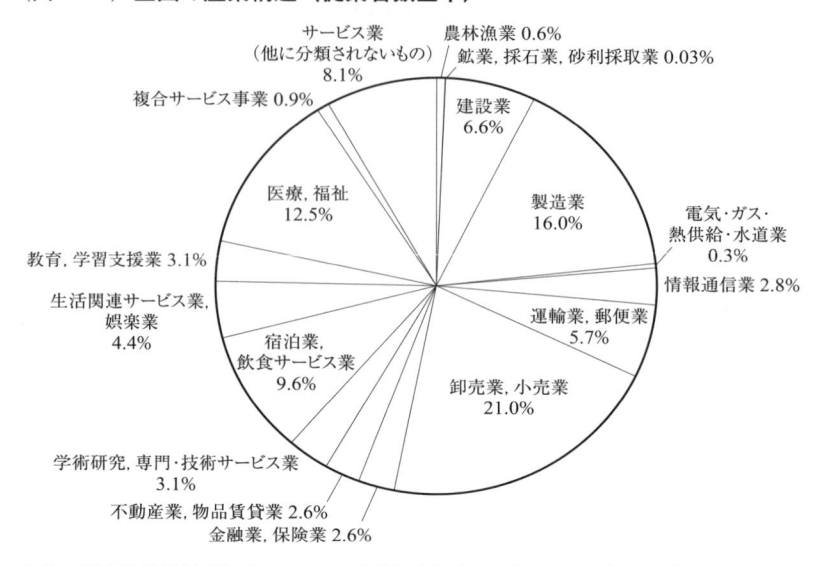

出典：総務省統計局『経済センサス 基礎調査』（2014年），民営事業所（従業者数）より作成。

（図Ⅱ-3）太田市の産業構造（従業者数基準）

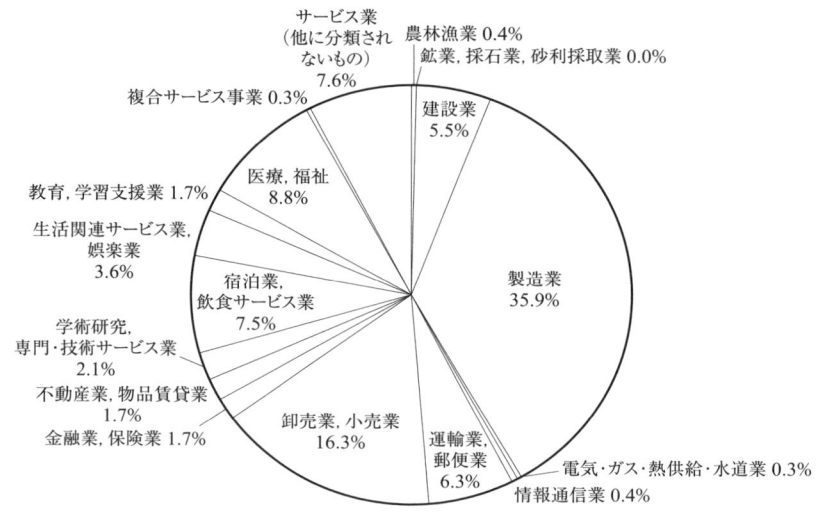

出典：総務省統計局『経済センサス 基礎調査』（2014年），民営事業所（従業者数）より作成。

（図Ⅱ－4）太田市の産業（大分類）の特化係数（従業者数基準）

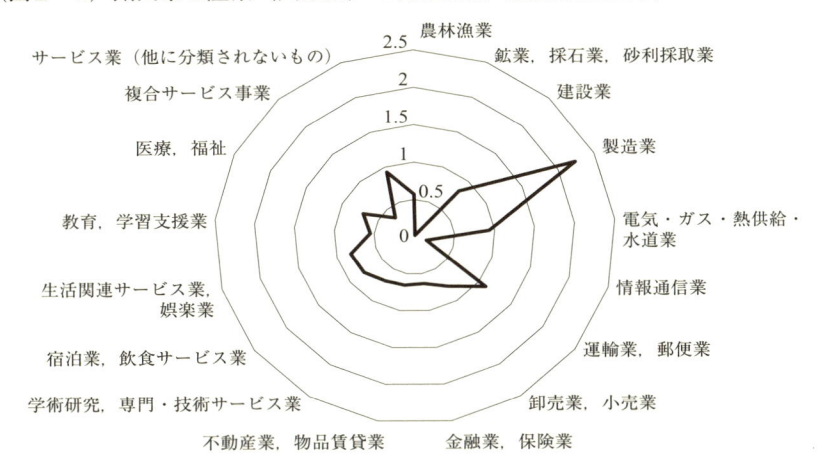

出典：総務省統計局『経済センサス 基礎調査』（2014年），民営事業所（従業者数）より作成。

（図Ⅱ－5）太田市の製造業の産業構造（従業者数基準）

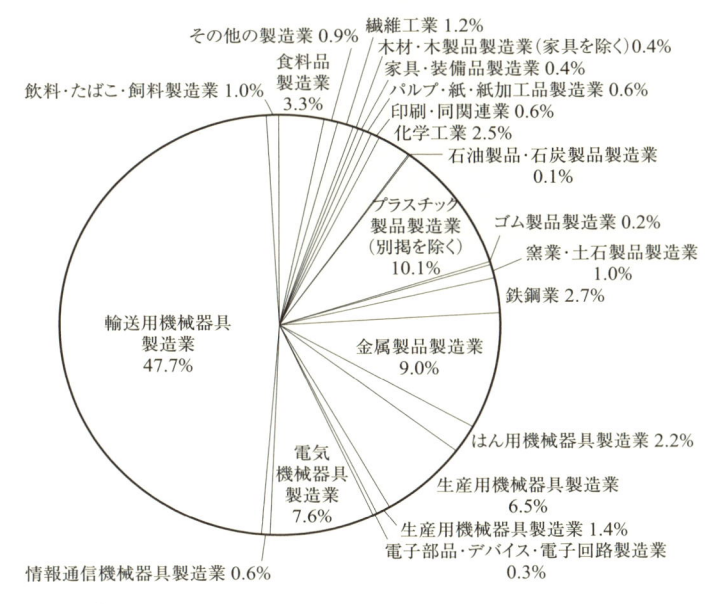

（注）従業者数4人以上の事業所。
出典：経済産業省『工業統計調査』（2014年）より作成。

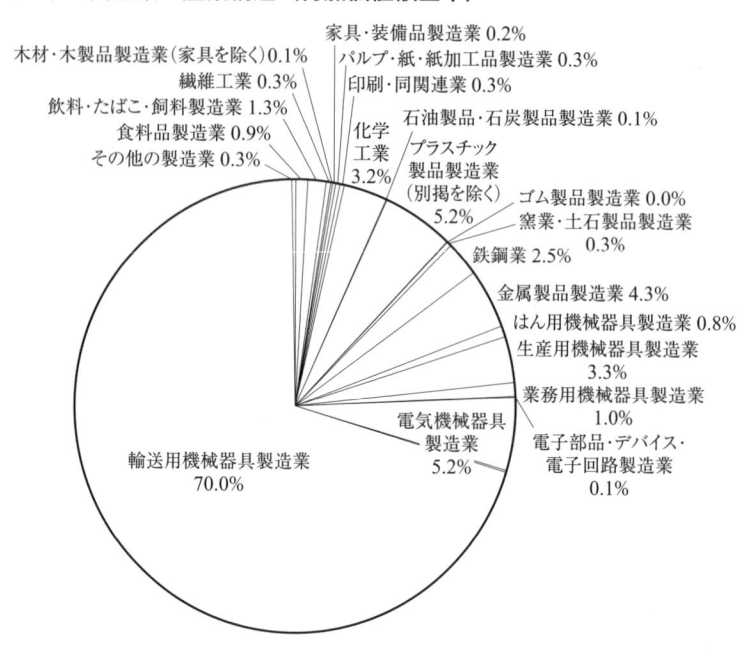

（図Ⅱ-6）太田市の製造業の産業構造（付加価値額基準）

木材・木製品製造業（家具を除く）0.1%
繊維工業 0.3%
飲料・たばこ・飼料製造業 1.3%
食料品製造業 0.9%
その他の製造業 0.3%

家具・装備品製造業 0.2%
パルプ・紙・紙加工品製造業 0.3%
印刷・同関連業 0.3%

化学工業 3.2%

プラスチック製品製造業（別掲を除く）5.2%

石油製品・石炭製品製造業 0.1%
ゴム製品製造業 0.0%
窯業・土石製品製造業 0.3%
鉄鋼業 2.5%
金属製品製造業 4.3%
はん用機械器具製造業 0.8%
生産用機械器具製造業 3.3%
業務用機械器具製造業 1.0%
電子部品・デバイス・電子回路製造業 0.1%

電気機械器具製造業 5.2%

輸送用機械器具製造業 70.0%

（注）従業者数4人以上の事業所。
出典：経済産業省『工業統計調査』（2014年）より作成。

5）歴史的視点の必要性

　地域産業の将来のあり方について考察するためには，当該地域の産業の歴史を把握する必要がある。ここでは，「歴史」について二つの視点から捉えることとする。一つは「産業のライフステージ」であり，もう一つは「地域産業の歴史」である。以下，夫々について論じる。

　（a）「産業のライフステージ」の視点からの考察

　地域産業を構成する各々の産業の現状は，4）で検討した産業構造や特化係数を活用することにより確認できる。すなわち，ある特定の地域産業の現状は次のように類型化できる。①基幹産業（従業者数や粗付加価値額などにおいて

規模の大きな産業）であり特化産業である，②基幹産業ではあるが特化産業ではない，③特化産業ではあるが基幹産業ではない，④基幹産業ではなく特化産業でもない。

　地域の特色ある産業としての「特化産業」に着目すると，①の状況を示す産業は，地域の特色ある産業が基幹産業となっていることから，これまで地域産業が順調に特色ある発展を遂げてきたと言える。③の状況を示す産業は，地域の特色ある産業として発展していく可能性が期待できる。しかしこれは，地域の特色ある産業が将来に亘り継続的に発展することを約束するものではない。①の状況を示す産業が成熟期にあれば，今後は衰退していく可能性がある。また，③の状況を示す産業がこれまで長期間にわたり同様の状況にあれば，それ以上の成長は期待できない可能性もある。したがって，産業振興戦略は当該産業のライフステージを考慮に入れて取り組む必要がある。

　産業のライフステージは，概ね萌芽期，成長期，成熟期，衰退期として捉えることができる。現在がその内のどのステージにあるのかを知るためには，過去の状況を時系列，すなわち歴史的視点から捉える必要がある。そこでは，従業者数や付加価値額などのデータが利用できる。産業政策の観点からすると，①や③の状況を示す産業が成長期にあるならば，当該産業の成長を一層促進することが地域産業の発展には効果的である。ただし，①の状況を示す産業が成熟期から衰退期にあるとしても，当該産業への発展期待を早急に放棄すべきではない。何故ならば，①の状況を示す産業は，これまでの歴史の中で培われた豊富な技術やノウハウ，人材，取引や協力関係を蓄積している。その蓄積を新たな社会ニーズに応用し市場を開拓できれば，当該産業には新たな成長・発展が期待されるからである。

（b）「地域産業の歴史」の視点からの考察

　ある産業が地域において長い歴史に根ざした存在であることは，当該産業に属する企業が地域に定着する上において重要な要件になる。事例としては，株式会社SUBARU（以下，「SUBARU」とする。）の事業所群を中心とする，

自動車産業の企業城下町型の産業集積である群馬県太田市が挙げられる。SUBARUは1917（大正6）年に中島知久平が群馬県尾島町に飛行機研究所を設立（同年，太田市に移転）して以来，飛行機関連のメーカーとして太田市に根ざして発展した。第二次世界大戦の終戦時の1945年には富士産業株式会社と改称，平和産業に転換し，スクーターや農器具などの生産から，自動車を中心に生産を拡大し，1953年には富士重工業株式会社の社名になり発展してきた（富士重工業株式会社，2016）。現在の社名であるSUBARUになったのは，2017年4月である。

　静岡県浜松市では，鈴木道雄が1909（明治42）年に鈴木式織機製作所を創業し，1920（大正9）年に鈴木式織機株式会社として法人設立，1954（昭和29）年に鈴木自動車工業株式会社と社名変更以来，主に自動車メーカーとして発展してきたスズキ株式会社（1990年に現社名）[6]，山葉寅楠が1889（明治22）年に合資会社山葉風琴製造所を設立し，日本楽器製造株式会社を経て主に楽器生産を中心に発展してきたヤマハ株式会社[7]などの製造業を中心に，複合的な産業集積として発展してきた。

　地域産業の発展は，客観的な立地条件の適合性のみによって決まるのではない。有能な産業人の出現など，歴史上の偶然の出来事により特定の産業の萌芽が生じた場合，それをきっかけとして当該産業の成長が更なる成長を誘発し，自己増殖的に成長が継続して集積が形成されることになる。このような過程が地域で進行すれば，当該産業が地場産業になる。そして，当該産業やその関連産業は地域に定着することが期待される。

(2)「地域産業との連関性の強い産業分野・企業であること」の把握方法

　企業活動には，常に取引関係が伴っている。具体的には原材料，部品や加工，サービス（法律，会計，コンサルティングなど）の購入，生産物やサービスなどの販売である。これらの取引は，当該取引に伴う直接効果のみならず関連する取引を誘発するなど，波及効果を地域経済にもたらす。以下，この理論的視点を地域産業連関表により確認する。

　地域内外の産業が相互に連関性を持っていることを数値により示すのが，地域産業連関表である。総務省資料[8]は，国の産業連関表の構造を次のように説明している。「財・サービスが最終需要部門に至るまでに，各産業部門間でどのような投入・産出という取引過程を経て，生産・販売されたものであるのかを，一定期間（通常1年間）にわたって記録し，その結果を（中略）行列（マトリックス）の形で一覧表に取りまとめたものである」。同資料を地域経済に援用すると，地域産業については，次の関係が成立する。

　①総供給＝地域内生産額＋移輸入＝中間需要（計）＋最終需要（計）＝総需要／②地域内生産額＝中間需要（計）＋最終需要（計）－移輸入＝中間投入（計）＋粗付加価値（計）／③中間投入（計）＝中間需要（計）／④粗付加価値（計）＝最終需要（計）－移輸入（計）

　なお，①及び②については，各行・列の部門ごとに成立するが，③及び④については，産業（計）（部門の合計）についてのみ成立する。この構造を示したのが（図Ⅱ-7）である。

　産業連関表を用いて得られる重要な情報の1つとして，経済波及効果の数量的把握がある。ある産業分野に新たな需要が発生すると，相互の取引関係や雇用者所得からの支出などを通して，当該産業や他産業にも需要の波及効果が拡がる。地域産業を全体として見ると，結果的には最初の直接需要を超える需要が生じ，生産誘発効果をもたらす。したがって，この生産誘発効果が大きな産業であるほど，地域産業全体の拡大効果を持つことになる。企業誘致においても，地域産業への生産誘発効果の大きさを踏まえた判断が求められる。また併せて，生産誘発効果に伴う雇用誘発効果，付加価値誘発効果，税収誘発効果の大きさなどにも着目する必要がある。

（図Ⅱ－7）地域産業連関表の構造

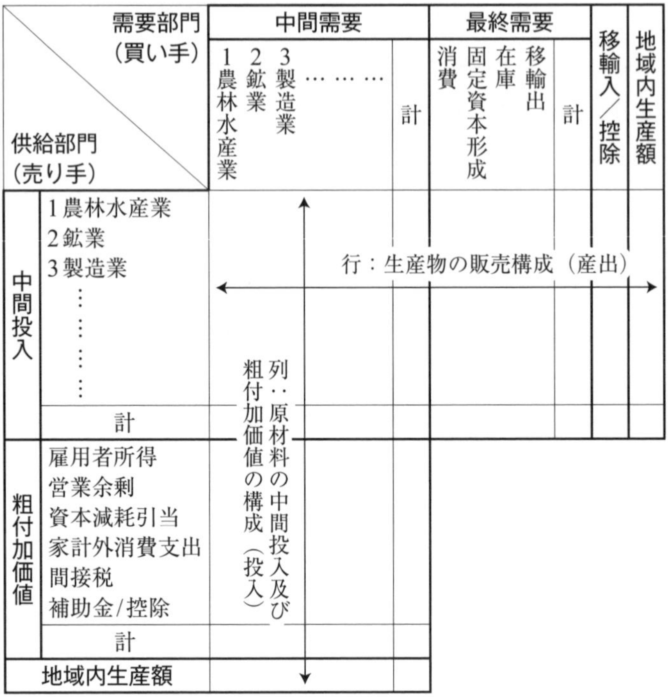

需要部門（買い手） \ 供給部門（売り手）	中間需要 1農林水産業 / 2鉱業 / 3製造業 ……	計	最終需要 消費 / 固定資本形成 / 在庫 / 移輸出	計	移輸入／控除	地域内生産額
中間投入 1農林水産業 / 2鉱業 / 3製造業 ……			行：生産物の販売構成（産出）			
計						
粗付加価値 雇用者所得 / 営業余剰 / 資本減耗引当 / 家計外消費支出 / 間接税 / 補助金/控除	列：原材料の中間投入及び粗付加価値の構成（投入）					
計						
地域内生産額						

（注）最終需要の消費は，民間消費支出，一般政府消費支出，家計外消費支出である。

出典：総務省（http://www.soumu.go.jp/main_content/000286849.pdf，2016年10月15日取得）を基に作成。

（3）「地域の外部からの所得誘導効果の高い産業分野・企業であること」の把握方法

　企業が生み出す商品やサービスが地域外の市場に移輸出されると，地域の外部から内部に所得がもたらされ，地域経済の拡大効果をもたらす。この効果について以下，山田ら（2018，pp.54-55）の説明による「移出基盤モデル」に基づき確認する。このモデルは仮説として，「地域の所得水準はその地域の移出（すなわち地域外への財貨・サービスの販売）によって決定する。移出の増加が地域の経済成長をもたらす」とするものである。山田らはこれを就業者に

関するモデルとして，次のように定式化している（この定式化における「移出」は，前の（2）における「移輸出」と同義語として捉える）。

T=E+L…①

T：地域の総就業者数，E：移出産業の就業者数，L：域内産業の就業者数

総就業者数が増えれば域内産業の就業者数も増えると考えると，次のように定式化できる。

L=a+bT…②

上記の①式および②式より，T=1/（1-b）×（a+E）。つまり，移出産業の就業者数が1人増えると地域の総就業者数はその1/（1-b）倍増え，経済成長をもたらす。

また，大友（1997）は，地域経済基盤に関する「Basic-Nonbasic 分析」（BN分析）を用いて，移出産業活動の効果を，次のように説明している。特定の地域の産業活動は，次のように分類できる。①その地域における自己消費分を除いた余剰分をその地域外に移出する活動，②その地域における自己消費分とした，その地域の内部需要のための活動，③その地域における自己消費分に対して対応できず，地域外から移入する活動。このうち①は，地域の存立・発展を支える産業活動としての「基盤活動（basic activity）」とする。それに対して②，③は地域の存立・発展を直接可能にするわけではない産業活動としての「非基盤活動（nonbasic activity）」とする。

ここで大友は，移出産業の就業者数を捉える1つの方法として，特化係数の理論の活用を提示している。すなわち，特化係数の数値により当該産業の地域内の状況を次のように規定する（特化係数<1の場合のみ筆者による加筆）。

特化係数=1：生産と消費において過不足なく，均衡している。

特化係数>1：当該地域で必要とされる以上にその産業の生産物が生産され，その余剰分が地域外に移出されている。

特化係数<1：当該地域で必要とされる当該産業の生産物が不足しており，

地域外から移入されている。

　そして，特化係数から1を引いた残りの分が基盤活動を表し，一方，残りが0かマイナスのときは基盤活動が無いとみなす。すなわち，特化係数が1を超える場合，その数値から1を引いた数値を特化係数で割り，当該地域・当該産業の就業者数を掛け合わせた数値が，当該産業（移出産業）において基盤活動に従事する就業者の数ということになる。前述の山田ら（2018）の「移出基盤モデル」と併せて捉えると，移出産業が地域経済の成長に重要な役割を担うことが分かる。

（4）考察

　本節では，地域の内発的発展を誘発・促進する産業分野・企業の把握方法について検討した。地域や地域産業の特性の把握方法については，地域，産業地域，産業集積の各々の類型化理論，地域産業の数量的な分析による把握（産業構造，産業特性の把握方法の事例），歴史的な視点（「産業のライフステージ」および「地域産業の歴史」の視点）などを提示した。また，地域産業との連関性の強い産業分野・企業の把握方法については，地域産業連関表の機能を用いて検討した。さらに，地域の外部からの所得誘導効果の高い産業分野の抽出方法については，「移出基盤モデル」，「Basic-Nonbasic分析」を用いた。

　自治体産業政策においては，地域産業の特性や優位性を上記のような客観的な指標や理論によって的確に把握し，それを有効活用することが重要となる。

第3節　内発的発展を促進する自治体産業政策の推進体制

　自治体の産業政策を有効に推進するための方策として，中小企業振興条例の制定（広く地域産業振興を目的とする条例を含む），産業振興会議の設置，中小企業サポートセンターの設置を挙げることができる。これらの方策は，必ずしも一体的なものではないが，その生み出す相乗効果の有効性は注目すべきも

のである。

　中小企業振興条例の制定と産業振興会議の設置については，先進的な事例として東京都墨田区（以下，「墨田区」とする。）と大阪府八尾市（以下，「八尾市」とする。），中小企業サポートセンターについては八尾市を中心に考察する。

（1）中小企業振興条例の制定

　近年，自治体において中小企業振興条例の制定への機運が高まっている[9]。全国商工団体連合会の調査によると，2018年6現在，「中小企業振興基本条例」の制定自治体は，44都道府県・363市区町である[10]。

　自治体における中小企業振興条例の意義は，中小企業の自律的経営の促進とそれによる地域経済の発展を目指すことにある。すなわち，条例により中小企業，自治体，市民など地域の諸主体が担うべき役割を明確化し，その諸主体が協働して中小企業振興に取り組む枠組みをつくる。さらに，地域を挙げて中小企業振興に積極的に取り組んでいることを地域外にもアピールして，地域外企業の誘致促進や地域企業との取引拡大など地域経済の発展に繋げることである。

　自治体による中小企業振興条例の草分けとして，墨田区で1979年に制定された「墨田区中小企業振興基本条例」がある。高野（2005）は，条例制定当時の状況を次のように紹介している。昭和40年代（1960年代半ばから1970年代半ば頃），高度経済成長に対応するための事業拡大が，密集した市街地のなかでは困難であり区外へ転出せざるを得ない状況であった。当時の区長が，ものづくり企業の減少が町の停滞につながったと感じ，産業振興に取り組み始めたと言う。条例の要点は次のとおりである。

　施策の大綱：経営基盤強化，従業員の福祉向上，調査，情報収集提供。
　取 組 方 針：区長の責務，中小企業の努力，区民等の理解と協力。併せて，
　　　　　　　　墨田区では製造系の9,000事業所について，1977年から1978

年にかけて，当時の係長級以上の職員180人が区内に出て「中小製造業基本実態調査」を行っている。

以上のことから，墨田区が，地域の主要産業である製造業の衰退に危機感を持ち，条例制定に取り組んだことが分かる。また，地域の中小企業のニーズに的確に応える政策を実施するためには，その正確な実態把握が重要であると言える。

近年の注目事例として，八尾市で2001年に制定された「八尾市中小企業地域経済振興基本条例」がある。八尾市は，我が国の代表的な基盤技術産業集積地である東大阪地域の一翼を担う地域である。この条例は，「ものづくり」をはじめとする「地域産業の栄えるにぎわいのあるまち」をめざし，基本的施策として次の4つを示した。①産業集積の基盤の強化，②産業集積の高度化の推進，③産業集積のネットワークの強化，④生活と産業が共存し高め合うまちづくりの推進。八尾市の産業政策は，条例の基本的施策との整合性を図るなかで成果を生み出してきた[11]。

(2) 産業振興会議

産業振興会議は，地域企業，商業団体・工業団体・消費者関係団体など地域の諸主体，市民，学識経験者，国など公共機関の職員などが構成員となり，自治体が実施する産業政策について提言するために設置される。この会議において議論を重ねることにより，中小企業をはじめとする地域の事業者や市民ニーズに適った地域産業政策の展開が期待される。

その先進的な事例として，中小企業振興条例と同じく，墨田区と八尾市を採り上げる。墨田区については高野（2005）が，1980（昭和55）年に始まった墨田区産業振興会議に関して次のように紹介している。工業者，商業者等，区内産業人と学識経験者，区職員の3者で具体的な提案を実行するための諮問機関であり，事業を具体的に執行するための場として運営されてきた。墨田区産業振興会議は今も継続し，次の新しい事業を打ち出すための実験の実施や，そ

こから多様なアイデアを得たりするなど，形式に縛られない検討の場として機能している。

　次に，八尾市について概観する（河藤，2013）。「八尾市産業振興会議」は1998年に設置され，学識経験者，国・大阪府職員，商工業団体，消費者団体，女性団体，公募委員により構成されている。八尾市産業振興会議の打ち出した提言は，企業情報データベースや産業情報誌の発刊，中小企業振興の基本理念を明らかにした「八尾市中小企業地域経済振興基本条例」の制定（2001年4月施行），中小企業の総合的な相談窓口である「八尾市中小企業サポートセンター」の設置など多様である。八尾市の主な産業振興施策は，八尾市産業振興会議の提言に基づくものであると言える。

　墨田区と八尾市は，中小企業振興条例と産業振興会議の両方を整備・運用して成果を上げてきた事例である。最近の事例としては，東京都新宿区が，2011年度に「新宿区産業振興基本条例」の施行と併せて産業振興会議を設置している。また，埼玉県上尾市は，中小企業振興条例は制定していないが，2014年3月に策定した「上尾市産業振興ビジョン」における提言に基づいて，2014年度に産業振興会議を設置した。上尾市では，商業と工業に限らず農業や観光も重要な地域産業として捉え，多様な産業の相互連携による発展を目指している点に特色がある（第Ⅴ章で詳しく紹介する）。

(3) 中小企業サポートセンター

　中小企業の支援を一元的に実施する機関（名称は様々であるが，「中小企業サポートセンター」とする。）を設置する自治体が増えている。中小企業サポートセンターの施策展開においては中小企業ニーズの把握が必要であり，そのニーズに的確に応える支援策の提供と，その実効性を確保する手段が合わせて求められる。そのため，多くがアドバイザーやコーディネーター（合わせて「コーディネーター」とする。）を配置している。

　コーディネーターの役割は大きい。中小企業の経営面における脆弱性の補完，優位性を引き出すための技術革新や経営革新などに関するアドバイス機能

と，企業間や関係機関などとの連携を促進するコーディネート機能の両方の役割が求められる。そのため，多様な専門性を備えた人材の確保が重要となる。先進事例として八尾市の取組みを概観する（河藤，2013）。

八尾市では，2002年6月に八尾市産業振興課の構成組織として中小企業サポートセンターが設置されたが，その主要制度であるコーディネーターの配置については，1999年に「八尾市産業振興アドバイザー」として創設されている。当初は，中小企業支援の専門家である財団法人OBと大学教授の2名が，個別訪問による中小企業の実態把握や相談業務に当たった。また，八尾市の産業政策に対しても専門家としての助言を行い，その発展に大きな役割を果たした。

2002年6月に中小企業サポートセンターが設置された際に，新たにコーディネーターが配置された。2014年度現在，メーカーOBや銀行OB，中小企業診断士など多様な経歴を持つコーディネーター12名が現場第一主義で，中小企業への個別支援，国や大阪府の支援事業への採択や認定のための助言，異業種交流や技術研究会の立ち上げと運営，産学官連携などへの支援を行っている[12]。

中小企業サポートセンターがコーディネーターの役割を担い推進する事業として，産学連携・研究活動事業についても，注目すべき取組み事例がある。「八尾経営・技術交流会」（MATEC YAO）は新しいものづくりを目指す中小零細企業の異業種交流会であり，産業集積のネットワーク，大学・高等専門学校や公的機関との連携を活かし，各企業が技術革新・経営革新を追求している。「八尾バリテク研究会」は，加工業者や工具・油剤メーカー，各種団体が集まる研究会で，バリ抑制からバリ除去に至るまで，製造現場を見学し合いながら技術の高度化を図っている[13]。

第4節　自治体における地域産業政策の担い手人材

（1）政策人材の意義

地域産業政策の有効性を高めるためには，中心的な役割を担う市町村がその

意義や方法について熟知している必要があるため，産業政策の担い手人材（政策人材）の確保が重要な課題となる。伊藤（2004）も，地域自立のため経済面での自立型運営を行うためには，地域特性に合った他地域に勝る産業振興手法の開発が必要であるとし，大切なことは職員の産業教育と職員が足と目で地域産業や中小企業の実態を肌で感じること，としている。そして，自治体職員が責任を持って調査研究から産業振興ビジョン策定まで取り組むことが必要であるとし，その仕組み作りが自治体のリーダーの責任であるとする。そのためには，産業振興ノウハウを身につけた人材が必要であるとする。「まず，一定の知識を持った上で地元産業を観察，実態把握・分析し問題と課題を引き出す能力を醸成し，支援能力まで獲得すれば産業振興に欠かせない人材に育つのである」，「少なくとも人材が「育つ」環境を政策的に整備することが必要である」とし，現状について「少数であるが，ある程度の長期にわたり専門職的に地域産業支援部門で活躍する人材を育てる試みがみられているのは明るい兆しである」と評している。

　しかし，自治体産業政策では，利潤追求を目的とする企業や産業の振興を，純粋な公共主体である自治体が実施する。この相反する2つの要素を内包する政策は，市町村職員にとって，実施手段としての施策やそれを実行に移すための組織体制づくりにおいて困難な課題の多い政策分野であると言える。

(2) 政策人材の育成方策

　筆者は，大阪府八尾市の市役所において1999年度～2000年度の約2ヵ年度の間，産業政策の実務に当たった経験を持つ。その際にも，政策人材の育成の必要性を実感した。人材育成方法としては，産業政策について実践経験が豊かな専門家や実務家の知見を，研修などにより得る方法が一般的には採られる。

　しかし，もう一つの，実効性の高い人材育成方策が挙げられる。それは，「産業振興会議」の活用である。産業振興会議は，地域産業政策への提言を，事業者や地域産業の関係団体，学識経験者，公募市民が議論を重ねることにより行う。担当職員は，その事務局を務めるなかで政策立案能力を高めることが

できる。次の(3)において，その具体的なプロセスを検討する。

(3) 専門性の高い産業政策づくりのプロセス

外部委員で構成される「産業振興会議」と政策形成を担う執行部の行政職員の具体的な連携のあり方について，少し踏み込んで検討したい。産業振興会議の委員は豊富な専門知識と経験を有している。しかし，基本的に会議の際に限定された非常勤であることから，それを具体的な政策の形にするための体制と時間が限られている。一方，執行部は政策を策定し実行する体制を持っている。

このような体制の下で実効性の高い政策を策定し実行していくためには，まず執行部が政策の素案を作成することから始める。その際には，アンケート調査やヒアリング調査を実施するなどして，事業者の実際の意見を聴き，それを施策案に反映させることも重要となる。これらの調査の設計に当たっても，産業振興会議の意見を聴くことにより，その有効性を高めることができる。

こうして執行部が作成した政策素案に対して，産業振興会議において委員の意見を徴する。委員にはできる限り多くの意見を述べてもらう。執行部はその趣旨を整理し，提示された課題に対する解決方策の検討，発展的な提案の採否や採用する場合の取り入れ方法など，多岐にわたる検討を行う。

その結果は次回の産業振興会議に報告すると共に，予算編成や事業実施に反映させる。このような業務は執行部には厳しいものとなるが，その経験を通して政策の形成と実行の能力を高めることができる。

むすび

本章では，内発的発展を促進する自治体産業政策の基本要件について考察した。そのために，まず内発的発展の基本的な意義について確認した上で，それを誘発・促進する産業分野や企業の要件と把握方法について整理した。さらに考察を発展させ，内発的発展を促進する自治体産業政策の推進体制や担い手人

材のあり方について検討した。

　地域産業政策は，人々の価値観の多様化・個性化の進むなかで，その社会的ニーズに対応するため必然的に重要性を増している。自治体の認識も高まっている。その表れとして，地域経済の振興に重要な役割を担う中小企業の振興を目的とする，中小企業振興条例の制定が各地で進んでいる。また，産業振興会議のように，地域経済の関係諸主体が協働して政策提言を行う仕組みづくりも進んでいる。

　地域産業政策において中心的な役割を担う自治体産業政策は，地域主義に基づく内発的発展を理念として，地域産業政策の推進に貢献することが重要となる。そのために必要なことは，自らの地域資源を十分に把握し，地域の個性や優位性の源泉として最大限に活用することである。その推進には，地域のことを熟知した市町村が重要な役割を担う。

　また，地域産業の振興に重要な意義を持つのは「多様な個性」である。地域資源を有効活用し多様な個性を発揮する担い手は，農業者，製造業者，商業者，観光事業者などの事業者，商工会議所・商工会や商店街，業界団体など地域の多様な経済主体である。また地域住民も，産業を含む地域資源の優位性や個性を理解し，自らの地域アイデンティティとして共有することが重要となる。このような地域の諸主体の連携・協働による地域産業振興の仕組みづくりも，市町村の重要な役割である。

　自治体産業政策が実効性を高めるためには，地域の産業特性に相応しい政策手段を講じる必要がある。そのため，地域の基幹産業は何か，基幹産業は萌芽期・発展期・成熟期・衰退期のいずれにあるのか，また埋もれた地域資源を活用して新たな地域産業を開拓できる可能性はあるのかなど，地域産業の実態について的確に把握する必要がある。

　その上で，金融手段，補助金交付，人材育成，情報発信，アドバイスやコーディネート，施設支援などの政策手段を，政策対象である地域事業者の発展段階に応じて講じる必要がある。すなわち，発展期から成熟期にある中小企業を対象とした基本的・一般的な施策をベースとしつつ，創業期の企業に対する施

策，成熟期から衰退期にあって事業改善や新規事業展開に取り組む企業に対する施策など，企業の発展段階に応じた施策を適切に配分したり組み合わせるなどして活用することが求められる。

　施策については，個々の中小企業の実情とニーズに即して提供される必要がある。そのため重要な役割を担うのが，コーディネーターである。その役割は，個々の中小企業の技術・営業・経営・金融など多岐にわたる諸課題に関する個別相談への対応，異業種交流や産学官連携に向けた連絡調整や事業運営に関する助言などである。

　自治体産業政策には，こうした取組みを総合的に推進することにより，中小企業の革新的な取組みや相互連携を促進して地域産業の総合力を高め，地域の人々に物心両面にわたる豊かさをもたらすことが求められる。

　自治体が他の政策主体と連携して推進する地域産業政策は，地域の文化や風土に応じた人々の物心のニーズを充足すると共に，国の産業に多様な発展可能性を提供する。地域産業政策によって生み出される成果（個性豊かな地場産業など）に対する評価は，生活水準の向上が進みニーズの多様化と個性化が進む海外市場においても拡大するものと考えられる。そのため，地域産業政策とその中核となる自治体産業政策は，地域・国内・海外のあらゆるステージにおいて重要性を増していくものと期待される。

　本章は主に，次の拙著を再編した上で，新たな内容を加筆したものである。
河藤佳彦「地域産業政策の現代的意義に関する考察」『地域政策研究』（高崎経済大学）第16巻第2号，2014年
河藤佳彦「地域の中から新産業を創出する」『自治体法務研究』No.37，ぎょうせい，2014年
河藤佳彦「自治体政策による地域産業の活性化に求められるもの」『都市とガバナンス』Vol.22，2014年
河藤佳彦「地域産業の内発的発展を促進する企業誘致政策に関する考察」『地域政策研究』（高崎経済大学）第19巻第4号，2017年，pp.89-109

（注）

1) 鶴見和子『鶴見和子曼荼羅第Ⅸ巻　環の巻―内発的発展によるパラダイム転換』藤原書店，1999年による。

2) 経済産業省『平成29年特定サービス産業実態調査』（https://www.meti.go.jp/statistics/tyo/tokusabizi/result-2/h29/pdf/h29outline.pdf，2019年4月29日取得）は，対個人サービス業を，「冠婚葬祭業，映画館，興行場・興行団，スポーツ施設提供業，公園・遊園地・テーマパーク，学習塾，教養・技能教授業」の7業種としている。その他にも，洗濯・美容・浴場業，飲食店なども対個人サービス業として捉えることができる。

3) 経済産業省『平成29年特定サービス産業実態調査』（https://www.meti.go.jp/statistics/tyo/tokusabizi/result-2/h29/pdf/h29outline.pdf，2019年4月29日取得）は，対事業所サービス業を，「ソフトウェア業，情報処理・提供サービス業，インターネット附随サービス業，映像情報制作・配給業，音声情報制作業，新聞業，出版業，映像・音声・文字情報制作に附帯するサービス業，クレジットカード業・割賦金融業，各種物品賃貸業，産業用機械器具賃貸業，事務用機械器具賃貸業，自動車賃貸業，スポーツ・娯楽用品賃貸業，その他の物品賃貸業，デザイン業，広告業，機械設計業，計量証明業，機械修理業（電気機械器具を除く），電気機械器具修理業」の21業種としている。

4) 観光関連産業は，旅行業に限らず，運輸交通，宿泊業，観光施設業，飲食店，土産品製造・販売業など幅広い産業分野にわたる（河藤，2008）。

5) 統計データは，総務省統計局『経済センサス』を中心に使用する。経済センサスは，事業所・企業の基本的構造を明らかにする『経済センサス 基礎調査』と事業所・企業の経済活動の状況を明らかにする『経済センサス 活動調査』の2種類の統計から成り立っている（総務省統計局〔https://www.stat.go.jp/data/e-census/index.html，2019年7月19日取得〕）。

　　利用可能な直近の調査結果は『経済センサス 基礎調査』（2014年）と，『経済センサス 活動調査』（2016年）があり，後者の方が新しい。しかし，地域の産業構造とその特徴を把握する場合には，事業所・企業の基本的構造を的確に把握することがより重要になることから，両調査の特色を踏まえ，『経済センサス 基礎調査』（2014年）を使用する。また，他の統計を併せて利用する場合も，比較を適正に行うため，2014年の資料を使用する。以後の章においても同様の方針とする。

6) スズキ株式会社（http://www.suzuki.co.jp/corporate/outline，2016年10月15日

取得)。

7) ヤマハ株式会社（https://www.yamaha.com/ja/about/history, 2016年10月15日取得）。

8) 総務省（http://www.soumu.go.jp/main_content/000286849.pdf, 2016年10月15日取得）。

9) 植田（2009）は,「最近, 地方自治体が地域産業や中小企業の振興を目的とする中小企業振興基本条例を制定するケースが都道府県, 市町村レベルともに増えている」とし, その意義について論じている。

10) 全国商工団体連合会（https://www.zenshoren.or.jp/chiiki/shoukibo/ichi-ran201806.xlsx, 2019年6月7日取得）。

11) 八尾市では, 産業振興会議の提言を受け, 2011年7月に条例の改正を実施し, 時代の変化に対応し内容の充実を図っている。本章記載内容は, 改正前の条項に基づいている。

12)「八尾市立中小企業サポートセンター」パンフレット（2012年6月18日取得）および同（http://www.yao-support.net/business/coordinator.html, 2014年6月20日取得）による。

13)「八尾経営・技術交流会（MATEC YAO）」パンフレット（2011年7月取得）, および「八尾バリテク研究会」パンフレット（2011年7月取得）による。

【参考文献】

伊藤正昭「地域経済を支える地域産業の活性化：新しい地域産業政策パラダイム」〔解説〕財団法人 自治研修協会『月刊 自治フォーラム』2004年3月号, pp.4-10

植田浩史「第1章 地域経済の現状と地域産業政策の課題」植田浩史・立見淳哉編著『地域産業政策と自治体：大学院発「現場」からの提言』創風社, 2009年, pp.15-42

大友篤『地域分析入門 改訂版』東洋経済新報社, 1997年, pp.102-110

川勝平太「内発的発展論の可能性」川勝平太・鶴見和子『＜新版＞「内発的発展」とは何か—新しい学問に向けて』藤原書店, 2017年, pp.14-33

河藤佳彦「第9章 地域ブランドと観光：産業視点を中心として」津久井良充・原田寛明〔編集代表〕高崎経済大学附属地域政策研究センター〔編集協力〕『観光政策へのアプローチ』鷹書房弓プレス, 2008年, pp.156-176

河藤佳彦「第8章 地域産業政策におけるイノベーション：大阪府八尾市の取り組み」
　　高崎経済大学地域政策研究センター編『イノベーションによる地域活性化』日
　　本経済評論社，2013年，pp.141-164

高野祐次「東京都墨田区の商工行政に学ぶ：中小企業振興基本条例の精神がどのよ
　　うに生かされているか」『中小企業家同友会第37回定時総会第15分科会』中小
　　企業家同友会全国協議会，2005年，pp.156-169。

玉野井芳郎『地域主義の思想』社団法人農山漁村文化協会，1979年

玉野井芳郎（鶴見和子・新崎盛暉編）『地域主義からの出発』学陽書房，1990年

中小企業庁編『中小企業白書』2006年，pp.135-136。

富士重工業株式会社『富士重工業株式会社　会社概況2016』2016年，pp.35-36

山田浩之・徳岡一幸編『地域経済学入門［第3版］』有斐閣，2018年

第III章 地方創生における自治体産業政策の役割

はじめに

　政府は，我が国が直面する人口減少問題の対応策の重要な柱の一つとして，2014年に制定された「まち・ひと・しごと創生法」（平成26年法律第136号）第8条の規定に基づき，同年12月に『まち・ひと・しごと創生総合戦略』を策定した。国のこの政策は，国全体の人口減少対策であると同時に，過疎化と高齢化が急速に進む地方の活性化方策としても重要な意義を持つ。地方には，各々の地域の実情に合わせ，自らの地域の持つ個性や優位性を活かしつつ，自立的で継続的な発展を進めていくことが強く求められていると言える。

　地域住民に生活の経済基盤を提供するのは地域産業である。したがって地域産業は，住民一人ひとりが生活において経済的豊かさを享受し，それを基盤に精神的豊かさの満足に繋げていくことを可能にする。その実現のためには，各々の働く人が生み出す付加価値[1]，すなわち労働生産性を高めることが重要となる。たとえ地域において人口減少が進んだとしても，労働生産性を高めることができれば，住民一人ひとりは高い所得水準を維持できるだけでなく，さらに高める可能性まである。そのため，自治体産業政策において地域産業の生産性の向上促進は重要な政策課題となる。

　生産性の向上は，地域製造業の技術革新のみでなく，観光振興や地域ブランド戦略[2]による地域産業の高付加価値化など，多様な方策が採りうる。本章では，国による『まち・ひと・しごと創生総合戦略』を基に，日本産業の直面する基本的な課題を確認したうえで，地方創生の観点から地域産業の課題について整理し，その解決には地方におけるイノベーションの促進が重要であるこ

とを考察する。

第1節 日本産業の直面する基本的な課題

　2014年12月に国により策定された『まち・ひと・しごと創生総合戦略』は，我が国が直面する基本的な課題を，次のように論じている（一部は趣旨要約）[3]。

　2008年をピークとして人口減少局面に入った我が国では，今後，人口減少が急速に進んでいく。加えて，地方と東京圏の経済格差拡大等が，若い世代の地方からの流出と東京圏への一極集中を招いている。地方の若い世代が，過密で出生率が極めて低い東京圏をはじめとする大都市部に流出することにより，日本全体としての少子化，人口減少につながっている。人口減少は，地域経済に，消費市場の規模縮小だけではなく，深刻な人手不足を生み出しており，それゆえに事業の縮小を迫られるような状況も広範に生じつつある。

　このように，地方は，人口減少を契機に，「人口減少が地域経済の縮小を呼び，地域経済の縮小が人口減少を加速させる」という負のスパイラル（悪循環の連鎖）に陥るリスクが高い。そして，このまま地方が弱体化するならば，地方からの人材流入が続いてきた大都市もいずれ衰退し，競争力が弱まることは必至である。

　国が指摘するように，人口の減少と東京圏をはじめとする大都市部への集中の進行は，大都市部と地方の両方の衰退を助長する。このような事態が国の産業に惹起する課題について，もう少し具体的に確認したい。

　人口減少と少子高齢化の急速な進展は，生産年齢人口（15〜64歳の人口）の減少をもたらす（図Ⅲ-1）。高齢者や女性の就労による労働力の増加を促進する政策により労働力人口[4]の維持拡大を図る努力を継続することは重要であるが，高齢者や女性の就業率の向上も，労働に対する価値観や生活状況の多様性などにより限界がある。そのなかで，人口そのものが減少を続けることが避けられないことなどを考慮すれば，労働力人口の増加もいずれ限界に達する。中長期的に見ると労働力人口が減少することが避けられない状況の中で，

（図Ⅲ−1）我が国の人口の推移

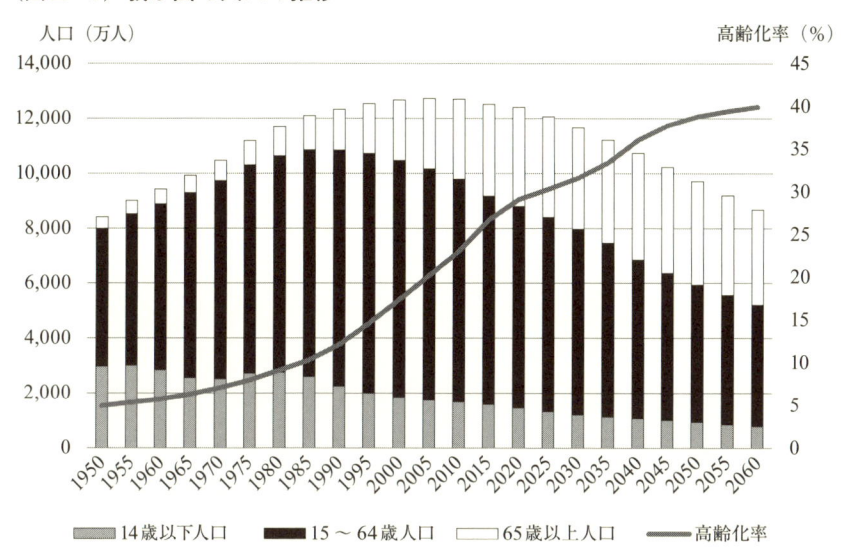

出典：総務省『情報通信白書』（2016年版）より作成。
（出所）2015年までは総務省「国勢調査」（年齢不詳人口を除く），2020年以降は国立社会保
　　　障・人口問題研究所「日本の将来推計人口（平成24年1月推計）」（出生中位・死亡
　　　中位推計）

国民が経済的豊かさを維持・発展できる方策を見出していく必要がある。

　大都市部への人口集中が進むなかでの地域経済の将来展望は，さらに厳し
い。地域の活力を維持発展させるためには，その原動力となる地域に根ざした
産業の振興が必要不可欠となる。地域に根ざした産業とは，地域に定着し安定
した雇用を人々に提供できる産業である。地域外との取引により大きな付加価
値を生み出すことで大きな雇用を創出する産業も重要であるが，個性を活かし
て地域のブランド化に貢献し，結果として交流人口を増やすことによって地域
外からの所得を呼び込み地域経済の活性化に貢献する観光関連産業なども重要
である。多様な地域資源[5]を地域の優位性や個性として活かし，独自性の高
い産業の振興を図っていくことが求められる。そこには，各々の地域の知恵が
必要となる。

第2節　地域産業振興の方向性と課題

　第1節で確認した日本産業の直面する基本的な課題を踏まえ，引き続き地方
創生の観点から地域産業の振興の方向性と課題の確認を行いたい。

　国の『まち・ひと・しごと創生総合戦略』（2014年12月の当初版）は，地
域経済の活性化に対する課題と対応策について，基本的な考え方を次のように
提示している。

1）人口減少と地域経済縮小の克服

　人口減少と地域経済の縮小の負のスパイラルに陥るリスクがある中で，人口
減少克服・地方創生のためには，次の3つの基本的視点からの取組みが必要で
ある。①「東京一極集中」の是正，②若い世代の就労・結婚・子育ての希望の
実現，③地域の特性に即した地域課題の解決。

2）まち・ひと・しごとの創生と好循環の確立

　しごと，ひと，まちの創生について，国は各々次のような方針を示してい
る。

　①しごとの創生：若い世代が安心して働ける「相応の賃金，安定した雇用形
態，やりがいのあるしごと」という「雇用の質」を重視する。

　②ひとの創生：若者の地方での就労を促すとともに，地方への移住・定着を
促進する。また，安心して結婚・出産・子育てができるよう，切れ目ない支援
の実現を図る。

　③まちの創生：中山間地域等，地方都市，大都市圏等の各地域の特性に即し
た課題解決を図る。

　国の提示するこのような課題解決の方策については，基本的な方針として肯
定的に捉えたい。しかし，それを実現するには，さらに具体的な方策が求めら
れる。その要請に応え，地方創生に経済的基盤を提供するのが地域産業であ

る。都市部のみならず人口減少が確実に進む地方の地域においても実現可能な産業振興方策が求められる。

　そこには，地域の実情に即した独自性の高い政策であることが要求されるが，共通して求められる要件は，イノベーションの推進による高付加価値化とそれによる生産性の向上だと考えられる。その根拠となる重要な基本概念として，「イノベーション」（革新）の意義を確認しておきたい。イノベーションの概念は，シュムペーターにより新結合の遂行として提唱された（塩野谷・中山・東畑，1937，改訳1980）。その内容として，次の5項目が挙げられている。①新しい財貨の生産，②新しい生産方法（商品の商業的取扱いに関する新しい方法も含む），③新しい販路の開拓，④原料あるいは半製品の新しい供給源の獲得，⑤新しい組織の実現，すなわち独占的地位の形成あるいは独占の打破。

　ここで注目すべき点は，イノベーションは技術革新に留まるものではなく，経営革新や市場開拓など，事業活動の幅広い領域における「革新」に亘るということである。地域の産業や企業のイノベーションの促進のために，地域産業政策においては，幅広い工夫の選択肢を拡げることが求められる。

　第Ⅰ章で確認したように，付加価値は産業活動により生み出される新たな価値であり，企業の利潤や賃金，税金の源泉となり社会を支え活性化に貢献する。また，生産性の定義は一義的なものではないが，代表的な概念である労働生産性は，労働者1人（または単位労働時間）当たりの付加価値額である[6]。人口減少が進行する我が国においては，労働生産性の向上が大変重要となる。何故ならば，労働生産性の向上が，一人ひとりの賃金を高める可能性を提供するからである。たとえ人口減少により国や地域の経済の全体規模が縮小したとしても，一人当たりの付加価値，すなわち労働生産性が拡大すれば，労働分配が適正に行われる限り，賃金は増加する。事業者の利潤や税についても同様なことが言える。さらに，労働生産性が大幅に向上すれば，たとえ労働者や事業者が減少しても，その活動によって産み出される付加価値の総額も維持拡大できる。

第3節 イノベーションの重要性

人口減少社会におけるイノベーションの重要性について，実質GDP（GDP：Gross Domestic Product〔国内総生産〕）の潜在成長率というマクロな視点から確認する。経済産業省『2016年版 通商白書』は，実質GDPの成長率および潜在成長率について次のように説明している。「一般に，一国の経済成長は実質GDPの伸び率で捉えられる。そして，景気変動等の短期的な要因による影響を除けば，実質GDPの伸びは，「成長会計」[7]の手法を用いることで，労働投入の寄与，資本投入の寄与及び全要素生産性（TFP=Total Factor Productivity）[8]の寄与の3つに分解できる。労働投入は就業者数に就業時間を乗じたもので表され，資本投入は企業や政府が保有する設備（資本ストック）の量で表される。全要素生産性（TFP）は，労働や資本がGDPを生み出す生産効率を意味し，一般には技術革新（以下「イノベーション」という。）を表すものとされる[9]。そして，短期的な変動要因以外の労働投入，資本投入及び全要素生産性の3つの生産要素の平均的な投入水準から得られる実質GDPの伸びを「潜在成長率」という。潜在成長率は，現在の経済構造を前提にした一国経済の供給力として捉えられ，いわば中期的に持続可能な経済の成長軌道と言える。したがって，経済成長は，この潜在成長率を高めることに他ならない」（p.99；注9）は，TFPが技術革新のみに由来するものではないことを示すため，筆者が加筆した）。

我が国の潜在成長率の変化の特徴としては，（図Ⅲ-2）から次の点が確認される。

(a) 潜在成長率の全体値は，1980年代半ば以降，1990年代半ばにかけて大幅に低下し，その後は低迷している。

(b) 資本ストックの寄与度は，1980年代半ば以降，1990年代半ばにかけて大幅に低下し，その後は低迷している。潜在成長率の全体値の動向は資本ストックの動向の影響を強く受けていると言える。特に，2009年～2012年頃

（図Ⅲ-2）潜在成長率と構成要素の寄与度（1983年～2018年）

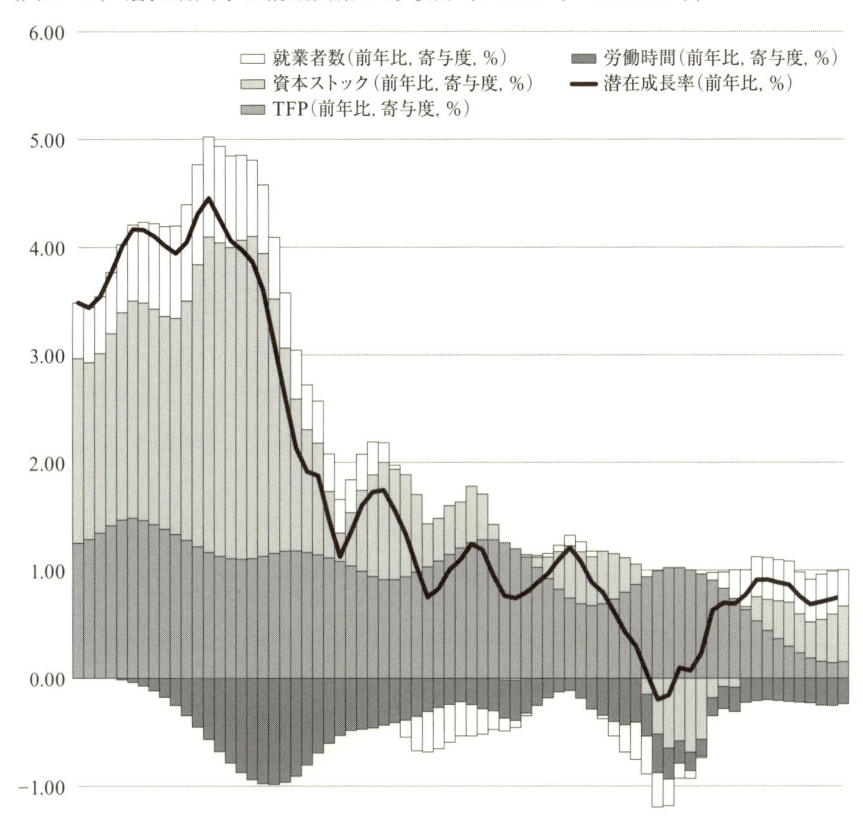

（注）各年の数字1は上期であることを示す。グラフには，各年ともに上期・下期の数値が示されている。

出典：日本銀行（https://www.boj.or.jp/research/research_data/gap/index.htm，2019.2.15取得）より作成。

にかけて資本ストックの寄与度がマイナスになっているのは，2008年のリーマンショックの影響が大きいと考えられる。

(c) 就業者数の寄与度は，示された期間を通して小さい。なかでも，長期不況期にあった2000年前後及びリーマンショックの前後は寄与度がマイナスであった。2012年以降にプラスに転じているのは，非正規雇用の増加[10]や高齢者の就業増，女性の社会進出などが要因として考えられる。

(d) 労働時間の寄与度は，一貫してマイナスである。特に，バブル経済崩壊の1990年代当初の前後に大きく減少している。バブル期とその崩壊後とでは，そのマイナス要因は，就業者数の増減との関係も合わせ，分けて考える必要がある。即ち，企業が労働時間より雇用（就業の確保）を優先するのか，雇用を抑制して労働時間を増加させるのかの選択にまで踏み込んで検討する必要があると考えられる。

(e) TFPの寄与度は，1980年代半ば以降，長期的な低下傾向にあり，特に2010年以降の低下傾向はかなり顕著である。

以上のような状況では，潜在成長率の向上を期待することは厳しい状況にあると言える。人口減少が進む我が国においては，労働投入（就業者数）の増加を期待することは難しい。労働時間の増加も，働き方改革に対する社会からの要請が強い現状においては難しい。また，資本投入は経済情勢の変化により変動の可能性があるが，国内市場の大きな拡大に期待を寄せることが難しい状況のなかで，恒常的な成長エンジンとして期待することはやはり難しい。そこで期待されるのがTFPである。

しかし，TFPの本質である労働生産性の状況も厳しい状況にある。我が国の1人当たり労働生産性はOECD加盟36カ国中21位（2017年）（図Ⅲ-3），2015年から2017年にかけての労働生産性平均上昇率でも29位（図Ⅲ-4）と低い順位に位置している。

労働生産性の向上を促進する最も重要な要素は，「イノベーション」である。シュムペーターの唱えるイノベーションは新結合の遂行と言われ，具体的には

（図Ⅲ-3）OECD加盟諸国の労働生産性
（2017年，就業者1人当たり/36カ国比較）

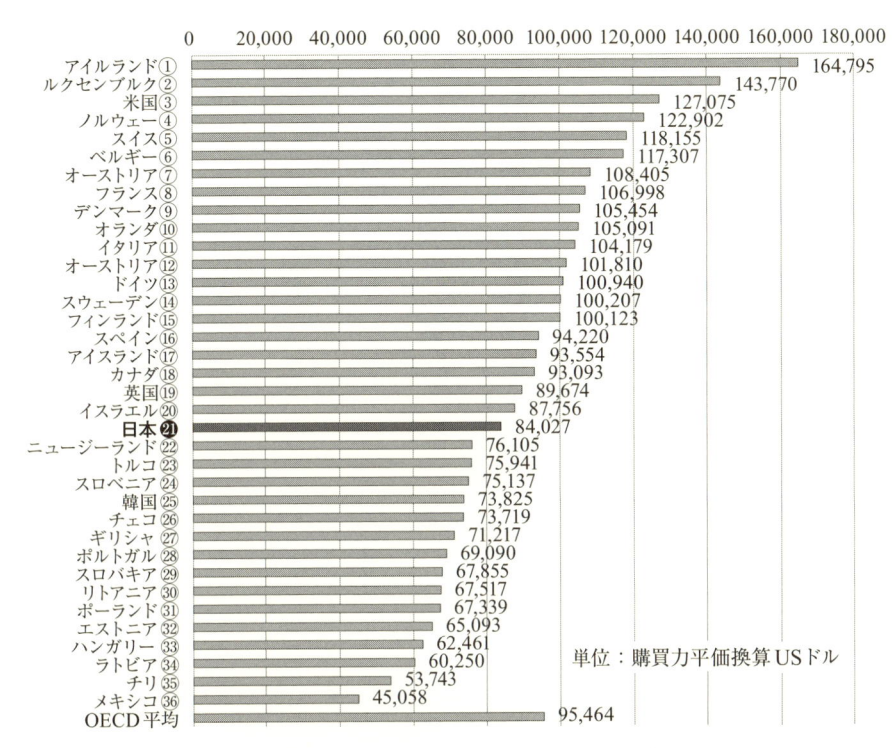

アイルランド①	164,795
ルクセンブルク②	143,770
米国③	127,075
ノルウェー④	122,902
スイス⑤	118,155
ベルギー⑥	117,307
オーストリア⑦	108,405
フランス⑧	106,998
デンマーク⑨	105,454
オランダ⑩	105,091
イタリア⑪	104,179
オーストリア⑫	101,810
ドイツ⑬	100,940
スウェーデン⑭	100,207
フィンランド⑮	100,123
スペイン⑯	94,220
アイスランド⑰	93,554
カナダ⑱	93,093
英国⑲	89,674
イスラエル⑳	87,756
日本㉑	84,027
ニュージーランド㉒	76,105
トルコ㉓	75,941
スロベニア㉔	75,137
韓国㉕	73,825
チェコ㉖	73,719
ギリシャ㉗	71,217
ポルトガル㉘	69,090
スロバキア㉙	67,855
リトアニア㉚	67,517
ポーランド㉛	67,339
エストニア㉜	65,093
ハンガリー㉝	62,461
ラトビア㉞	60,250
チリ㉟	53,743
メキシコ㊱	45,058
OECD平均	95,464

単位：購買力平価換算USドル

出典：公益財団法人日本生産性本部『労働生産性の国際比較2018』（https://www.jpc-net.jp/
intl_comparison/intl_comparison_2018.pdf，2019年5月5日取得），プレスリリース
資料（2018年12月19日）より作成。

次のような内容である（塩野谷ほか，1937）（本章第2節の記述の再提示）。

① 新しい財貨の生産

② 新しい生産方法（商品の商業的取扱いに関する新しい方法も含む）

③ 新しい販路の開拓

④ 原料あるいは半製品の新しい供給源の獲得

⑤ 新しい組織の実現，すなわち独占的地位の形成あるいは独占の打破

（図Ⅲ－4）OECD加盟諸国の就業者1人当たり実質労働生産性上昇率
　　　　　　（2015〜2017年平均/36カ国比較）

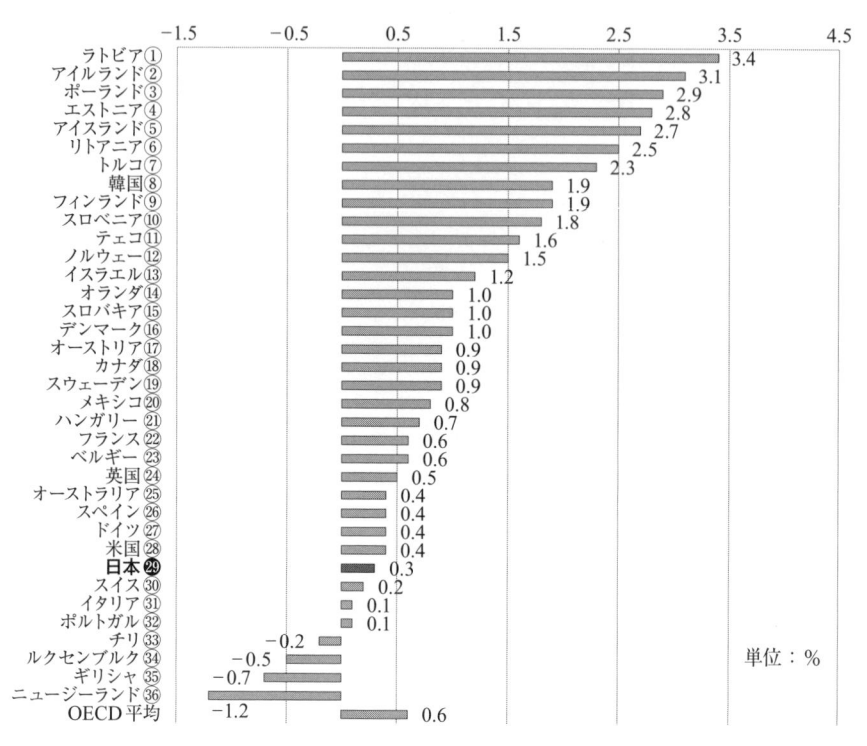

出典：公益財団法人日本生産性本部『労働生産性の国際比較2018』（https://www.jpc-net.jp/intl_comparison/intl_comparison_2018.pdf，2019年5月5日取得），プレスリリース資料（2018年12月19日）より作成。

　これらの事項は，供給と需要の両サイドにおける革新的な取組みと捉えることができる。すなわち，①，②および④は主に供給サイド，③および⑤は主に需要サイドにおけるイノベーションと考えられる。イノベーションを促進するには，供給サイドと需要サイドの両方への働きかけが必要となる。すなわち，次のような働きかけが考えられる。

　・供給サイド：高性能・高品質・新規性の高い商品・サービスの創出。

・需要サイド：海外市場も含めた市場開拓・創造。

　ここで，市場開拓・創造にはブランド戦略が重要となる。田中（2017）は次のように述べている。「ブランドは理性的な消費者の活動を助けることで効率的な消費者意思決定を実現するとともに，喜びや悲しみなどの感情を誘発させ，さらに，それらを統合して一貫性のある物語や意味を発生させる想像力発生装置としても機能することになる」（p.19）。したがって，事業者にとって消費者への働きかけが重要となる。

　シュムペーターの唱えるイノベーションと併せて，規制緩和も重要である。規制緩和は，供給サイドに対しては創造的市場活動を促進し，需要サイドに対しては潜在的需要の顕在化を促進する効果を持つ。また，長時間労働の禁止や仕事の難易度に適した賃金の確保などの「働き方改革」も，仕事の効率や創造性の向上を通して生産性の向上への貢献が期待される。

　以上のような取組みは，高付加価値化，生産性の向上を促進し，TFP（Total Factor Productivity）を向上させる。労働力人口が減少しても，高付加価値化・労働生産性の向上が実現できれば，地域経済の規模や一人ひとりの生活の豊かさは維持・発展させることができる。

むすび

　本章では，地方創生の実現に果たす地域産業の役割の重要性について考察した。地域に住む人々が経済的にも精神的にも豊かな生活を実現するためには，一人ひとりが生み出す付加価値である生産性を向上させることが重要となる。その実現に重要な役割を果たすのがイノベーションである。

　イノベーションは，産業活動の供給面と需要面の双方において多様な可能性を内包している。自治体産業政策には，知恵を絞ってイノベーションの可能性を見出し，地域独自の地域資源や優位性に適用したり，地域資源や諸主体を相互に結びつけたりして，地域産業の高付加価値化を進めることが求められる。

併せて国には，自治体とも連携して規制緩和や働き方改革を推進していくことが求められる。

　ただし，併せて労働生産性の向上分を働く人々に適正に分配する必要がある。即ち，適正な労働分配率の確保の必要性である。これについては，事業者の自主的な取組みが必要であることは言うまでもないが，国が全国的な観点から誘導していくことも必要である。

（注）
1）付加価値額の構成要素は，次のとおりである。
　　人件費＋支払利息等＋動産・不動産賃借料＋租税公課＋営業純益。
　　出典：財務総合研究所（https://www.mof.go.jp/pri/reference/ssc/keyword/key-word_10.htm2019年4月30日取得）を参考にした。
2）ブランドの定義を，田中（2017）は「交換の対象としての商品・企業・組織に関して顧客がもちうる認知システムとその知識」（p.8）としている。また，地域ブランド戦略に関して，独立行政法人中小企業基盤整備機構（2005）は次のように説明している。「地域ブランド化とは，（Ⅰ）地域発の商品・サービスのブランド化と，（Ⅱ）地域イメージのブランド化を結び付け，好循環を生み出し，地域外の資金・人材を呼び込むという持続的な地域経済の活性化を図ること」（p.2，出所：経済産業省）。
3）政府は，2019年6月に「まち・ひと・しごと創生基本方針2019」を閣議決定した。この基本方針に基づき，国において第2期『まち・ひと・しごと創生総合戦略』の策定（2019年12月予定）に向けた取組みが進められる。第2期の総合戦略は第1期での地方創生について，「継続を力」にし，それより一層充実・強化するとしており，国の基本的なビジョンについては大きな変更はないと言える。
4）労働力人口：国の労働力調査においては，15歳以上人口について，「月末1週間（ただし12月は20〜26日）に仕事をしたかどうかの別」を「就業状況」として調査される。その中で労働力人口は，「就業者と完全失業者を合わせたもの」と定義されている。「就業者」は従業者と休業者を合わせたものであり，「完全失業者」は，以下の三つの要件を満たす者をいう。①仕事がなくて調査週間中に少しも仕事をしなかった（就業者とならなかった），②仕事があればすぐ就くことができる，③調査週間中に，求職活動をしていた（過去の求職活動の結果を

待っている場合を含む）。
　　出典：総務省統計局（https://www.stat.go.jp/data/roudou/index2.html，2019年4
　　　　月30日取得）より作成。
5）地域資源については，第Ⅰ章第2節「(5) 地域資源の重要性」を参照のこと。
6）労働生産性：従業員一人当たりの付加価値額であり，付加価値額を従業員数で
　　除したものである。労働生産性＝付加価値額／従業員数
　　出典：財務省（httpswww.mof.go.jpprireferencessckeywordkeyword_04.pdf，
　　　　2016年5月15日取得）
7）成長会計とは，経済全体の成績（GDP成長率）を，その内訳に注目して成長の
　　要因を明らかにしようとするものである。生産に当たっての生産要素として資
　　本と労働を考え，コブ＝ダグラス型の生産関数を仮定すると，GDPは，

$$Y_t = A_t K_t{}^{\alpha} L_t{}^{(1-\alpha)}$$

　　と表すことができる。ここで，YはGDP，Aは技術水準（TFP水準），Kは資本
　　投入量，Lは労働投入量，αは資本分配率（1−αは労働分配率）である。添え字
　　のtは時間を表す。ここで両辺の自然対数をとると，

$$\ln Y_t = \ln A_t + \alpha \ln K_t + (1-\alpha)\ln L_t$$

　　となる。この式の両辺を時間tで微分すると，

$$(\cdot Y_t)/Y_t = (\cdot A_t)/A_t + \alpha(\cdot K_t)/K_t + (1-\alpha)(\cdot L_t)/L_t$$

　　となり，GDP成長率がTFPの上昇率$(\cdot A_t)/A_t$，資本分配率と資本投入量の変
　　化の積$\alpha(\cdot K_t)/K_t$及び，労働分配率と労働投入量の変化の積$(1-\alpha)(\cdot L_t)/L_t$の
　　3つの要因に分解される。この式により，いずれの要因がGDP成長率に貢献し
　　たのか，経済の成績（GDP成長率）の詳細を知ることができる。
　　出典：経済産業省『2013年版 通商白書』（付注1），pp.334-335（参考：RIETI
　　　　〔http://www.rieti.go.jp/jp/database/JIP2012/ans.html?page=Q4，2019年6
　　　　月7日取得〕）
8）全要素生産性（TFP）：TFP要因の大きさは，一般に「技術進歩」として扱われ
　　るが，実際は成長率から資本や労働投入の変化の寄与を除いた残差として求め
　　られており，技術革新以外の要因もすべて含まれる。
　　出典：吉川（2003）
9）イノベーションには，技術革新を含め幅広い革新が包含される。上掲8）を参照

のこと。

10）独立行政法人労働政策研究・研修機構（https://www.jil.go.jp/kokunai/statistics/
html/g0208.html，2019年6月7日取得）により確認した。

【参考文献】

塩野谷祐一・中山伊知郎・東畑精一（日本語訳）『シュムペーター 経済発展の理論』
岩波書店，1937年（改訳1980年），pp.150-153

田中洋『ブランド戦略論』有斐閣，2017年

独立行政法人中小企業基盤整備機構『地域ブランドマニュアル』（地域ブランドフォー
ラム参考資料），2005年6月

吉川洋『構造改革と日本経済』岩波書店，2003年，pp.73-74

自治体政策への市民参加の意義と枠組み

はじめに

　近年，様々な分野において，行政主体としての自治体と市民の連携・協働による地域づくりが注目を集めている。その理由は，専門的なスキルを持つ人材，公的資金や組織体制，法律や条例に基づく権限を持つ自治体と，高い事業能力を持つ事業者や主体的な行動意識を持つ市民，団体などの民間主体が各々の得意とする知恵や活動力を持ち寄り，連携や協働により地域の諸課題の解決と発展に取り組むことができれば，各々が別々に活動するより遥かに大きな成果が期待できることにある。

　これを自治体の側から見ると，市民参加と市民との連携・協働（本章では以下，「市民参加」とする。）として捉えられる。そして，政策の形成，実行，評価，改善の各過程への参加と協働が可能性としてあり，いずれもが重要であり，また連続したプロセスとして総合的に捉えることが必要であると考えられる。このことは，自治体政策の柱の一つである自治体産業政策についても言える。

　そこで本章では，自治体産業政策への市民参加の重要性の本質を知るため，自治体の政策形成における市民参加の基本的な枠組みを検討する。またその理解を深めるため，市民参加の有効性を，群馬県渋川市による総合計画の策定と実施を実践事例として確認する。

第1節　自治体の政策過程における市民参加の意義と要件

本節では，自治体の政策形成過程への市民参加の意義や課題について，先行研究を踏まえつつ検討を進める。

（1）市民参加を捉える視点

1）市民参加の意義と要件

秋元（1988）は，市民参加の始まりについて，「1970年代に入り，先進都市自治体では，まちづくり過程，すなわち行政の計画・執行過程の行政手続と施策実現のあり方を見直し，都市政策の推進に市民参加を大胆に取り入れることとなった」（p.4）としている。さらに，「市民の生活感覚，市民意識を重視し，幅広い，市民の個人参加を構成とするなどの，新しい参加形態と機能が要請されてきた。新しい，さまざまの，市民参加組織の誕生により，市民の自由な発想による，新しい合意形成のシステムづくりがすすめられた」（p.5）とする。市民ニーズの多様化や高度化に対応するため，市民感覚を行政の計画や実施過程に取り入れる方策として，様々なかたちでの市民参加が拡大していったと言える。

また，秋元は同著において市民参加を，目標，対象により形態と機能を次のように類型化している。「ⅰ開発建設縮少・阻止型〜抵抗・交渉，ⅱ行政サービスの拡充型〜要望・陳情，ⅲ政策形成参画型，ⅳボランティア・まちづくり参加型〜協働・自治」（p.7）。本書のテーマである市民参加による自治体産業政策について考えるに当たっては，「政策形成参画型」および「ボランティア・まちづくり参加型〜協働・自治」の2つの類型が重要な視点を提供してくれる。ちなみに，自治体産業政策においても，その策定過程への市民参加が重要であり，また自立的な地域産業の発展のため，自治体産業政策への市民参加を通して，地域の諸主体が自らの役割を自覚し，積極的に実践にも関わることが重要となる。なお，産業政策によるまちづくりとは，地域産業の振興による地域活性化と捉えることができる。

一方，小林（1988）は市民自治としての参加について，次のように課題を提起している。「市民自治による政策の形成・実行といっても，実際には，参加するごく一部の市民の手によるものとなってしまう。ここに，政策の形成や執行における参加の問題点が発生するのである」（p.39）。市民参加が一部の市民に限定されることを課題として懸念する，小林の指摘は的を射ている。この課題を解決する方策としては，アンケート調査やヒアリング調査，懇談会やワークショップの実施などにより，幅広く多様な市民の意見を聴取し，その結果を市民参加組織の討議に反映させることなどが考えられる。パブリックコメントも，市民意見の聴取方法として近年では広く採用されている。また，市民参加組織による討議の結果を行政が議会に報告し，議会の意見を聴取して反映させることなども考えられる。

2）市民参加による組織の構成員と組織の要件

秋元（1988）は市民参加による組織の構成と人選について，「公募を行い積極的意欲を持つ市民を加える配慮も欠かせない」（p.15），「市民参加の組織が，利害団体や行政の補助団体の代表者だけの集まりでなく，その参加組織自体が，開かれた，民主的，自主的な，新しい市民の組織として形成されることが肝要である」（p.16）としている。一般市民の参加の必要性と市民参加の組織自体の民主的運営は重要であると言える。

一般市民の参加の重要性については，加藤（1978a）も次のように論じている。「従来からの審議会や諮問機関等に限定されず，市民参加を必要とする事項については，実質的な市民参加を保障するために，市民代表を委員とし，市民に開かれた機関なり，市民の意思が反映される審議会等を設ける必要がある」（p.24）。また，一般市民の参加の重要性については，加藤（1978a）が，専門家集団の役割を一般市民との関係において次のように論じていることからも読み取れる。「専門家集団は，その公共サービスの目的，実施する過程，その結果の影響なり効果について市民に情報を提供する必要があり，市民は専門家集団に対し独自の発言資格をもっていることを確認する必要がある」

（pp.19-20）。討議に当たっては，専門的な知見の重要性は高いが，政策の実施成果を享受するのは一般市民であるから，政策の形成や評価の過程に一般市民の意見を反映させることは，市民ニーズに即した政策の実施には重要なことであると言える。

　また，秋元（1988）は，市民参加組織の自主的運営の確保も重視している。「職員先行演出，事務局指導型運営は排除すべきである。行政側は，現状の説明と情報の提供にとどまるべきで，市民の委員相互が，進行役を決め，議事録を確認し，提言を草稿すべきである」（p.16）。秋元が論じているように，市民参加による組織は，公募市民の参画，そして開かれた，民主的で自主的な組織にする必要があると言える。また，市民参加組織の自主的運営の確保が重要であり，職員先行演出，事務局指導型運営は排除すべきであることは同意できるが，専門性を有する行政職員が，市民参加組織に議論のための原案を作成し，提示することも必要であろう。大事なことは，この原案を素にして市民参加組織が十分に議論を尽くし主体性を持った最終結論に至ることである。それにより，行政と市民が共に主体性と責任を持つ中での協働が実現する。

3）政策過程における市民参加の必要性

　小林（1988）は市民参加を，政策の形成と執行という2つのステージにおいて捉え，「前者の参加が利害調整のための合意・同意等の形成プロセスであるのに対し，後者の参加は，政策形成のための調整のみならず状況変化への適切な対応をも含む」（p.29）と説明する。そして，「執行過程でこそ，市民と行政の協働化がなされうる。行政サービスの消費者としての一般的な意思の反映や，潜在的能力の発揮の場も，ここではなかろうか」（p.30）と考察している。しかし合わせて，「参加とは，決定への参加であり，なんらかの影響力を決定に対して保持していることが不可欠である」（p.31）としている。政策形成過程への市民参加の必要性については，加藤（1978a）も「地方自治体においても，行政の専門性と民主性を確保するために，情報の公開と市民の討議を通じて，政策作成過程に市民の意向を反映させるシステムを工夫し設置する試みが

必要である」（p.24）としている。

　さらに小林（1988）は，「政策形成には評価結果が反映されるべきであることを考えると，また評価過程での参加が必要となる。（中略）策定・執行・評価の流れとともに，究極的は全過程への参加が，行政への参加を成功させる前提となる（中略）三つの過程への参加が一体となってはじめて本来の参加のあるべき姿が見いだせるのではないだろうか」（p.31）としている。小林が主張するように，市民参加は策定・執行・評価の全過程において実現することにより，実効性を発揮できると言える。そのためには，例えば産業政策など特定の政策について，策定・執行・評価の全過程に関与できる常設の市民参加組織の設置が求められる。

4）市民参加組織と行政の役割・責任の分担

　小林（1988）は，市民参加の意義や方向性を考えることにとって，行政と市民の果たすべき分担を明確にすることこそ最も重要だとする（pp.31-32）。そして，市民参加と職員参加のあり方について，「市民参加があくまでも行政による"仕掛け"である以上，それは，行政側の民主的な対応能力なしには成功しえないものである。（中略）民主的な地方自治への改革は，市民参加による市民側の変革と職員参加による行政側の変革との"外的・内的"な両面における改革であるともいいえよう」（p.32）としている。行政と市民が互いに切磋琢磨してより良い政策の形成と実行を進めていくことが必要であると言える。

　また，自治体職員にとっての市民参加の意義について，山下（1989）が審議会の意義を自治体職員の立場から捉え，次のように論じている。「審議会等の活用を誤らなければ，職員は，各界各層から参加されている委員の多様なものの見方・考え方に真摯に耳を傾け，事務局としての資料づくりをする中から，情報が豊富になり，実務ベースの知識に付加価値がつき，検討する政策にバランスと公平性が加味されてくるのではないかと考えている」（p.209）。審議会を市民参加組織として捉えると，市民参加組織は市民参加の場としてだけ

でなく，自治体職員にとっても実務能力の向上に大きく貢献するものとなる。

市民参加組織と行政の責任分担のあり方については，加藤（1978b）も次のように論じている。「審議会は，執行部に対する諮問的・助言的・調整的な任務を果たすものであるという立場が堅持されなければならない。審議会を設けた以上，執行部はその答申や意見を尊重すべきことはいうまでもない。しかし，その答申や報告はあくまでも執行部に対してのものであるから，執行部はこの答申をどう判断するのかの最終決定権をもっているという点を明確にしておく必要がある。（中略）審議会と執行部との間の責任のあり方を明確にし，民意や専門的知識を政策形成過程に反映させるという基本的な関係を再確認する必要がある」（p.48）。これに関連して小林（1988）は，「市民参加をとおして市民自身が自治体の主人公としてふさわしい自主性と責任を確立し，自治体の行政運営を強力にバックアップできるようになったとき，はじめて集権的体制の是正を迫る道が開けるのではなかろうか」（p.43）とも述べている。市民が主体的・積極的に市民参加を行うことにより，地域の自立的な発展が期待できるのであり，そのことは産業政策の策定と実施についても言える。

（2）考察

自治体の政策過程における市民参加を捉える基本的な視点を，先行研究を基に概観してきた。その重要な着目点は概ね，市民参加の意義と要件，市民参加による組織の構成員と組織の要件，政策の全過程における市民参加の必要性，市民参加組織と行政の役割・責任の分担のあり方に整理できることを確認した。

市民参加の意義と要件に関して重要な点は，市民ニーズの多様化や高度化に対応するために，市民感覚を行政の計画や実施過程に取り入れる必要があると考えられ，その方策として様々な形での市民参加が拡大していったと言えること，つまり，自治体の政策過程への市民の自発的で積極的な参画の必要性の高まりである。

市民参加による組織の構成員と組織の要件に関して重要な点は，公募市民の

参画，市民参加組織の自主的運営を確保することの必要性である。また，政策の全過程における市民参加の必要性に関して重要な点は，市民参加は策定・執行・評価の全過程において求められるということである。市民参加組織と行政の役割と責任の分担に関して重要な点は，行政と市民が互いに切磋琢磨してより良い政策の形成と実行を進めていくことが必要であること，市民参加組織は自治体職員にとっても実務能力の向上に大きく貢献すること，市民が主体的・積極的に市民参加を行うことにより地域の自立的な発展が期待できるということである。

　以上のように，自治体の政策過程における市民参加は，市民ニーズの多様化と高度化に自治体行政が的確に対応するために必要不可欠であること，市民参加組織には民主性，専門性，市民感覚を兼ね備えることが求められること，政策の策定・執行・評価の全過程への参加が求められること，市民と自治体職員の双方が主体性と責任感をもって臨む必要があることが確認された。この知見を自治体産業政策にも適用し，新たな時代にふさわしいあり方を模索していく必要がある。

第2節　市民参加の枠組み

　第1節における考察を踏まえ，自治体政策にける市民参加の制度的な枠組みのあり方について，概念モデルを提示しつつ検討したい。検討を具体的なものとするため，自治体に設置される審議会・委員会について以下で検討していく（図Ⅳ-1）。

　審議会・委員会は，特定の政策課題に関する自治体の行政から諮問を受け，討議を行った結果を行政に提言（答申）という形で意見として述べる。行政は審議会・委員会からの提言（答申）に基づいて政策を策定し，それを実施するための条例や予算の形で議会に諮り議決を得て実行に移す。この流れが，審議会・委員会の活動の基本となる。

　この流れのなかで次に重要となるのが，審議会・委員会の活動内容となる。

（図Ⅳ-1）自治体における審議会・委員会の位置づけ

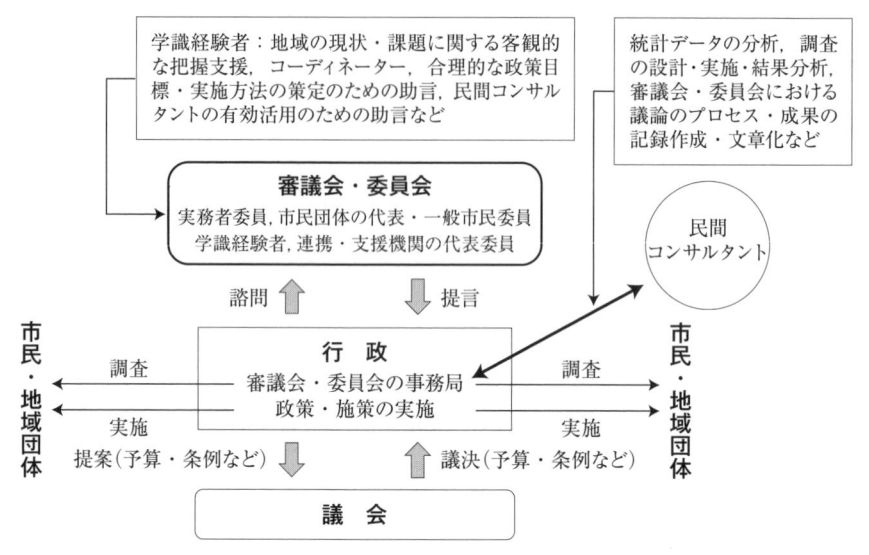

出典：筆者作成。

審議会・委員会では地域に関係する多様な社会的立場の委員達が討議し，行政からの諮問に対する提言（答申）を練り上げていく。その過程において最も重要な役割を担うのは多様な立場の委員である。具体的には，次のとおりである。

① 実務者委員

　実務に実践的に取り組んでいる委員には，現実的な課題の提起と解決策の提案が期待できる。また，自らの提案に基づく政策が実行に移される際には，事業協力者としての役割も期待される。

② 市民団体の代表・一般市民委員

　市民感覚は，政策の立案や実施を広く市民に受け容れられるものとするため，大変に有益なものである。実務関係者には無い発想に基づく建設的な提案も期待できる。また，政策を事業として実施する際には事業協力者としての役割も期待される。

③ 連携・支援機関の代表委員

　国や県とその関係団体，地域団体などの代表委員には，自治体と連携した政策の提案が期待される。また，政策実施に際しても支援サービスの提供を実際に受けることが期待できる。

　また，審議会・委員会での討議を有益なものとするためには，次のような専門的なサポートが必要となる。

① 審議会・委員会の事務局

　事務局は通常，自治体の主管部局が担当する。その役割は，審議会・委員会の討議を円滑に進めるための，委員達との会議開催の日程調整や必要資料，議事録の作成などである。審議会・委員会の活動を支える必要不可欠な機能であると言える。また事務局は政策の実施機関である場合も多いことから，提言が纏め上げられる前の討議の段階から，政策の実施を視野に入れたすり合わせを審議会・委員会と行っていくことで，提言を受けた後の政策の実行を円滑に進めることを可能にする。

② 民間コンサルタント

　審議会・委員会における討議を地域社会の実態に即したものにするためには，統計データの分析，アンケート調査やヒアリング調査などの設計・実施・結果分析，審議会・委員会の進行状況の記録と討議内容の整理など，調査分析の専門家の支援を受けることが有効である場合が多い。

　民間コンサルタントの業務は，行政からの委託による場合が多いが，その役割はあくまでも審議会・委員会の活動の補佐であって，その活動や意見を誘導するものであってはならない。概して，民間コンサルタントが行政計画や政策の雛形を示し，行政や審議会・委員会が殆どそのまま受入れることが多く見られる。これでは，地域の実態に即した政策形成は期待できない。行政や審議会・委員会の主体性が強く求められる。

③ 学識経験者

　審議会・委員会には，地域関係者以外に学識経験者（研究者など）が委員と

して参加している場合が多い。学識経験者に最も期待されるのは，専門的な知見である。すなわち，地域の現状・課題についての客観的な把握，合理的な政策目標の設定や実施方法の策定への助言，民間コンサルタントを有効活用するための助言などである。

　また，学識経験者が審議会・委員会に会長や委員長として迎えられる場合には，上記のことに加え，中立・公正なコーディネーターとしての役割が期待される。地域との直接の利害関係がないことから，客観的かつ理論的に討議を進めることができる。また，利害関係がないことから他の委員からの信頼も得やすく，円滑に討議を進めることができる。

　以上のようなフレームにより活動する審議会・委員会に対して期待されることは，市民参加の組織による公正で実践的な議論，その議論を踏まえた自治体行政への提言である。行政には，その提言を真摯に受け留め，政策の策定と事業実施に活かしていくことが求められる。

　また，事業実施の過程においては，提言を踏まえた事業についての審議会・委員会のメンバーの当事者意識も強いことから，行政と協働して実現に取り組むことが期待でき，それにより政策の実効性も高まる。

第3節　市民参加による政策形成の実践事例

　自治体産業政策への市民参加のあり方について考察する前段階として，基礎自治体の総合政策への市民参加について，具体的な実践事例を採り上げて検討する。事例としては，近年において総合計画を市民参加のもとで策定し，政策を実行している群馬県渋川市を採り上げる。ここでは，その策定プロセスを中心に，行政，議会，市民の協働体制が採られたことを確認する。

（1）渋川市の概要[1]

　渋川市は，人口約7万8千人，面積240.27km^{2}である（総務省『国勢調査』

（図Ⅳ−2）渋川市の位置図

出典：群馬県（https://www.pref.gunma.jp/01/b2110039.html，2019年5月12日取得）を基
に作成。

2015年）。群馬県のほぼ中央部，関東平野の始まる位置にあたり，古くから交
通の要衝として栄え，豊富な水資源を活かした工業，山地の開拓による農業
や，首都圏の奥座敷となる観光・温泉などを主要産業としてきた。

　市の南側は県都前橋市に隣接し，東京都心まで約120km（高速道路：関越
自動車道渋川伊香保IC）利用で約2時間，JR上越線及び新幹線利用で約1時
間10分）の距離にある。主な交通網としては，JR上越線，JR吾妻線の2路線
が通り，渋川市にはJR上越線の4駅，JR吾妻線の4駅がある。また道路につ
いては，南北に関越自動車道と国道17号，東西に国道353号が通り，関越自
動車道には渋川伊香保ICと赤城ICがある。

　地形は赤城山，榛名山，子持山，小野子山に抱かれ，利根川と吾妻川の流れ

によって形成された谷地とともに，標高差が概ね1,400m以上となる起伏に富んだ地形を有し，地区の大半が自然的土地利用で占められている。

（2）総合計画の構成及び期間

　渋川市では，2016年度と2017年度の2か年度をかけて，『第2次渋川市総合計画』を策定した（渋川市，2018）。この計画は次に示すように，基本構想，基本計画，実施計画の3階層で構成されている。

　1）基本構想：「10か年計画」〔2018（平成30）年度〜2027（平成39）年度〕
　　市の将来像及びこれを実現するための政策の大綱を示したものである。

　2）基本計画：「5か年計画」〔前期：2018（平成30）年度〜2022（平成34）年度，後期：2023（平成35）年度〜2027（平成39）年度〕
　　基本構想を実現するための基本的な施策を体系的に示す計画である。

　3）実施計画：「3か年計画」（毎年度ローリング）
　　基本計画に定めたそれぞれの施策の具体的な実施方法等を示す計画である。

（3）第2次渋川市総合計画の策定方針

　『第2次渋川市総合計画』の趣旨を，「第2次渋川市総合計画策定方針」[2]に基づき確認していく。

　2011年の地方自治法の改正により，自治体による総合計画（基本構想）の策定義務が廃止されたが，渋川市では，「総合計画は，本市の総合的かつ計画的な行政運営の指針を示すものであり，市民にまちづくりの長期的な展望を示すものであることから，法的な策定義務がなくなっても引き続き策定すべき」として第2次総合計画が策定された。計画策定の根拠は，「渋川市総合計画策定条例第3条」である。

　計画策定の基本方針として示されている以下の事項には，高い新規性が読み取れる。

① 実効性（実現性と有効性）の確保された総合計画：計画の実効性を確保す

るため，財政状況等を踏まえた計画づくりを進める。

② 時代の潮流に対応した総合計画：多様化，複雑化する市民ニーズや社会経済情勢の変化を的確に捉え，それらに対応した計画づくりを進める。

③ 幅広い市民参画による総合計画：市民と行政が目標を共有し，理想のまちづくりが実現できる計画とするため，計画策定段階での市民参画を積極的に推進し，幅広い市民の意見を取り込んだ計画づくりを進める。

④ 市民に伝わりやすい総合計画：計画の推進・実施を行政，住民，事業者等多様な主体がそれぞれどのような役割を担い，どのように関わっていくかを検討し，その内容が市民に伝わりやすい計画づくりを進める。

　①，②に示された実効性と新規性は，総合計画の内容において重要なことである。それに対して，③と④は市民と行政が協働によりまちづくりに取り組める計画づくりのための方策が示されている点において重要である。この考え方は，産業政策の分野における行政計画（ビジョンなど）を策定する場合にも十分に適用することができる。

（4）策定体制

　総合計画の策定体制は，基本的に庁内体制，市民参画，「渋川市総合計画審議会」（以下，「総合計画審議会」とする。）への諮問・答申，議会への基本構想案の提出により構成されている（図Ⅳ-3）。そして「第2次渋川市総合計画策定方針」は，庁内体制，市民参画，総合計画審議会の各々の具体的な構成および議会との関係を次のように示している。

1）庁内体制
　ア　総合計画策定委員会
　　委員長：副市長，副委員長：教育長，委員：部長
　イ　調整会議
　　座長：企画部長，副座長：総務部長，委員：関係する部課長

（図Ⅳ-3）第2次渋川市総合計画策定体制図

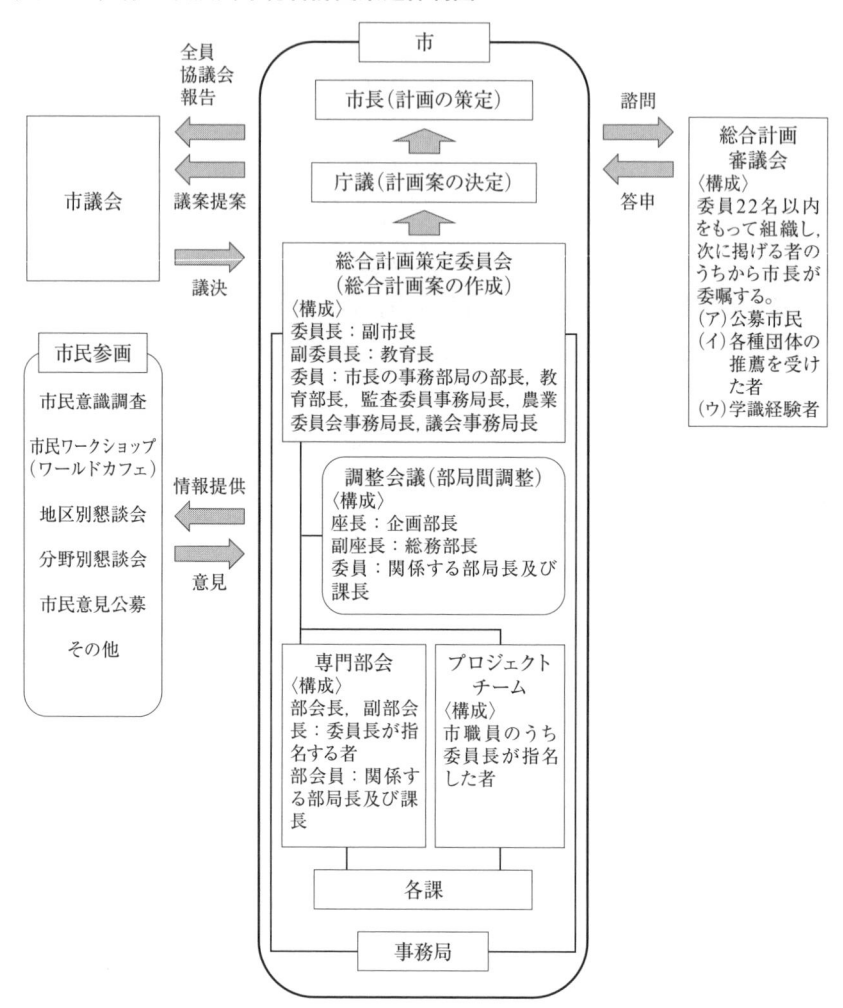

出典：渋川市「第2次渋川市総合計画策定方針」（http://www.city.shibukawa.lg.jp/shisei/sei-saku_keikaku/dainizisogokeikaku/p004037.html，2017年4月29日取得）より作成。

（複数の専門部会にまたがる重要事項を調整するため，必要に応じて開催）

ウ　専門部会

部会員：関係部課長（委員長が部会長，副部会長を指名）

（施策分野ごとに専門部会を設置）

エ　職員参画

・若手職員プロジェクトチームによる市民ワークショップ等の運営支援。

・全庁を挙げて職員自らが行政運営を点検し，総合計画を策定（職員ワークショップの実施，専門部会に係る各課での施策検討，職員アンケートの実施など）。

2）市民参画

ア　市民意識調査（市民アンケート）の実施

イ　中学生・高校生アンケート及び高校生ワークショップの実施

ウ　市民ワークショップの実施

エ　市内小学生等からまちづくりに関するテーマで絵画の募集

オ　地区別・分野別懇談会の実施

カ　市民意見公募の実施（総合計画（素案）等への意見募集）

キ　広聴活動を利用した意見聴取

3）総合計画審議会への諮問・答申

計画策定等に関する諮問に対して答申等行うため，新たに「渋川市総合計画審議会」の設置を渋川市総合計画策定条例で規定した。

総合計画審議会は，委員22人以内をもって組織し，次に掲げる者のうちから市長が委嘱する。

ア　公募市民

イ　各種団体の推薦を受けた者

ウ　学識経験者

4）議会への基本構想案の提出

　基本構想を議会の議決事件とする渋川市総合計画策定条例を制定した。策定過程においても定期的に議会へ経過報告を行うこととする。

　『第2次渋川市総合計画』の策定は，以上に概観してきたように，多様な市民，行政の多様な構成員，さらに議会の関与のもとで，まさに地域の諸主体の協働体制により，丁寧な手続きを経て策定が進められたものとして，評価することができる。

（5）政策実施ステージにおける市民参加

　『第2次渋川市総合計画』は，2018年3月に策定された。計画策定後の政策実施ステージにおいても，計画の活用及び進行管理を行政自らの責任のもと，市民の意見も反映させながら推進していく体制をとっている。その内容は，「第2次渋川市総合計画策定方針」に次のように明記されている。

1）予算編成への反映による体系的な進行管理

　実施計画の期間は3年間とし，ローリング方式により進行管理を行う。また，国が定める新地方公会計の統一的な基準により作成した財務書類を活用して，施設別コストやストック情報等を把握し，中長期的な財政運営の効率化，適正化が図れるように毎年度計画内容を見直すとともに，予算編成の指針とする。

2）行政評価を活用した進行管理

　重点的な取組みや特徴的な取組みについて，予算，人員等を投入したことで発生する行政の活動量（アウトプット）や行政活動により市民が受ける効果（アウトカム）を表す指標を効果的に設定し，本市の取組みの過程において客観的な成果を定量的に把握する。

3）市民意識調査（市民アンケート）の実施による調査結果の反映

　市政に対する市民の意識や要望について，定期的・多面的に調査することにより，市民の生活意識や行政に対する意識を把握し，総合計画の進行管理をはじめ市政運営や政策立案に活用する。

（6）総合計画策定後の審議会の活動

　総合計画の策定後も総合計画審議会は継続しており，行政による政策への取組みに関する評価や行政に対する意見具申が継続的に行われる体制が採られている。さらに，2017年度から2018年度にかけては，2008年度から2017年度までを実施期間とする前の総合計画の評価が行政によって行われ，総合計画に掲載された48施策について2019年3月に最終的な評価結果を公表した。この評価は，市民意識調査に基づく市民評価を踏まえたものとなっており，これについても総合計画審議会では，評価方法や評価結果を踏まえ今後の取組みなどについて討議が行われ，行政に対して意見具申がなされた。

　このように総合計画については，その策定段階においても，また実施結果への評価においても，行政の自己評価に市民評価を採り入れると共に，市民参加組織である総合計画審議会の意見を反映させている。市民参加のもとにPDCA（Plan Do Check Action）のサイクルが機能していると言える。

むすび

　本章では，市民参加による自治体産業政策の可能性について検討するため，広い視点から，市民参加による自治体政策の可能性について考察した。そのためまず，先行研究に基づき，市民参加による自治体政策に必要な要件について検討した。

　自治体の政策形成における市民参加は，市民ニーズの多様化と高度化に自治体行政が的確に対応するために必要不可欠であること，市民参加組織には民主性，専門性，市民感覚を兼ね備えることが求められること，政策の策定・執

行・評価の全過程への参加が求められること，市民と自治体職員の双方が主体性と責任感をもって臨む必要があることが確認された。この知見を自治体産業政策にも適用し，新たな時代にふさわしいあり方を模索していく必要がある。

　次に，市民参加の枠組みについて，より具体的に検討した。行政や議会，市民・地域団体との関係の中での審議会・委員会の位置づけや活動の流れを確認した上で，構成委員の役割，サポート体制の役割について確認した。構成委員としては，実務者委員，市民団体の代表・一般市民委員，連携・支援機関の代表委員の各々が，異なる立場からではあるが重要な役割を担うことを確認した。また，審議会・委員会の活動を，より一層効果的なものとするためのサポート役として，審議会・委員会の事務局，民間コンサルタント，学識経験者の有効活用が効果的であることを確認した。学識経験者は，審議会・委員会の委員として参画することが一般的であるが，その役割は中立的で客観的な立場からの専門的な知見の提供，委員間の意見の調整や取りまとめなどの役割が期待されるという意味において，ここではサポート役として位置づけ，その役割について論じた。

　また，これらのことを確認するため，自治体政策の総合的な行政計画となる総合計画の策定を，市民参加のもとに進めた群馬県渋川市の取組みに着目し，具体的な実践事例として確認した。渋川市では，市民参加を前提とした策定方針を立て，策定体制を整えて計画策定を実施した。さらに総合計画審議会は，計画の策定後も存続し，計画の進捗状況の評価と政策の改善への意見具申などを行うことにより，計画に基づく政策がより良く実行されるよう活動している。計画策定過程は勿論のこと，計画に基づく政策実施過程においても，市民参加による審議会が継続的に役割を担い続けていると言える。

（注）
1）渋川市（http://www.city.shibukawa.lg.jp/shisei/profile/gaiyou/p002437.html，2019年4月30日取得）による。
2）渋川市（http://www.city.shibukawa.lg.jp/shisei/seisaku_keikaku/dainiziso-

gokeikaku/p004037.html，2017年4月29日取得）による。

【参考文献】

秋元政三「1 市民参加の現在と問題状況」田中義政編著『市民参加と自治体公務●
　　シリーズ自治体を創る4』学陽書房，1988年，pp.3-23

加藤一明「1章 市民参加による自治体改革」加藤一明編著『現代行政と市民参加』
　　学陽書房，1978年a，pp.11-27

加藤一明「2章 市民参加の制度」加藤一明編著『現代行政と市民参加』学陽書房，
　　1978年b，pp.29-59

小林弘和「2 市民自治と政策形成・執行」田中義政編著『市民参加と自治体公務●
　　シリーズ自治体を創る4』学陽書房，1988年，pp.24-44

渋川市『第2次渋川市総合計画』2018年3月

山下彰啓「13政策形成の人材育成」田村明編著『自治体の政策形成●シリーズ自治
　　体を創る12』学陽書房，1989年，pp.199-213

実践事例1：
産業振興ビジョンと産業振興会議
―埼玉県上尾市の取組み―

はじめに

　本章では，市民参加による自治体産業政策の一つ目の実践事例として，埼玉県上尾市を採り上げる。

　上尾市は，東京から約35kmという近接地にある。埼玉県の南東部に位置しており（図V-1），人口は約22万5千人，面積45.51km^2（総務省『国勢調査』2015年）である。

　1955年に3町3村が合併して上尾町になり，1958年の市制施行で上尾市が誕生した。当時の人口は約3万7千人であったが，田園都市から工業都市，そして住宅都市へと変貌した[1]。しかし一方で，市街地を離れると果樹園や農地など田園地帯が広がり，緑豊かな公園が各所に点在しており，自然が豊かである。また，交通については，車によれば，東京から首都高速道路を利用すると，高速埼玉大宮線から国道17号線に接続しており利便性が高い[2]。電車（JR線）を利用すると，東京駅や新宿駅から40分前後で上尾駅に到着する[3]。すなわち，東京都心部から通勤できる位置にある（写真V-1～4）。

　上尾市はこのような首都近郊の住宅都市であり，人口も増加傾向にある（国勢調査時で2015年は2010年より1,270人，0.6％の増加）。しかし，上尾市『上尾市地域創生長期ビジョン』（2015年10月策定）は，2014年に228,040人であった人口は2044年には40,332人（17.7％）減少し，187,708人になると厳しく推計している。人口基準から見た厳しい状況に歯止めをかけ，地域の活力を維持発展させるための諸方策が，上尾市『上尾市地域創生総合戦略』

（図Ⅴ-1）上尾市の位置図

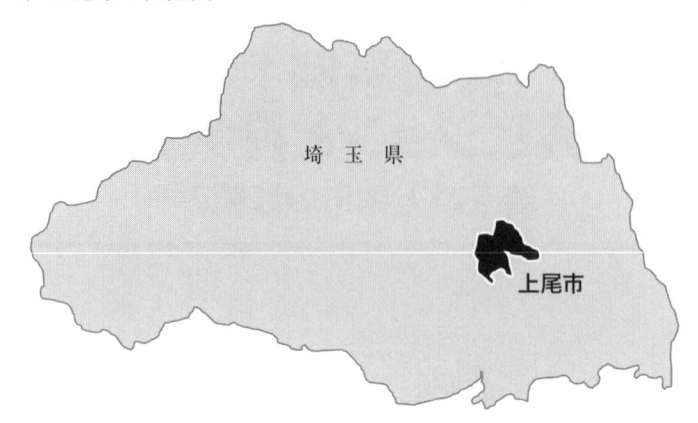

出典：国土交通省関東地方整備局（http://www.ktr.mlit.go.jp/oomiya/04data/yellowpage/map/index.htm，2019年5月12日取得）を基に作成。

（写真Ⅴ-1）JR高崎線上尾駅

出典：筆者撮影（2019年5月10日）

（2015年12月策定）により提示されている。

　上尾市が人口減少を食い止め定住人口を維持増加させるためには，子育て環境や医療・福祉，交通の利便性，交通安全，自然環境など生活環境の向上を図ると共に，地域内で産業活動が活発になることにより経済的に豊かになるこ

（写真Ⅴ-2）JR高崎線上尾駅改札前広場

出典：筆者撮影（2019年5月10日）

（写真Ⅴ-3）JR高崎線上尾駅東口前

出典：筆者撮影（2019年5月10日）

と，それにより多くの雇用が確保できることが重要となる。また，その実現により市民は，地域で物心両面にわたり充実した生活を送ることができる。そのため，上尾市に適した産業のあり方を見極め振興していく必要がある。

　上尾市の優位性とは，東京都心部に近く，また幹線道路や鉄道などの交通基

（写真V-4）JR高崎線上尾駅西口前

出典：筆者撮影（2019年5月10日）

盤が充実していることから，物流や通勤・通学など人の移動性に優れていること，食品の大市場を擁する大都市近郊に位置することから，都市近郊農業や食品加工業に適していること，上尾丸山公園や上平公園をはじめ大小多くの公園があり生活に身近な自然に恵まれていることなどである。これらは，首都圏の大都市近郊地域であることを踏まえた政策により，地域としての優位性を発揮できる特色であると考えられる。

　上尾市ではこうした特徴を活かして地域経済の活性化を図るため，産業政策の指針としての『上尾市産業振興ビジョン』（以下，「産業振興ビジョン」とする。）を策定した（2014年3月）（上尾市，2014）。そして，それを拠り所として地域ニーズに即した施策を提言する「上尾市産業振興会議」（以下，「産業振興会議」とする。）を設置し，地域産業の振興に取り組んでいる。産業振興会議は，地域産業の諸主体の連携・協働の場として重要な役割を担っていると考えられる。

　本章では，上尾市の産業やその振興方策に関するこのような認識を実証するため，上尾市の産業の特色を確認した上で，産業振興ビジョンに基づいて上尾市の産業政策について概観し，さらに同ビジョンに基づき設置された産業振興

会議の活動内容に関する考察を通して，上尾市が産業政策を着実に発展させている要因を抽出し，将来の展開方向について考察する。

第1節　上尾市の産業の特色

本節では上尾市の産業について，沿革を概観したうえで，現状における特色を確認する。

（1）上尾市の産業の沿革

上尾市の産業の沿革について，上尾百年史編集委員会編『上尾百年史』（上尾市役所，1972年）（以下，「資料」とする。）に基づき概観する。なお，以下の記述は当該資料によるため，出版年である1972年の時点から捉えた，それ以前の沿革である。

【農業】

上尾市の農作物の品目の特色とその背景を概観する。資料は，次のように紹介している。「埼玉県の中央部から西部にかけて，武蔵野台地，入間台地，大宮台地などと呼ばれる台地がひろがっており，これら台地の断面を見ると，厚さ数メートルの風化火山灰土の堆積がある。これは関東ローム層と呼ばれ，洪積世の末期に諸火山の爆発による灰が積もったもので，こういう台地は畑作がさかんで，昔から麦，さつまいも，陸稲，野菜などが多く作られてきた」（p.250）。「大宮台地の中央に位置する上尾地方は，水利不便のため稲作はさほど振わず，（中略）旱害に強い甘藷，茶，桑，麦などの栽培がさかんに行われたもので，とくに大石に桑畑が多く，養蚕のさかんなことは容易に理解できることである」（pp.250-251）。「当地方の農産物の主なものは以前から米，麦，甘藷であるが，戦後，とくに昭和三十年代になると，麦，甘藷は斜陽化し，代わって有利な地理的条件を利用した野菜栽培が目ざましく増加し，その中心作物になってきた」（p.259）。これらの記述から，上尾市では水田による稲作よ

り畑作が中心に行われ，主要な品目としては旱害に強い甘藷，茶，桑，麦があり，桑に縁の深い養蚕が行われていたことが分かる。また，1950年代半ば以降は麦，甘藷は斜陽化し，代わって有利な地理的条件を利用した野菜栽培が目ざましく増加し，その中心作物になってきたという点は，現在の上尾市の農業の特色を理解する上において注目される。

　農業人口の変遷については，資料は次のように紹介している。「農家戸数の減少あるいは農業部門以外の産業への就業の拡大にともない，上尾市における農家人口の減少は，農家戸数の減少率を上まわって」（p.274）いる。「巨大都市東京に近く，さらに国道17号線の，いわゆるわが国有数の経済動脈上に位置し，首都圏整備地域にある上尾市は，高度経済成長にともなう工場の進出，あるいは住宅の増加，進出によって，農地の変貌はいちじるしいものがある」（p.286）。「農業従事者が若年層を中心に激しく流出したため，その大部分は中高年齢層になったこと，無秩序な農地の壊廃や地価の高騰などによって農地の流動化が進まず，農業経営規模の拡大がじゅうぶんに行われないこと，などから（中略），当市の農村部の農家数，農業人口，農業用地は，最近の十年間に大きく変化したのである」（p.287）。農業振興整備地域について「この地域は，自立経営的農家，又は零細農家の集団的協業体を中心に集落別の農村計画を展開すべきであるという立場に立って，強力なる地域農政を展開することを要望する」（p.288），一方で市街化区域内の農業について「都市農業は空間緑地とし，都市生活者への自然提供と公害防止さらに災害時の避難場所等，都市住民の健康と安全のため役立っていることに気付くべきである。そこで園芸を中心とする生産緑地の保全をはかるべきだと考える」（p.291）としている。これらの記述から，1972年時点で上尾市では農業人口の減少が顕著であること，農業振興整備地域と市街化区域内の各々において，新たな農業のあり方が模索されていたことが読み取れる。

　また上尾市の農業の方向性について，資料は次のように紹介している。「蔬菜生産緑地的な考え方を是非共検討すべきである。それによって市街化農業としての高度施設園芸の振興の可能性が出てくるし，レジャー型農業，直売型農

114

業が生まれるものと思われるのでこの面の検討を急ぐべきである」（p.292）。「われわれは都市近郊農政を重視し，土地基盤整備にしても，農業用と都市施設の共有，また将来転換する条件として多目的な実施を考えるべきである」（p.292）。これらの記述から，1972年時点で上尾市ではすでに，新たな地域農業のあり方の方向性として，都市近郊農業としての蔬菜生産，施設園芸が展望されていること，さらにはレジャー型農業，直売型農業といった新たな展開が検討されており，このことは，都市近郊農業や都市型農業，また観光振興における農業の役割の重要性が高まっている現在においても十分に新鮮な論点である。

【工業】

　資料は，上尾市の特色ある在来工業として，醸造（酒・味噌・醤油）を挙げている（p.292）。特に酒について，次のように紹介している。「近代になっては酒どころ上尾として，県下でも名高い。上尾の豊富な地下水は酒造に好適な中硬水（硬度三）で，それに気候，風土も適している。そのうえ古くから平方河岸の舟便，見沼の通船，中山道の交通の便，さらに明治十六年開通の鉄道の輸送などの利点なども酒造を盛んにする原因の中にかぞえられる。それは原料仕入れの便でもあれば，また生産物資を消費地に送り込む利点でもあった。とくに大消費地である東京に近いことも好条件の一つであろう」（p.293）。この記述は，酒に留まらず，食品産業に関する上尾市の優れた立地条件を示したものと捉えることができる。即ち，水質，気候，風土，輸送交通の利便性，大消費地への近接性は，食品産業に対する立地優位性であり，上尾市の産業立地の優位性として現在も応用が可能である。

　近代に入ってからの工業発展の歴史とその前史については，資料は次のように紹介している。「古く中山道の宿場として発達した上尾の中心部は，農業のかたわら商業を営む程度の家が多く，周辺の村は純然たる農村であった。明治，大正期に活動した工業にしても，これは他の市町村でも同様のことが言えるが，多くは家内工業的なものが多かった。そういう中で一応工場らしい活動

をしていたものは製糸関係であったが，これも大正末期には衰微し，上尾において本格的な工場の進出を見たのは昭和期にはいってからのことである」（pp.311-312）。そして，今日の上尾市の目ざましい伸展をとげつつある基盤ともなり，また戦後において県下の大工業地帯の一つとして脚光をあびるに至る大きな力ともなった，次の五大工場を挙げている（pp.312-317）。東洋時計工業株式会社：（生産品目）電池時計，タイムスイッチ，各種計器，タコグラフ，タコメーター，電子計算機部品等/昭和産業株式会社：（生産品目）ぶどう糖，水飴/株式会社東洋伸銅所上尾工場：（生産品目）黄銅棒，黄銅管，黄銅板/横浜ゴム株式会社上尾工場：（生産品目）二輪車タイヤチューブ，小型自動車タイヤチューブ/東邦レース株式会社：（生産品目）刺繍レース，ジャージー。

　上尾市が本格的に工業分野の産業政策への取組みを始めたのは，上尾市の前身である上尾町が「上尾町工場誘致条例」を制定したことに始まると言える。資料は，この事について次のように紹介している。「昭和二十七年のはじめ，埼玉県工業誘致条例を制定し，従来農業県として歩んで来た県が，その工業化を図る第一歩を踏み出した。上尾町でも主要道路である中山道に沿い，強力な輸送力となる国鉄高崎線を中央に有している関係から，今後の町の発展を農業と商業にのみ期待すべきでなく，むしろ農商業の発展にも工業都市としての町再建が急務であることを予見し，（中略）「上尾町工場誘致条例」を制定のうえ施行したのは，昭和二十七年（一九五二年）六月七日であった」（p.317）。この条例については，「ほぼ誘致条例の施行による成果があがり，その使命を全うしたので，昭和三十五年十二月二十八日，「上尾市工場誘致条例を廃止する条例」の公布となって廃止された」（p.320）という。その成果については，「条例施行期間の八年間に大手会社をふくんで十社が当市に建設された」（p.320）としている。

　工場誘致条例の制定後の取組みについて，資料は次のように紹介している「首都圏整備の観点から交通網の整備強化が図られ，昭和三十一年（一九五六年）には高崎線の電化，三十七年（一九五六二年）には国道一七号の隘路であった宮原–鴻巣間のバイバス（現国道一七号）が完成をみ，また三十四年

116

（一九五九年）に首都圏整備法に基づいて地域の開発指定を受けるなど，当市の産業発展はますます増進の度を加え，「工場誘致条例」廃止後も，大手会社をふくむ多くの事業場の進出がみられた。このため，田園都市上尾から工業都市，住宅都市へとその姿を変えていったのである」（p.320）。その発展について資料は，「昭和三十一年度と十三年後の四十四年度を比較すると，（中略）事業所数で六倍弱，従業員数で五倍強，総出荷額では二十七倍半強という進展ぶりを示している」（pp.320-321）としている。首都圏整備の観点から交通網の整備強化が図られ利便性が高められたことにより，上尾市の工場立地の優位性が高まっていったことが分かる。

【商業】

　資料は，上尾市における古くからの商業拠点として原市と上尾を挙げ，次のように紹介している。「原市町は古くから市で知られていた」（p.329），「この原市の市場はその後もながく続き，大正から昭和まで開かれ，これに伴う諸興行等もあってにぎわった。大正末期までは相当に行われたが昭和初期にはだんだんとさびれ，いつのまにか中止になった」（p.333），「上尾宿においても江戸時代には公認の六斉市が毎月二，七日の日に開かれていたが，近世末には開かれなくなった」（p.334）。

　その後の商業の発展について資料は，「商業は，東京を近くにひかえているところから仕入れも比較的容易である点，広い範囲での農村地帯に購買層を厚くもつ関係もあり，さらに人口増もあって，中心的市街地をもつ町村では明治末期から大正期にかけては急激に進展を見せた」（p.338）と紹介している。鉄道や道路の交通網の整備，工業化の進展などにより住宅都市としても発展した上尾市において，地域に住む人々，働く人々が増えることにより，その人々を支える商業の役割は大きくなっていったと言える。

（2）上尾市の産業の特色

　ここでは，現在における上尾市の産業の特色を多面的に概観する。

117

1）産業構造および集積度

　産業構造および特化係数を（図V-2）および（図V-3）に示す。特化係数に着目すると，集積度[4]の高い産業としては，卸売・小売業，教育・学習支援業，生活関連サービス業・娯楽業などが挙げられ，住宅都市としての性格を色濃く示している。しかし一方で，製造業の特化係数の値も大きく集積度が高いことを示している。集積規模が大きく集積度が高い産業は「卸売・小売業」（商業）（構成比率25.2%，特化係数1.23）と「製造業」（構成比率17.2%，特化係数1.10）である。これら2つの産業について，さらに詳しく確認する。

2）基幹産業

　「卸売・小売業」（商業）を「卸売業」と「小売業」に分け，総務省統計局『経済センサス　基礎調査』（2014年），民営事業所（従業者数）に基づき特化係数を算出すると，各々0.80，1.44となっており，小売業の集積度が高い。通常，小売業は人口規模との相関性が高い。それは，地域の人々の生活ニーズと関係性が強いことによる。上尾市では地域内ニーズの程度を超えて小売業の集積度が高いことになる。これは，上尾市の小売業が，地域内に留まらず地域外の人々にも商品を販売している可能性を示している。小売業は，上尾市の将来を担う可能性のある有望な基幹産業と言える。

　しかし，上尾市『上尾市産業振興ビジョン』（2014年，pp.14-16）の商業の現状に関する記述によれば，上尾駅を中心とする中心市街地は，市内及び近郊に郊外型ショッピングセンターの出店が相次ぎ，購買力流出の影響で，消費の減少傾向が見られるという。また，市内商店街の現状も，商店街数及び会員数が，商店主の高齢化や後継者不足などにより減少が続いている[5]。一方で大規模小売店舗の進出が相次いでいる[6]。商店街の再生による購買力の地域内還流や地域外からの呼び込み，大型小売店舗との連携などによるまちなか振興が求められる。

　次に，製造業は産業構造（従業者数基準）においても規模が大きく，上尾市の特色ある基幹産業の一つと捉えることができる。このことは，前項でみた同

（図Ⅴ-2）上尾市の産業構造（従業者数基準）

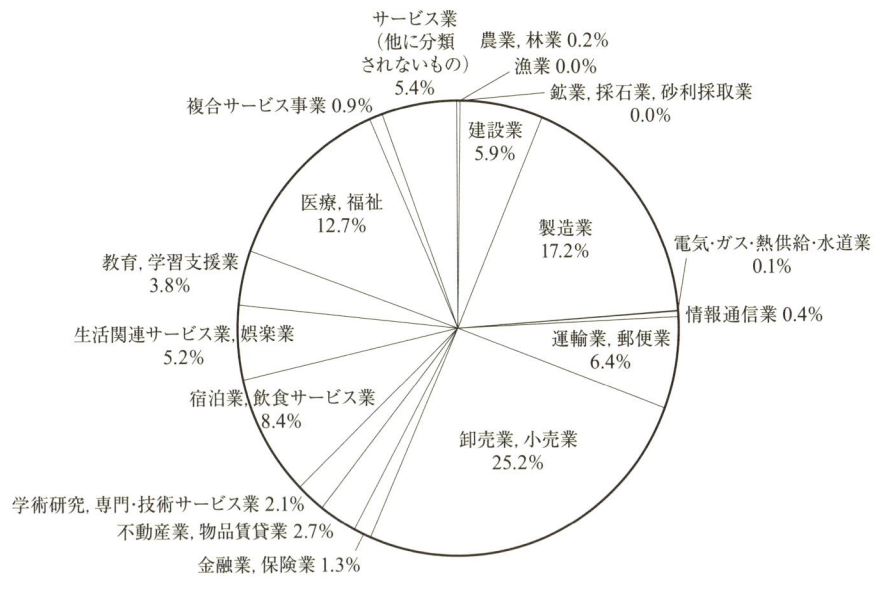

出典：総務省統計局『経済センサス 基礎調査』（2014年），民営事業所（従業者数）より作成。

（図Ⅴ-3）上尾市の産業の特化係数（従業者数基準）

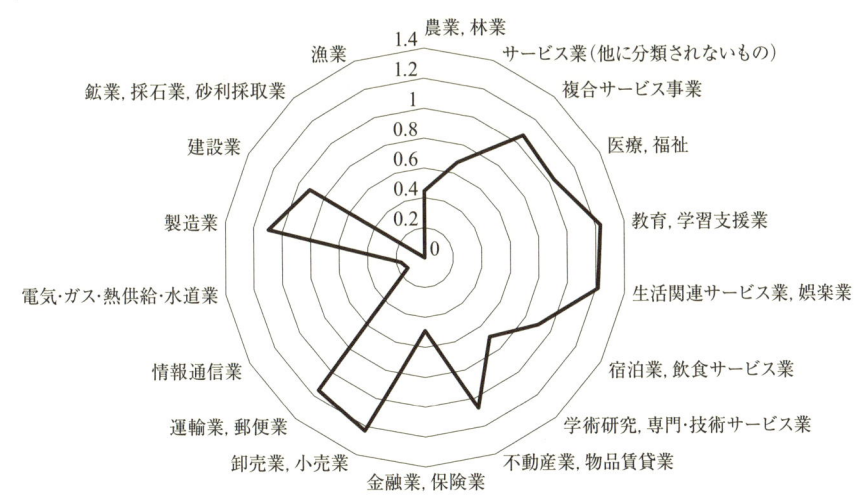

出典：総務省統計局『経済センサス 基礎調査』（2014年），民営事業所（従業者数）より作成。

119

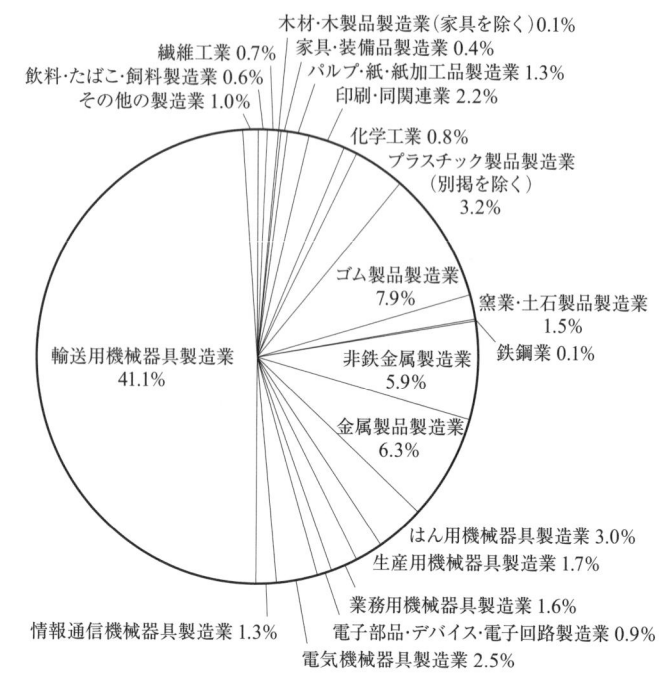

（図Ⅴ-4）上尾市の製造業の産業構造（従業者数基準）

木材・木製品製造業（家具を除く）0.1%
家具・装備品製造業 0.4%
パルプ・紙・紙加工品製造業 1.3%
印刷・同関連業 2.2%
化学工業 0.8%
プラスチック製品製造業
（別掲を除く）
3.2%

繊維工業 0.7%
飲料・たばこ・飼料製造業 0.6%
その他の製造業 1.0%

ゴム製品製造業
7.9%

窯業・土石製品製造業
1.5%

鉄鋼業 0.1%

輸送用機械器具製造業
41.1%

非鉄金属製造業
5.9%

金属製品製造業
6.3%

はん用機械器具製造業 3.0%
生産用機械器具製造業 1.7%
業務用機械器具製造業 1.6%

情報通信機械器具製造業 1.3%
電子部品・デバイス・電子回路製造業 0.9%
電気機械器具製造業 2.5%

（注）従業員数4人以上の事業所。
出典：経済産業省『工業統計調査』（2014年）より作成。

市産業の沿革を反映していると言える。製造業の産業構造（従業者数基準）を
（図Ⅴ-4），同（粗付加価値額基準）（図Ⅴ-5）に示す。どちらにおいても，輸
送用機械器具製造業が大きな割合を占めている（従業者数基準：41.1%，粗付
加価値額基準：51.1%）。

　上尾市の製造業においては，輸送用機械器具製造業を含めた，機械関連産業
とそれを支える主な産業（はん用機械器具製造業，生産用機械器具製造業，業
務用機械器具製造業，電子部品・デバイス・電子回路製造業，電気機械器具製
造業，情報通信機械器具製造業，輸送用機械器具製造業，金属製品製造業，プ
ラスチック製品製造業）が大きな割合を占めている（従業者数基準：61.6%，
粗付加価値額基準：65.0%）。上尾市の製造業は，加工組立型産業の機械関連

（図Ⅴ-5）上尾市の製造業の産業構造（粗付加価値額基準）

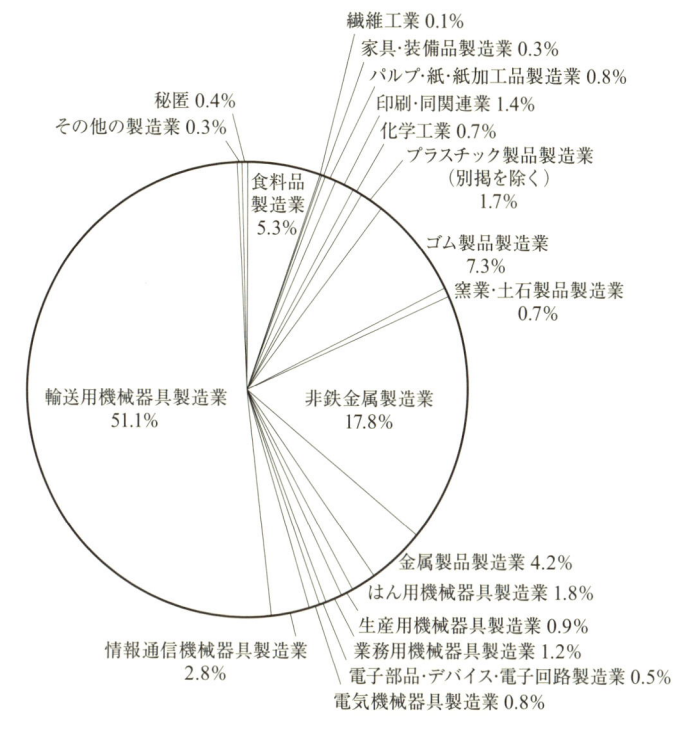

（注1）秘匿：飲料・たばこ・飼料製造業，木材・木製品製造業（家具を除く），鉄鋼業の合
　　　算値。
（注2）従業員数4人以上の事業所。
出典：経済産業省『工業統計調査』（2014年）より作成。

産業を主要分野とする産業集積と言える。また，最も大きな割合を占める輸送
用機械器具製造業の構成業種を総務省統計局『経済センサス　基礎調査』（2014
年），民営事業所（従業者数）により見ると，「自動車・同附属品製造業」が
85.7%を占めており，上尾市の製造業は，自動車関連産業が主要分野であると
も言える。

　上尾市『上尾市産業振興ビジョン』（2014年，p.19）によると，上尾市には
中小企業異業種協同組合である「上尾ものづくり協同組合」や大企業で構成す

る「上尾市工業連絡協議会」などがある。今後は，自動車関連産業を中心とする機械関連産業の集積の特色を活かし，地域の中小企業が連携して新たな市場展開を図っていくことが求められる。

3）個性的な産業

　数量においては顕在化しないが，地域を個性づけブランド化に貢献が期待される個性的な産業として，農業と観光に着目したい。上尾市『上尾市産業振興ビジョン』（2014年，pp.10-13）に基づき，その特色を確認する。

　農業では，農家数，就業者数，耕地面積ともに減少が続いている。また，2010年には販売農家のうち販売なしと100万円未満の農家が大半を占めており，厳しい経営状況にある農家が多い（資料出所：農林水産省『農林業センサス』各年）。さらに，主に農業に従事している人の平均年齢は，2005年が64.2歳であったものが2010年には67.8歳になっており（資料出所：農林水産省『世界農業センサス報告書』各年），年々，農業従事者の高齢化が進んでいる。そして，2012年には60歳代が44.3％，70歳代以上が38.6％という状況である。また，農業後継者の有無については，「決まっていない」が32.2％，「いない」が26.1％となっている（資料出所：上尾市『2012年度上尾市産業振興ビジョン策定業務報告書』〔農業者意向・実態調査アンケート調査〕，2013年）。

　一方で，主要な農産物は，米が19.7％であるのに対して野菜類32.6％，果実類24.1％と，野菜類と果実類が中心である。これは，大消費地としての都市に近い都市近郊農業としての特色を示すものである。収穫量が県内で上位を占める農作物も多く，果実類ではカキとキウイフルーツが県内1位，穀類・野菜類では小松菜が県内2位の生産量を誇っている（2006年度収穫量基準）。また農産物の販路割合では，農協（市場）20.8％であるのに対し，直売所（自宅）47.9％，直売所（農協・グリーンショップなど）7.2％，直売所（市で設置）3.2％と，直売所を通じて販売される農作物が過半数を占めている（資料出所：上尾市『2012年度上尾市産業振興ビジョン策定業務報告書』〔農業者意向・実態調査アンケート調査〕，2013年）。

　今後は，都市近郊農業として野菜類や果物類に優位性があり，直売による販売が中心という特色を活かした農業の振興を図っていく必要がある。

　また，観光について『上尾市産業振興ビジョン』は，集客力のあるイベントや集客施設などを紹介している。上尾市観光協会のホームページに基づき，（表Ⅴ-1）に上尾市の観光スポットを示す。このうち，上尾運動公園とその周辺には，地域外から恒常的に多くの人々の来訪を生み出す大規模なスポーツ施設もある（写真Ⅴ-5～8）。その集客力を，観光視点からの取組みにより，地域経済への波及効果に結びつけるという方策も考えられる。

（表Ⅴ-1）上尾市の観光スポット

イベント・まつり	上尾夏まつり，上尾さくらまつり，畔吉の万作踊り，あげお花しょうぶ祭り，平方のどろいんきょ，あげお花火大会
観光農園・牧場	平野観光農園，岸井農園，榎本牧場
公園	上尾丸山公園，上尾市バーベキュー場（上尾丸山公園内），上平公園，平塚公園，浅間台公園，原市ふるさとの緑の景観地
文化・スポーツ施設	自然学習館（上尾丸山公園内），上尾天文台，図書館，あげおサイクリングロード，文化センター，イコス上尾（多目的ホール，会議室など），コミュニティセンター，児童館アッピーランド，児童館こどもの城，健康プラザわくわくランド，市民体育館，上尾運動公園
文化財	氷川鍬神社，馬蹄寺，少林寺，十連寺，相頓寺，放光寺

出典：上尾市観光協会（http://www.ageo-kankou.com，2019年1月1日取得）より作成。

　観光は，日本標準産業分類において産業区分はない。しかし，旅行業，宿泊業，飲食業，運輸業，製造業（特産品の製造）など多くの産業分野にわたる裾野の広い産業活動によって支えられている。各地域の個性を活かしながら地域経済の活性化を推進できるのが観光であり，産業の視点からは全ての地域において発展可能性を持つ複合産業として注目される。

　観光は，地域ブランドとも密接な関係性を持つ。（表Ⅴ-1）に上尾市が擁する代表的な観光スポットを挙げたが，観光資源はこれだけではない。特産品やまちの雰囲気，まちなかの交流スポットの存在，また地域ブランド形成の基盤となる地域独自の文化や歴史なども広く観光資源として捉えることができる。

（写真Ⅴ−5）埼玉県立武道館（弓道場・屋内相撲場）

出典：筆者撮影（2019年5月10日）

（写真Ⅴ−6）埼玉県立武道館（主道場・屋外相撲場〔手前〕）

出典：筆者撮影（2019年5月10日）

多様な観光資源を掘り起こし，それらを相互に結びつけることによって地域ブランドが形成され，多くの人々が地域を訪れ，観光関連産業に大きな波及効果をもたらす。上尾市の観光を産業振興の視点から捉え，その発展を促進するた

（写真Ⅴ-7）埼玉アイスアリーナ

出典：筆者撮影（2019年5月10日）

（写真Ⅴ-8）埼玉県上尾運動公園陸上競技場

出典：筆者撮影（2019年5月10日）

めには，このような幅広い視点から政策上の戦略を構築することが求められる。

第2節　産業振興ビジョンの策定プロセス

本ビジョンは，上尾市の現状と課題，そのなかでの事業者や地域振興のニーズに則したものとなっている。内容は次節で概観するが，それに先立ち策定過程にも着目したい。その理由は，産業振興ビジョンは，市民参加による審議機関としての「上尾市産業振興ビジョン策定委員会」（以下，「ビジョン策定委員会」とする。）が重要な役割を担い策定したことにある。すなわち政策形成過程への，産業関係者を中心とする市民参加により審議が行われ策定されたのである。その意義について考察する（上尾市，2014）。

（1）委員構成について

産業振興ビジョンの策定作業は2012年9月より，ビジョン策定委員会を中心として，作業部会を設置して進められた。このビジョンの策定作業が地域の諸主体により進められたことを確認するため，各々の構成メンバーの所属団体と職を確認する。

【産業振興ビジョン策定委員会】

学識経験者（大学教員：委員長），上尾商工会議所 副会頭（副委員長），上尾商工会議所 専務理事，上尾商工会議所 商業観光振興委員会 委員長，上尾商店街連合会 会長，㈱イトーヨーカ堂上尾駅前店 店長，上尾ものづくり協同組合 理事長，上尾商工会議所 工業振興委員会 委員長，あだち野農業協同組合 代表理事組合長，埼玉りそな銀行 上尾支店 支店長，経済産業省関東経済産業局 総務企画部企画課 課長，埼玉県県央地域振興センター 所長，市民公募委員（2名），上尾市企画財政部長，上尾市都市整備部長，上尾市環境経済部長。

【産業振興ビジョン作業部会】

上尾ものづくり協同組合 副理事長（部会長），上尾商工会議所青年部 常任

理事，上尾市中核農業者協議会，上尾商工会議所 中小企業相談所 所長，あだ
ち野農業協同組合，上尾市企画財政部総合政策課（副部会長），上尾市都市整
備部まちづくり計画課，上尾市都市整備部開発指導課。

　この構成メンバーから，商工会議所との連携を重視していることが分かる。
また，工業，商業，農業といった地域産業の各分野の実務関係団体，地域金融
機関，関係行政機関，公募市民という構成になっており，全体の取りまとめ役
として学識経験者（大学教員）が参加している。これにより，公民連携の態勢
が取られていることが分かる。参画メンバー各々の意義について考察する。
　商工会議所は，地域産業政策の実施主体として，行政主体である上尾市と車
の両輪のような強い連携関係にある団体である。商工会議所は商工会議所法に
基づき設立された特別な公的団体である。行政主体は，広く地域事業者を対象
とした基本的で幅広い政策の立案・実施を得意とする。それに対して，商工会
議所は商業や工業の中小企業者を中心とする会員制の団体であり，中小企業者
を中心とする会員へのきめ細かな支援の提供を使命とする公益性の高い団体で
ある。
　工業，商業，農業といった地域産業の実務関係団体の参加は，振興ビジョン
が産業界のニーズに即した実践的な内容となるよう，実務者の意見を反映させ
るために重要である。また，中小企業者の事業実施において地域金融の役割は
必要不可欠であることから，地域金融機関の意見も重要である。
　一方，関係行政機関は，上尾市が地域の中小企業者への支援事業を実施する
際のよき協力者となる存在である。地域の中小企業に最も身近な上尾市が，商
工会議所と密接に連携しつつきめ細かな対応をしていくことが基本となるが，
より大きな資金やノウハウ，人材を活用するためには，国や埼玉県の支援制度
を併せて有効活用することで，支援の選択肢が大きく拡大する。公募市民の役
割は，市民視線の常識と良識の提供である。また，消費者としてのニーズを知
るためにも貴重である。
　上尾市の職員の参加意義は，地域事業者や市民との協働活動に臨場感と責任

感を持って取り組めることにある。また，政策実施者として，他の委員による議論に現実的な視点を提供することにより，振興ビジョンの実践力を高めることができる。

　取りまとめ役を大学教員が担当している利点としては，既に前章において論及したが，大きく2つのことが考えられる。1つは専門的知見の提供である。委員会の議論を地域産業政策の理念に基づき理論的に整理し，委員会としての提言に結びつけることが期待される。もう1つの意義は，地域の諸主体との関係における中立性である。大学教員には高い中立性と公正性が期待され，委員会の議事運営に委員からの信頼が得やすいことから，委員会の議事を円滑に進めることができる。

(2) 事業者・市民の幅広い意見の反映 [7]

　産業振興ビジョンに策定に当たっては，事業者および，市民のなかでも商業を中心とする産業に関係の深い消費者に対して，以下のとおりアンケート調査が実施された。

【調査時期・調査方法】

・工業者，商業者：2010年12月24日〜2011年2月28日（郵送による配布・回収）

・農業者：2013年2月15日〜2013年2月25日（郵送による配布・回収）

・消費者：2013年2月7日〜2013年3月7日（消費者団体連絡会定例会にて配布回収）

【調査結果】

　工業者：配布数350件（NTTiタウンページから無作為抽出した「製造業」），有効回答数105件（回答率30.0%），商業者（NTTiタウンページから無作為抽出した「小売業」・「飲食業」・「サービス業」）：配布数1,650件，有効回答数323件（回答率19.6%），農業者：配布数406件（農業台帳より無作為抽出），有効回答数261件（回答率64.3%），消費者：配布数90件（消費者団体連絡会加盟9団体），有効回答数60件（回答率66.7%）。

　また，産業振興ビジョン作業部会において，策定委員会の委員を含む地域産業の各分野の実務関係団体の関係者に対し，17回にわたりヒアリング調査が実施された。そして最終的には，産業振興ビジョン（案）に対するパブリックコメントにより広く一般市民の意見を募った。その応募状況は，応募者数2件，意見件数7件であった。

(3) 考察

　上記の（1），（2）より，産業振興ビジョンの策定は，地域の諸主体の参画と協働により進められたことが分かる。その協働の場を設けたのは，自治体行政としての上尾市である。協働の場に多様な地域主体の参画を求めたこと，またそこに更に幅広い関係者の意見を反映させるため，アンケート調査やヒアリング調査を実施したことにより，市民協働の策定を実現できたと言える。

　産業振興ビジョンを市民協働により策定することの意義は，次のような点に見出すことができる。地域において実務に取り組んでいる事業関係者たちの参画により，現実に即した意見を反映させることができること，産業支援関係の諸機関の参画により，多様な中小企業者支援の可能性を盛り込むことができること，一般市民の参画，アンケート調査やヒアリング調査の実施結果を反映することにより，策定委員以外の事業者たちの意見を含め幅広く諸主体の意見を反映させることができること，またそれにより産業振興ビジョンが実践的なアクション・プログラムとしての性格を持つことができることなどである。

　市民協働により策定された産業振興ビジョンは，地域の諸主体にとっても共有され易いというメリットがある。また，執行機関としての上尾市の行政，審議機関としての議会においても，具体的な政策形成や予算編成の過程における諸判断の際の合理的な拠り所となる。

第3節　産業振興ビジョンの要点と特色

　上尾市は，第2節で概観した策定過程を経て，2014年3月に産業振興ビジョ

129

ン（本節では以下，「本ビジョン」とする。）を策定した。本ビジョンは，「農業・商業・工業・観光」をはじめ，それに関連する様々な分野を「産業」と位置付け，概ね10年間を目途として，市内産業振興における将来像や基本方針，進むべき方向性を示すものである。

　本ビジョンの注目すべき特色として，ビジョンの実現に向けた推進体制の構築に重点を置いていること，産業振興に関わる主体の役割を示していること，スターアップ事業を明確に示すことによってアクション・プランとしての性格を明確に打ち出している点を挙げることができる。以下，本ビジョンの具体的な内容ついて章を追って確認し，若干のコメントを加えていく。

1）本ビジョン策定の趣旨など（序章）

　1999年に改正された『中小企業基本法』において，中小企業を「日本経済の活力の維持及び強化に重要な役割を持つ」と位置づけ，国や地方公共団体は支援施策を実施する責務を負うとした趣旨を踏まえ，上尾市では，事業者，行政，関連団体，国・県などの支援機関及び市民が連携して，産業振興のための取組みを推進していくことの緊急性と重要性を強く認識している。

　本ビジョンは，上尾市の産業の現状から導き出された課題の解決に向けて，産業振興の将来像と方向性を定め，これらに基づき，地域経済の安定化や産業競争力の強化，新たなまちの魅力の創出などを目的としている。なお本ビジョンでは，産業の範囲を広く捉え，農業，商業，工業，観光とそれに関連する産業分野をすべて対象としている。

　上尾市の行政計画の全体における本ビジョンの位置づけは，『第5次上尾市総合計画』（2011年〜2020年）におけるまちづくりの基本方向「たくましい都市活力づくり」の実現に向け，産業振興における個別のビジョンとして策定されたものであり，計画期間は概ね10年間を目途としている。

　産業振興ビジョンは，上尾市の行政計画に示された政策体系の全体の中にしっかりと位置づけられ，総合的な政策推進の重要な方策の1つとなっていると言える。

　また，本ビジョンの策定に当たり上尾市は，学識経験者や産業関係者，公募市民，行政などで構成する「上尾市産業振興ビジョン策定委員会」と，中堅・若手産業関係者及び上尾市職員を中心とした「上尾市産業振興ビジョン作業部会」を設置し，上尾市内の産業関係者などへのヒアリング調査やアンケート調査を実施するなどして，幅広い視野のもとで検討を行うとともに，パブリックコメント（市民意見公募）などを通じて策定したと記述されている。この過程を踏むことの意義と重要性については，前章において言及したとおりである。

2) 産業振興の意義と重要性（第1章）

　本章では，上尾市を取り巻く社会環境の変化として，人口減少と高齢化の進行，労働力人口の減少，またそれによる税収減への懸念が示されたうえで，産業振興の重要性として次の事項が挙げられ，各々について対応策が述べられている。

- ・人口減少社会における産業振興の重要性：上尾市が持つ既存の資源を十分に活用して地域産業の活性化を図るとともに，若者や女性，高齢者などへの雇用機会を創出することなどが必要である。
- ・地域内及び地域外との経済連携：これまでに培われた地域産業の資源を見直し，異業種間の連携や市内大企業と中小企業との連携などを促進するとともに，連携によって生み出された新たな資源を地域外に発信することなどにより，地域経済の拡大を図るなどの取組みが必要である。
- ・都市の機能としての産業振興の重要性：上尾市は多彩な産業が生まれ発展してきた歴史を持つとともに，住宅都市としても発展をとげ，現在では産業活動と市民生活は密接かつ深い関わりを持つものとなった。今後も上尾市が都市としての魅力を高め成長していくためには，地域の産業と市民が互いに支え合い，育み，共存していことが必要である。

　ここで示された産業を振興することの3つの重要性は，注目すべきものである。すなわち，人口減少社会において，地域の人々の豊かさを支えるのは産業

であること，地域の内外を通した総合的な経済循環の構築のために地域内外の産業の連関性を高めることが重要であること，大都市近郊地域で住宅都市としての特色を持つ上尾市の地域産業のあり方として，市民生活と地域産業の共存と融合が重要であることを明確に提示している。

3）上尾市の産業構造の現状と課題（第2章）

　本章では，上尾市の経済基盤・産業構造の現状について記述されている。本書の本章第1節において，筆者も独自に分析と考察を行っている。本ビジョンの記述はその記述と同一趣旨ではないが，第1節の記述を参照してほしい。

　上尾市の産業振興に係る課題について，本章では現状を踏まえ（図V-6）により整理されている。その特色は，産業全般および主要な産業分野が4つに類型化され，現状と課題が整理されている点にある。

　産業全般については，個別事業者の競争力の強化からその連携，さらにはその実現のための土地利用のあり方，雇用創出の必要性にまで体系的に言及されていることが注目される。

　農業については，都市近郊農業という優位性を活かす方策として，直売所の活性化と農業の6次産業化・ブランド化の必要性を挙げていることが注目される。米作における経営の合理化や販路開拓，担い手育成は重要な政策課題であり，取り組んでいくことは農業政策として重要なことであるが，産業政策としては，市場性の高い商品の販路拡充や開発が重要な政策課題となる。

　商業については，大規模小売店舗との連携の必要性を挙げていることが注目される。上尾市内には大規模小売店舗が多くあることから，小規模小売店舗や商店街，農業者などと連携してまちの吸引力を高めることにより，大規模小売店舗と地域の事業者の双方に利益をもたらせると期待される。その成果を双方が共に享受できる連携体制の構築も重要となる。

　工業については，中小企業に対する個別支援から交流（連携）の強化まで体系的な支援の必要性を挙げていることが注目される。また，国や県など外部の支援機関の利用推進を挙げていることも特筆される。地域の事業者に最も身近

（図Ⅴ-6）　上尾市の産業構造の現状と課題

農　業

【現状】
・農業従事者・経営耕作面積の減少
・後継者不足
・生産者と消費者の距離が近い
・収穫量の多い農産物がある

【課題】
・担い手の育成
・直売所のさらなる活用
・農業の6次産業化，ブランド産品の開発

商　業

【現状】
・商店街会員数の減少
・商店の集積が少ない
・大規模店舗の出店による影響
・駅を中心として東西に分断

【課題】
・中心市街地の一体的な賑わいの創出
・商店街の地域や消費者への結びつきの強化
・空き店舗の活用
・大型店と地域商店の共存共栄

産業全般

【現状】
・大都市近郊に位置することによる交通の利便性
・住宅都市として発展
・人口減少や高齢化，住工混在地域の存在

【課題】
・適切な土地利用のあり方についての検討
・市内雇用・就業場所の創出
・自立した地域経済の構築
・地域経済連携の強化

工　業

【現状】
・二次，三次加工の中小企業が多い
・工場数や製造品出荷額の減少
・企業間交流組織の存在

【課題】
・経営支援（技術開発・販路拡大支援，人材育成）強化
・交流支援（同業種間，異業種間）強化
・国や県などの支援機関の利用推進

観　光

【現状】
・イベントや市内施設への来客が多い
・四季折々のイベントを実施
・「上尾らしさ」を特徴づけるものが少ない

【課題】
・イベント時のみでない観光資源の発掘
・集客力のあるイベントや施設のさらなる活用

出典：上尾市『上尾市産業振興ビジョン』2014年3月〔概要版〕より作成。

な政策主体である市町村が，事業者に寄り添い，ワンストップで支援策を提供することは大事であるが，資金や制度，人材などの面で事業者による支援策の活用可能性を拡げるためには，外部機関の支援策を市町村が適切に斡旋することも重要となる。

　観光については，イベントや施設の個別利用だけでは限界があり，それらも有効活用した新たな展開が必要である趣旨の認識が見られる。観光においても，都市近郊であることの優位性の有効活用を図ることが求められる。すなわち，地方の温泉地のような宿泊型の観光ではなく，東京都心部や埼玉中心部の大都会で働く人々が週末に心身の疲れを癒し元気を取り戻す場としての観光地になることが求められる。そのためには，イベントや施設だけでなく，食や文化・歴史なども含め，多様な地域資源を結びつけ，まちのブランド化を図っていくことが重要になる。

4）産業における将来像と基本方針（第3章）

　本章では，本ビジョンが産業における将来像を「交流と連携でつくる，多彩な産業がキラリと光るまち あげお」とし，産業振興の基本方針として，「既存の産業のバージョンアップ」，「新たな交流・連携の推進」，「ブランド化の推進」の3つの柱を据えるとしている。

　地域の産業発展を推進するには，既存の産業資源を有効活用して新たな展開を図っていくことが，ゼロからの出発より遥かに有利であるから，「既存の産業のバージョンアップ」をまず第一に据えることは的を射ている。その上で，産業関係者の交流・連携を推進することにより，新たな産業分野や技術，サービスが生み出されることから，「新たな交流・連携の推進」は重要である。

　これらは主に供給サイドからの施策展開と見ることができるが，地域産業の一層の高付加価値化のためには，需要サイドからの取組みも重要となる。それが「ブランド化の推進」である。「ブランド化」とは，市場における商品やサービスに対するイメージを高めることにより，その付加価値を高めることである。地域で生み出される商品やサービスのブランド化を図ることにより，地

域全体のブランドが高まると同時に，地域全体のブランド化が個々の商品や
サービスのブランドの向上にフィードバックされる。その過程では，地域独自
の商品やサービス，文化や歴史などの魅力を関係づけて総合化することが重要
となる。

　本章では，産業における将来像と基本方針を踏まえ，各産業分野の目指すべ
き姿にも踏み込んでいる（表Ｖ-2）。

（表Ｖ-2）各産業分野の目指すべき姿

産業	目指すべき姿	内容
農業	消費者への近さを活かしたブランド力のある農業	生産地と消費者が近いという立地を活かして，直売所などの活用や独自の販売ルートを構築し，市場や顧客から強い支持を受けている。また，商業や観光と連携した新たな取組みが行われ，上尾のブランドイメージを作り上げている。遊休農地については，都市近郊農業の特徴を活かした市民農園や体験農園などとして，有効活用されている。
商業	中心市街地でも郊外でも地域と繁栄する商店と商店街	上尾駅を核とした中心市街地は，魅力と一体感をもった取組みを行うことにより，にぎわいを創出している。地域にある商店街や商店は，積極的に魅力の向上に努めるとともに，周辺の地域の実情に応じた商品の提供やサービスを行い，地域コミュニティとの連携を図っている。大型店などは，地域の一員としての自覚を持ち，地域貢献を行うほか，地域の商店街や商店と連携して，共存共栄に向けた取組みを進めている。
工業	高度なものづくりの伝統と広いネットワークをもつ中小企業と地域と連携する大企業	地域で伝えられてきたものづくりの技術を磨き上げ，高い競争力・収益力を持った中小企業が多数立地している。これまで培われてきたネットワークをもとに，同業種・異業種間交流，産学官連携などにより，共同研究や共同受注などの自主的な取組みが生まれている。また，技術開発・販路開拓，人材育成も活発になされている。さらに，本社機能を有する大企業が，交通の利便性や災害の少なさなどの都市的環境を持つ上尾に立地し，地元雇用や社会貢献などを行い，地域との連携を図っている。
観光	地域資源を活かしたにぎわいを生む観光	歴史や自然など，上尾市独自の地域資源を活かすとともに，「自転車のまちづくり」などとの連携により，市内外から人が集まり，地域ににぎわいが生まれている。また，食やイベント，土産などにおいて，上尾市ならではのものが創られ，産業の振興や上尾のブランド向上につながり，集客に貢献している。

出典：上尾市『上尾市産業振興ビジョン』2014年3月，p.26より作成。

5）産業振興ビジョンの実現に向けて（第4章）

　本ビジョンは，産業振興に役割を担う関係者として，市，産業関連団体，事業者，市民，国や県・産業支援機関を位置づけ，連携・協働して取り組んでいこうとしている。そして，その実践の場として「（仮）産業振興会議」の役割を重視していることに特色がある。すなわち，「（仮）産業振興会議」の役割を次のように明確に位置付けている。「各産業団体の代表者や学識経験者，関係行政機関職員などで構成する「（仮）産業振興会議」を設置し，本市の産業振興に関する総合的施策について，意見の集約・調整を図り，提言を行います。この提言を受けて，各実施主体が一体となって具体的な施策に取り組みます」（p.28）。

　産業振興の主役となるのは，事業者である。その自律的で積極的な取組みが最も重要であり，その活動を側面から支援する役割を担う市をはじめとする関係者も強い当事者意識を持ち，連携しながら各自の責務を果たしていくという考え方は，地域産業の自律的発展には重要なことである。また，その連携を具体化するための基盤的な仕組みとして「（仮）産業振興会議」の設置を予定していることも，実践的な考え方であると言える。

6）施策の体系と事業展開（第5章）

　施策体系については，既述の「産業における将来像」と「産業振興の基本方針」の3本柱に基づき，その目標が達成されるように個々の施策が体系づけられている（図V-7）。ここでも，今後取り組むべき施策や方向性については，「（仮）産業振興会議」での議論を踏まえながら進めていくとしており，推進体制の要として「（仮）産業振興会議」を重視していることは注目すべきことである。

　また，重点事業として3つの事業を挙げていることも，どの事業から優先的に取り組んでいくべきかを明示している点において，本ビジョンを実践的なものとするうえで大きな意義を持つ。3つの重点事業とは，「（仮）産業振興会議の設置」，「（仮）中小企業サポートセンターの設置」，「上尾道路沿道の適切な

（図Ⅴ-7）施策の体系と事業展開

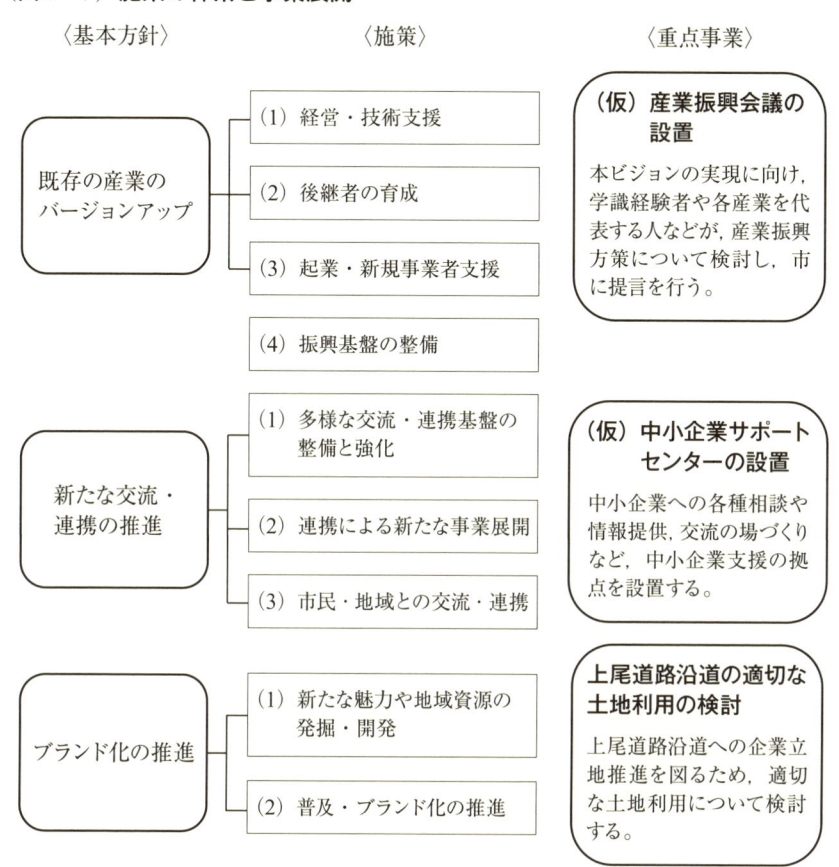

出典：上尾市『上尾市産業振興ビジョン』2014年3月〔概要版〕より作成。

土地利用の検討」である。この内，「（仮）産業振興会議の設置」，「（仮）中小企業サポートセンターの設置」の2事業は，上尾市の産業政策を総合的に進めていく上において中核的な役割を担う体制づくりと言える。

　「（仮）産業振興会議」の目的については既に述べた。「（仮）中小企業サポートセンター」の目的について，本ビジョンは「主として市内中小企業が抱える様々な課題やニーズに対応するため，各種相談や情報提供，企業間連携や交流

の場づくりなどをワンストップ体制で行う，中小企業支援の拠点」と位置付けている。その機能としては，中小企業の経営全般に関する相談，新たな技術開発や研究に対する支援，人材育成支援，起業支援・創業支援，産学官連携に関する支援，国や関係機関の中小企業支援諸施策についての情報提供などを想定している。

さらにもう一点，本ビジョンを実践性を高めているのが，各施策を構成する「対応施策」について，実施主体（市，事業者，商工会議所，関係団体などから選択）とスケジュール（スタートアップ：2014年度から実施，短期：5年以内に実施，中長期：5年超で実施）を明記していることである。

7）スタートアップ事業（第6章）

本ビジョンは，既述の3つの重点事業に加え，2014年度から実施する次の事業を「スタートアップ事業」として位置づけている：産業振興推進事業（「（仮）産業振興会議」の設置），中小企業サポート事業（中小企業コーディネーターの配置），農商工観ポータルサイト構築事業（市独自の農・商・工・観の総合サイトの創設），体験農園推進事業（体験農園を開設する農業者への支援）。

各々の事業について施策体系に基づき，施策区分（基本方針，施策項目），目的，事業主体，実施体制，事業内容，成果が明記されており，直ぐに実行に移ることのできる内容になっている点が注目される。

これらの事業はいずれも，着実に実行に移されてきた。「農商工観ポータルサイト構築事業」は「あげポタ」として2015年3月に開設され，アクセス件数も着実に伸ばしてきている[8]。また，「（仮）産業振興会議の設置」と「（仮）中小企業サポートセンターの設置」に向けた事業も成果を上げつつある。次節以降で，後者2つの事業の進捗を少し詳しく見ていく。

第4節　上尾市産業振興会議

　本ビジョンの実現に向けた推進体制として，2014年に「上尾市産業振興会議設置要綱」（以下，「要綱」とする。）を策定し，「上尾市産業振興会議」を設置した。この会議は，委員全員による全体会議と共に，より議論を深めるため，テーマを設定した2専門部会を設置し，相互の連携を図りながら，その討議に基づいて市に提言を行うものである。

（1）会議の委員構成

　まず注目したいのが，その委員構成である。要綱は次のように規定している。学識経験者，商業，工業，農業，観光その他の産業に関する事業又は業務に従事している者，金融機関を代表する者，産業を支援する機関を代表する者，市民で構成される団体を代表する者，関係行政機関の職員，市職員（17人以内）。

　会議の構成委員の所属団体等は次のようになっている（上尾市産業振興会議，2019）。学識経験者（大学教員：委員長），上尾商工会議所（産業関係者〔工業〕：副委員長），上尾ものづくり協同組合（産業関係者〔工業〕），上尾商店街連合会（産業関係者〔商業〕），㈱イトーヨーカ堂上尾駅前店（産業関係者〔商業〕），上尾市農業女性連絡協議会（産業関係者〔農業〕），農事組合法人榎本牧場（産業関係者〔農業〕），埼玉りそな銀行上尾支店（金融関係者），埼玉縣信用金庫上尾支店（金融関係者），上尾商工会議所（産業支援機関），公益財団法人埼玉県産業振興公社（産業支援機関），上尾市消費者団体連絡会（消費者団体等），女性フォーラムあげお（消費者団体等），経済産業省関東経済産業局（関係行政機関），埼玉県県央地域振興センター（関係行政機関），上尾市環境経済部長（市職員）事務局：環境経済部商工課，農政課。

　このように産業振興会議は，地域の産業に関係する多様な人材により構成されている。それにより，主に次の3つの効果が期待される。第一に，委員の多

139

（図 V-8） 上尾市産業振興会議の位置づけと役割

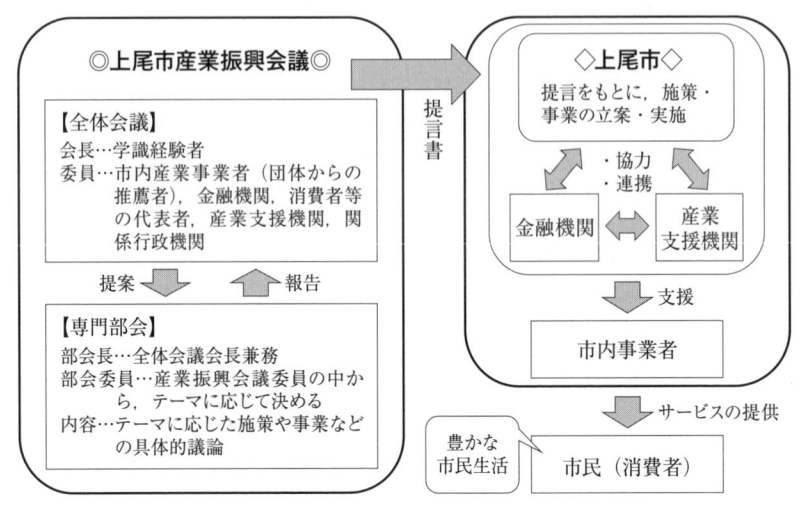

出典：上尾市産業振興会議『上尾市の産業振興に関する提言書』（2018年度），2019年3月，
　　　p.2より作成。

様な社会的活動の経験に基づく実践的な提言である。市はこの提言に基づい
て，実効性の高い政策を構築できる。第二に，第一の点と密接な関係がある
が，市行政外の実務経験者の提言に基づき市行政によって作成された政策案
は，予算編成や政策の総合的な企画立案の中での位置づけの確立など，市行政
内部の政策形成過程において，産業振興の担当部局は説得力を持って提案する
ことができ，その結果，第一に示したとおり実効性の高い政策が構築できる。
第三に，委員が現時点で地域産業に関係する実務に携わっている方々であるこ
とから，政策の実施段階においても，実践的な協力が期待できる。すなわち，
各々の委員が産業振興会議に参画して策定された政策については，その実施に
当たっても，委員には当事者意識と責任感を以って取り組んでくれることが期
待できる。

（2）活動実績

　会議は，「上尾市産業振興会議」としての本会議と，その下に置かれた「中小企業支援」部会と「地産地消とにぎわいづくり」部会の2つの専門部会とから構成されている。専門部会は本会議の委員が，各々に関係の深い部会に所属することによって構成されている。ただし，部会長は共に，本会議の会長である学識経験者が兼任している（図Ⅴ-8）。

　2つの専門部会は，各々，年度間に2回ずつ開催され，各部会のテーマについて議論を深める。そしてその成果を，年3回開催される本会議（うち1回は他自治体の取組みの実地調査の場合もある）に報告され，本会議においてより幅広い観点から議論が行われる。そして毎年度末に「提言書」として市長に報告される。

第5節　中小企業サポートセンター

　中小企業サポートセンターは，2018年度時点において正式な機関として設立されたものはない。しかし，その機能は「ものづくりのまち上尾」推進事業として着実に実績を積み上げつつある。この事業は，市内のものづくり企業が抱える大きな課題である「販路及び取引の拡大」と「後継者育成・人材確保」の2点に着目し，関係機関が連携して課題解決に向けた取組みを進める事業であり（2016年度より実施），2018年度には，主に次のような取組みが行われた（上尾市産業振興会議，2019）。

（1）企業連携による新製品開発モデル事業の実施

　企業連携コーディネーター（上尾市からの委嘱で2018年度現在2名）によって，主に市内企業を中心に，4つの新製品開発チームの製品化[9]，販売に向けた支援（実用新案の取得等）と新たな新製品開発に向けた製品ニーズの調査などが実施された。

（図Ⅴ-9）地域産業支援プラットフォーム

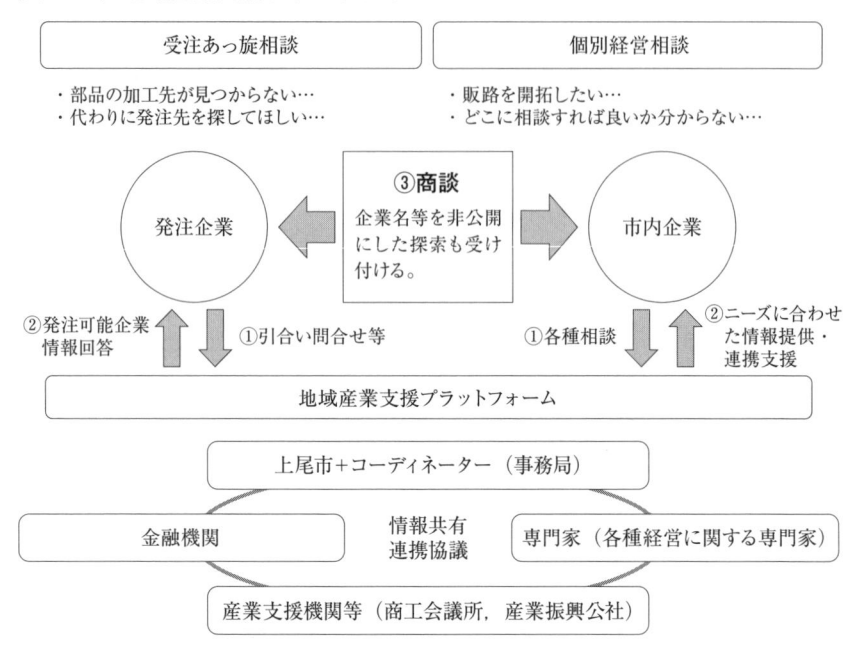

（注）＜事　務　局＞上尾市環境経済部商工課
　　　＜受託事業者＞公益財団法人　埼玉県産業振興公社
出典：上尾市環境経済部商工課（https://www.city.ageo.lg.jp/uploaded/attachment/50392.pdf,
　　　2019年8月1日取得）

（2）企業連携コーディネーターによる個別企業訪問

　経営課題の発見及び新たな受注情報の収集を目的として，市内企業訪問を実施している（2018年度訪問企業件数：20件）。

（3）地域産業支援プラットフォームの運営

　市内金融機関，産業支援機関などと，市内企業における受注と発注のマッチングや，個別経営課題に対する連携支援を行う体制を構築し，運営している（図Ⅴ-9）。2018年度相談案件：2社より12件。

(4) 後継者育成・人材確保支援

　学生・求職者への「ものづくり企業ガイドブック」，「市内ものづくり企業データベース」のPRを強化した。

　「ものづくりのまち上尾」推進事業では，地域の中小企業者に最も身近な産業政策実施主体としての上尾市が，地域の諸主体（産業支援機関や金融機関）と連携して，個々の中小企業者のニーズに対応したきめ細かな支援を行うと共に，中小企業者相互の連携づくりに力を注いでいる。この事業は，ものづくりに関する地域産業政策における基盤的な重要事業である。まだ立ち上げ段階であるが，事業実績を積み上げていくことによって，実質的な「中小企業サポートセンター」として機能することが期待される。

第6節　市長への提言書

　産業振興会議は，毎年度末に市長へ提言書を提出している。先述のとおり，この提言書は，市が産業政策を推進するための大きな拠り所となっている。そこで，産業振興会議からの提言書の要点について，2018（平成30）年度における提言書を採り上げ踏み込んで確認する（上尾市産業振興会議，2019）。

　2018（平成30）年度における産業振興会議からの提言書は，次のような構成になっている（以下，年の表記については原本の表記を優先し，元号によるものとする）。

1. 産業振興ビジョンについて
   - (1) 産業振興ビジョンの趣旨
   - (2) 産業振興会議の役割
   - (3) 産業における将来像及び施策の体系
2. 中小企業支援の取組み
   - (1) 平成29年度提言書に基づく進捗状況
   - (2) 平成29年度提言内容を受けた主な検討内容

（表Ⅴ−3）「中小企業支援」に係る平成30（2018）年度提言

1. 市独自の中小企業支援施策の実施
- 「ものづくりのまち上尾推進事業」を継続実施し，地域の核となる企業を創出していくために必要な支援施策の実施をはじめとした，新たな事業展開の検討をお願いします。
- 創業支援については，空き店舗活用やまちなかのにぎわい創出といった他の施策との連携も含めた新たな事業展開が必要であると考えます。
- 市民とものづくり企業の交流を生む取組みについては，地元企業や工業関連団体からヒアリングを実施するなど，企業側が受け入れやすい事業内容の検討をお願いします。

2. 地域産業支援体制の推進
- 「地域産業支援プラットフォーム」については，具体的な取組みが進んできた中で見えてきた課題の整理と，他自治体等における先進事例の研究をしながら，企業ニーズに応じた支援を着実に実施していただくことをお願いします。

3. 中小企業サポート拠点に関する検討
- 中小企業サポート拠点については，中小企業支援の取組みや産業支援機関等との連携支援を積み重ねていく中で，拠点として必要な支援機能や役割など具体的事項の検討に発展させていく必要があると考えます。

出典：上尾市『上尾市産業振興会議 平成30年度提言書』2019年3月，p.12

　　① 「ものづくりのまち上尾」推進事業

　　② 市民とものづくり企業との連携

　　③ 創業支援・空き店舗活用

　（3）「中小企業支援」に係る今後の方向性（平成30年度提言）

3. 地産地消とにぎわいづくりの取組み

　（1）平成29年度提言書に基づく進捗状況

　（2）平成29年度提言内容を受けた主な検討内容

　　① 地元産の農産物などを活用した「農」と「食」の取組みの推進

　　② 地域の情報発信の充実

　　③ 上尾を訪れる人に対する「上尾らしさ」のPR

　（3）「地産地消とにぎわいづくり」に係る今後の方向性（平成30年度提言）

（表Ⅴ−4）「地産地消とにぎわいづくり」に係る平成30（2018）年度提言

1. 地元産の農産物などを活用した「農」と「食」の取組みの推進

　地産地消の定着を促進するには，市民と共に検討していくことが大切であるため，料理教室との連携を図り，地産地消及び郷土料理レシピの充実と，更なる活用をしていただきたいと考えます。また，地元生産者と飲食店との連携に向けて双方の調整を図る際には，今年度実施した飲食店アンケートを有効に活用し，丁寧な対応をしていただくことをお願いします。

2. 地域の情報発信の充実

　「農商工観ポータルサイト」は，時代のニーズに合わせ，モバイル端末に特化した仕様へとリニューアルしていただきたいと考えます。また，情報発信及び交流拠点については，戦略的な視点で資源の活用，拠点のあり方を検討していただくことをお願いします。

3. 上尾を訪れる人に対する「上尾らしさ」のPR

　イベントや施設以外で「上尾らしさ」を特徴づけるものが少ないため，イベント以外の新しい観光資源の掘り起こしと，推奨土産品などの地域資源を戦略的にPRしていただきたいと考えます。また，来街者に限定せず，地域住民に対しても，既存の資源を活用する「にぎわいづくり」に向けた取組みを進めていただきたいと考えます。

出典：上尾市『上尾市産業振興会議　平成30年度提言書』2019年3月，p.19

4. 次年度以降における産業振興施策の考え方

　　引き続き，課題を単一のものとして捉えるのではなく，広い視野を持って複合的に捉え，一つの取組みから相乗効果を生み出すような考え方を持つことを提言する。

5. スタートアップ事業の進捗状況など

　　① 産業振興推進事業

　　② 中小企業サポート事業

　　③ 農商工観ポータルサイト構築事業

　　④ 体験農園推進事業

6. 今後の産業振興に向けた具体的取組み

　　提言内容及び「スタートアップ事業の進捗状況など」などを踏まえ，今後

行うべき具体的な取組みやその進め方などについて提案する。

7.上尾市産業振興ビジョンに掲げる施策の進捗状況

　　産業振興ビジョン策定以降，ビジョンに位置づけた「将来像-基本方針-施策」に対する現在の主な取組み内容について，ビジョン策定以降の新規事業を中心にまとめる（平成30年度新規事業を明記している）。

　上記の構成に基づき「中小企業支援」と「地産地消とにぎわいづくり」に関する2018（平成30）年度の提言が，（表V-3，4）のように行われた。

　この提言書の構成・内容は，次の事項において優れていると評価できる。

① 前年度の提言を踏まえ，当年度に実施した施策の実施状況が報告されていること。これにより，産業振興会議による提言が尊重され，施策の実施に結びついていることが分かる。

　　より詳しく見ると，提言書は次のように構成されている。専門部会ごとに，昨年度の提言を踏まえた本年度の検討テーマが示されている。そして，検討テーマに該当する事業ごとに本年度の取組み内容が示された上で，産業振興会議における主な委員意見が掲載されており，さらにその要点が整理して記載されている。それにより，産業振興会議の議論の経過を連続的に捉えることができ，次の提言にどのように繋がっていくのかを具体的に知ることができる。

② 取組み施策の，産業振興ビジョンの政策体系の中における位置づけが明確に示されていること。これにより，産業振興ビジョンの理念が施策として戦略的に展開されていると言える。

③ 来年度への提言だけでなく，中長期的な視点からの提案も行っている。

④ 新たな取組み施策も産業振興ビジョンの政策体系との関係を踏まえて展開されており，一貫性を確保しつつ，社会ニーズに対応した柔軟な対応が行われていると言える。

⑤ 提言は行政のトップとしての市長に直接に手渡されるため，行政としての

真摯な対応が期待される。

むすび

　本章では，市民参加による自治体産業政策の実践事例として，埼玉県上尾市を採り上げた。上尾市は，東京都心部に近く，また鉄道や幹線道路などの交通基盤が充実していることから物流や通勤・通学など人の移動性に優れていること，食品の大市場を擁する大都市近郊に位置することから，都市近郊農業や食品加工業に適していること，生活に身近な自然に恵まれていることなどを立地上の優位性として有している。上尾市は，首都圏の大都市近郊地域であることによる優位性を発揮できる特色を活かしながら，関係諸主体と連携し，着実に地域産業政策を進めている。

　具体的には，上尾市は産業政策の指針となる産業振興ビジョンを策定し，それを拠り所として，関係諸主体が協働により地域ニーズに即した施策を提言する組織として産業振興会議を設置し，地域産業の振興に取り組んでいる。産業振興会議は，社会ニーズに即応した実践的な施策を提言するという重要な機能を持つと共に，参画メンバーの協働意識が醸成され，市が施策を実施する際には事業協力も期待できる。例えば，「ものづくりのまち上尾」推進事業では，上尾市，産業支援機関，金融機関などの諸主体が情報を共有し，連携・協議しながら「地域産業支援プラットフォーム」を運営している。また，地産地消とにぎわいづくりの取組みにおいては，生産者と市内飲食店などとの連携に向けた調査及び検討が進められている。

　産業振興会議は，地域産業の諸主体の連携と協働の基盤として重要な役割を担っている。すなわち，広義の市民参加による産業政策への提言と実践により，実効性の高い地域産業政策が展開されていると言える。

　まだまだ課題が多くあるが，この課題が全て解決することはない。社会経済の変化に対応した新たな課題は常に発生してくるであろうし，課題が解決しても，より高いレベルにおける解決を目指す必要がある。その意味において，産

業振興会議の取組みは継続していくことが重要だと言える。

（注）

1) 上尾市（https://www.city.ageo.lg.jp/page/gaiyo.html，2018年12月29日取得）に基づく。

2) 上尾市観光協会（http://www.ageo-kankou.com，2019年1月1日取得）に基づく。

3) 上掲2) を基に算出した。

4) 当該産業が標準的な状況（全国平均）より高密度に集積している状態を「集積度」が高いと表現する。

5) 商店街（会）数は，1989年に37あったものが2013年には31になっている。また会員数は1989年に974であったものが506になっている。
   出典：上尾市『上尾市産業振興ビジョン』（2014年），p.15
   出所：上尾市商店街連合会。

6) 上尾市内には，売場面積1,000m^{2}を超える大規模小売店舗が34ある。
   出典：上尾市『上尾市産業振興ビジョン』（2014年），p.16

7) 上尾市『上尾市産業振興ビジョン』（2014年），pp.65-66による。アンケート調査の実施時期，実施方法，調査対象の選定方法については，上尾市に補足確認を行った。

8) 上尾市農商工観ポータルサイト「あげポタ」は，上尾市内の店舗や企業の情報をはじめ，市内で行われるイベントや観光スポットなど，上尾市の農業・商業・工業・観光に関する情報を提供するポータルサイトである。登録の際，IDとパスワードが付与されるので，事業所や店舗などが情報を更新することができる。2019年2月末現在の状況は次ぎのとおりである。
   アクセス数：月平均38,542件，ユーザー数：月平均11,763件，ページ閲覧数：2.79ページ/回，登録事業所数：504件
   出典：上尾市産業振興会議『上尾市の産業振興に関する提言書』（2018年度），2019年3月，あげポタ（http://agepota.jp，2019年5月2日取得）

9) 企業連携による4つの新製品開発：PC2段収納棚，格納式サイドテーブル，自転車型スマホ充電器，センサーフットライト付きごみ入れ。
   出典：上尾市産業振興会議事務局資料『今年度の取り組み状況について：中小企業支援』（2018年9月19日付け）

【参考文献】

上尾百年史編集委員会編『上尾百年史』上尾市役所，1972年

上尾市『上尾市産業振興ビジョン』2014年3月

上尾市産業振興会議『上尾市の産業振興に関する提言書』（2018年度），2019年3月

第VI章

実践事例２：
協働の産業政策による移住定住促進
―長野県上伊那郡辰野町の取組み―

はじめに

　本章では，市民参加による自治体産業政策の二つ目の実践事例として，長野県上伊那郡辰野町の産業政策を採り上げる。辰野町の産業政策は，町に住み働く人々を増やすことに重点を置き，町役場が地域の事業者や個人（広義の市民）と連携して諸事業に取り組んでいる点に特色が見られる。この特色を踏まえ，移住定住促進を基本目標とする町役場の政策全体との関係において，産業政策の意義や役割について考察する。

　長野県上伊那郡辰野町（以下，「辰野町」とする。）は長野県の中央部に位置し，諏訪湖に近接した，自然，レクリエーション，文化など幅広い分野における地域資源に恵まれた地域である。しかし，人口減少と高齢化が進んでおり，その対応が喫緊の課題となっている。辰野町の政策の根幹は，人口減少に歯止めをかけ，定住人口の維持・拡大を総合的な政策により促進することにあると言える。

　地域経済を基盤において支える産業の振興は，地域の人々に雇用の場を提供し，まちやコミュニティに活力を与えてくれる。そのため，産業政策についても，町の総合的な政策のなかに位置付け，他の施策との密接な連携のなかで進める必要がある。このため，辰野町の産業政策においては，基幹産業を中心とした産業の振興を図り，雇用の受け皿をしっかりと確保したうえで，産業人材の確保のための方策を講じることが重要となる。

　基幹産業の振興は地域産業振興の中核的な政策となるが，意欲ある産業人材

の確保には，労働政策しての位置づけと同時に移住定住促進政策として位置付け，総合的な取組みが求められる。すなわち，辰野町に多様な産業分野の事業者が定着し，地域経済の発展に貢献する創造性の高い活動を展開するには，働く人々が辰野町の生活に満足し，定住してくれることが重要となる。その実現には，子育て支援や高齢者福祉の向上，地域文化の振興，交通体系や公共施設の整備，買い物の利便性の向上など，多岐にわたる政策を総合的に推進する必要がある。そのためにも，辰野町の産業政策は移住定住促進政策の全体体系との関係において捉える必要がある。

　本章ではこのような観点に立ち，辰野町の政策体系を総合的に把握した上で，その政策体系における産業政策の位置付けを確認し，政策実現には地域の諸主体との連携・協働が重要な意義を持つことを確認していきたい。

第1節　辰野町の地域概要

　辰野町は伊那盆地の最北端に位置する。天竜川が中央を南流し，北・西は塩尻市，北東は岡谷市，東は諏訪市，南は箕輪町・南箕輪村に接している（図Ⅵ-1）。人口は約2万人，面積は約169km^{2}である（総務省『国勢調査』2015年）。

　南部を除き三方を山に囲まれている。西部に国道153号線（名古屋〜塩尻）が，東部に主要地方道伊那・辰野停車場線が並行して走っている。また高速自動車国道中央自動車道（西宮線）が走り，南部に伊北インターチェンジがある。JR飯田線は，辰野駅から南下して走り，途中，宮木駅・伊那新町・羽場駅がある。JR中央線は，町の北部を東から北に走り，この間に辰野駅・信濃川島駅・小野駅がある（写真Ⅵ-1）[1]。

　辰野町は豊かな自然に恵まれ，なかでも「げんじ蛍」を町の特別シンボルとしており，次のように紹介している。「辰野町は，自然に恵まれ，古くより蛍の名所があった。自然環境の悪化が進むなかで，いまなお蛍の群舞がみられるのは，美しい自然を守ろうとする町民の優しさの表れである。2003（平成15）年に制定した「辰野町ホタル保護条例」には全町挙げての蛍保護育成を謳い，

（図Ⅵ-1）辰野町の位置図

出典：公益財団法人八十二文化財団（https://www.82bunka.or.jp/bunkashisetsu/map.php，
　　　2019年5月12日取得）を基に作成。

この蛍の光を町のシンボルとして伝えていきたい」[2)]。

　以下に辰野町を代表する，注目すべき地域ブランド発信拠点のいくつかを挙げる[3)]。

　【荒神山スポーツ公園】辰野町のほぼ中央，標高764mの小高い丘に数々のスポーツ・レクリエーション施設が点在する。豊かな緑がとりまく約35haの園内には，テニスコート，野球場，ほたるドーム（室内運動場），陸上競技場，マレットゴルフ場，体育館，武道館，美術館，昆虫館などがある。また，"たつのパークホテル"と"湯にいくセンター"の温泉がある。

　【小野宿】中山道塩尻宿から飯田方面へ通じる伊那街道の一番目の宿場であった。現在でも当時の面影を残す建物が大切に保存されている（写真Ⅵ-2）。

　【松尾峡ほたる童謡公園】6月中旬の最盛期には，町をあげて盛大なほたる

（写真Ⅵ-1）辰野町遠望

出典：2017年9月30日筆者撮影。

（写真Ⅵ-2）伊那街道小野宿問屋址

出典：2018年8月24日筆者撮影。

祭りが行われ，ホタルを楽しむ人々が遠く県外からも訪れる。全体面積9.15ha（ふれあいゾーン4.46ha，小さな生き物ゾーン4.69ha），全水路延長3,245.7m（写真Ⅵ-3）。

　【かやぶきの館】大規模な茅葺屋根を持ち，宿・立ち寄り湯・土産・イベン

（写真Ⅵ－3）松尾峡ほたる童謡公園

出典：2019年8月21日筆者撮影。

（写真Ⅵ－4）かやぶきの館

出典：2019年8月23日筆者撮影。

トの機能を有する辰野町の総合公共施設である（写真Ⅵ-4）。

第2節　移住定住促進の産業政策を捉える視点

　移住定住の促進は，地方部の地域にとって，地域経済活性化を実現するために地域の諸主体が一体となり取り組むべき重要課題である。すなわち，移住定住を実現するためには，生活の糧を得るための雇用の場が必要である。雇用の場を創出するのは，地域経済を支える地域産業である。また，移住定住者が増加すれば，小売業やサービス業をはじめ消費需要に誘発される産業が活性化し，地域の経済活動が活発になる。

　そこで，辰野町が重要な政策課題として位置づけており，地域の経済・産業振興の基盤ともなる移住定住の促進方策に関する，近年の研究を概観する。

（1）移住定住促進の要件と方策

　移住定住を促進するには，移住定住者が求めているもの，その実現のために地域が採っている方策，またその効果など，現状を把握する必要がある。そこで本項では，移住定住を促進する要件と実際に採られている方策について，先行研究を踏まえつつ確認したい。

　牧山ほか（2014）は，市町村が主体となって実施している移住促進の取組みについて，東日本を対象にホームページ情報を悉皆的に収集し，その特徴を分析している。その中で特に次の点が注目される。主な取組み内容は，多い順に①空き家バンク，②補助金等，③分譲地等の紹介，④体験民家，⑤就農支援，⑥体験ツアー，⑦助言・交流の7種類に絞られるとする。空き家バンクと補助金等が，移住促進の主な手段になっていることがわかる。

　霜島・大江（2016）は，新潟県内において新潟市以外で，離島であるにも関わらず唯一人口が増加した粟島浦村への移住者を対象とした，アンケート調査に基づく分析結果を踏まえ，定住志向は移住後の生活面の意識の要因が大きく影響しており，特に気軽に相談できる近隣関係や子育て環境を重点にPRすることが効果的であること，自然環境の維持や地域行事の運営を行っていくことが重要であること，また多くの移住者が感じる「よそ者感」を疎外感に向か

わせないため，地域住民や移住者同士で意見を交わせる場の設定が必要である
ことなどを示している。この研究は，定住志向を高めるための具体的な方策
を，実証的な方法によって示した研究として注目される。また，生活面の意識
においては離島以外の過疎地域と共通点があると考えられ汎用化できる，とす
る点についても共感できる。

　一方，離島の自治体である海士町で長年町長を務めた山内（2018）は，こ
れまで566人の若いＩターン者が訪れ，定着率は5割ほどになっていること（平
成2004〜2016年度の実績），2,300人ほどの町の人口の一割強がＩターン者で
あり，町の総人口は増えていないが若い《活力人口》が増加したという事実を
踏まえ，1998（平成10）年頃から取り組み始めた移住対策を，「地域資源を活
かし，第一次産業を再生することで島に産業を創り，雇用の場を増やす。そし
て，外貨を獲得して活性化につなげる」，「成長を生み出す力を島の外に求め
る」戦略と位置づけている。そして，その実現のための方策として，海士町に
自らが活躍するステージを求めて，地道に仕事をつくりにやって来る若者に必
要なのはマインドに応えようという姿勢であるとする。また，行政自体も，予
算の消化型から「稼ぐ行政」への転換が必要であること，「ものづくり」×「ひ
とづくり」が持続できる島をつくる必要性を主張する。山内の主張からは，若
い人達による産業創出の土壌を涵養し，若いＩターン者を地域に誘致すること
が有効であることが確認できる。

（2）空き家利用による移住定住の促進方策

　移住定住の促進方策に関する主要な論点については（1）で確認したが，近
年特に注目されている方策が，空き家を利用した移住定住の促進方策である。
すなわち，人口減少と少子高齢化の進展を背景として空き家が急速に増加して
いることを踏まえ，安全・治安対策の観点からも，街の景観や地域活性化の観
点からも，空き家を減らしたり有効活用を図ることは，喫緊の社会的課題と
なっている。その課題解決の方策として，空き家を移住定住者の受け皿として
有効活用する取組みが各地で進められている。そこで本項では，空き家利用に

157

よる移住定住の促進策の現状について，先行研究を踏まえ確認したい。

牧山（2012）は，群馬県甘楽郡南牧村において空き家へのIターン者受け入れを目指す若者達の取組み「南牧山村ぐらし支援協議会」の活動に着目している。「南牧山村ぐらし支援協議会」は，2009年12月に商工会青年部の一部メンバーを中心に発足した，「明日の南牧を創る会」を母体として2010年10月に発足したという。協議会の主な活動は，①村内の空き家全戸の調査，②空き家バンクの公開とIターン希望者への対応，③村内・村外への宣伝，④Iターン者受け入れ促進を目指した「体験民家」の整備の4つである。

ここで，「空き家バンク」を中心に取組みを確認する。所有者が貸借や売却に承諾した空き家は，事務局（役場）により南牧村ホームページ上に「空き家バンク」として公開された。その成果として，公開前から問い合わせていた人も含めて，公開から今日（当論文の発表は2012年）までに6世帯13名（子供3名を含む）の移住者を得ているという。「空き家バンク」の有効性を高めるためには，少しでも多くの所有者から賃貸・売却の承諾を得て，なるべく多彩な空き家をそろえておく必要があること，また移住者の受け入れには周辺の住民の理解も必要であることを指摘する。

「南牧山村ぐらし支援協議会」の取組みから，「空き家バンク」は適切に運用すれば，Iターン者受け入れの有力な手段となることを示している。当論文の筆者が，単に空き家といわず家の特徴や地域の特徴を明確化する必要性に言及しているように，空き家のブランド化による高付加価値化が今後さらに求められる。

一方，山本ら（2012）は建築社会システム論の観点から，空き家を活用した都市農村交流施設の整備の実現可能性について，住民組織と施設の企画経緯，建物の調査・診断，改修内容・施工組織・工程及びコスト分析をもとに，改修・増築工事が実現した条件を明らかにし，その上で集落住民を主体とした民家再生の可能性と課題について考察を加えている。

本論文の筆者は実際に，空き家化した茅葺きの農家住宅を都市農村交流施設に改修する集落住民を主体とする，「貴和の里につどう会」によるプロジェク

トに参画し，実測調査と改修基本設計を担当すると共に，改修工事への参加・支援を行っており，考察には実証に裏付けられた説得力がある。そして，次のように結論づけている。「工事全体の指揮を担うマネージャー，解体・基礎工事及び木工事において主任的役割を担うことができる地域の技能者及び作業補助協力者を確保することができれば，構造部材の交換や補強を含む改修工事が可能となり，かつ全体的な改修費削減に相当の効果があると言える。一方で集落住民全体による改修工事の場合，安価な人件費設定と一定の工具・材料の自己調達が実現しても，実工事費の半額程度の実費が必要となるため，（中略）地域活性化に関する各種の助成制度を活用して改修経費を確保する取組みが重要である」。

　本論文は，空き家のリノベーション活用の実現可能性について，技術面と費用面を総合的に踏まえて実証的に検証している。そして，その実現のためには，地域の協働と連携が必要不可欠であることや，資金調達の現実的な方策が必要なことが示されている。視点を替えると，それらの要件を満たすことができれば，空き家のリノベーション活用は実現可能であると言える。本論文もその点について，「集落住民を主体とする施工組織に加え，工事経験と技能を有する有能な地域人材の協力及び助成金や寄付金・自主財源等を組み合わせた必要資金確保が担保されれば，集落住民を主体とした構造補強を含む民家改修工事実施の可能性は大きいものと考えられる」と結論づけている。

　本章では，上記の（1）および（2）の視点を踏まえ，移住定住促進を重点政策に据え，空き家・空き店舗の有効活用を，その実現のための主要な政策手段の一つとして位置づけている，辰野町の産業政策への取組みに着目し，その有効性について考察していきたい。

第3節　辰野町の産業の特色

　辰野町の産業の特色を，大きな付加価値と雇用を創出する「基幹産業」と，個性を創出することによって地域の魅力を高めることに貢献する「地域個性を

創出する地域産業」の2つの側面から概観する。

(1) 基幹産業

　辰野町の産業構造を，産業大分類（従業者数基準）により見ると（図Ⅵ-2），製造業が49.6％と大きな割合を占めており，主要産業として捉えることができる。特化係数（従業者数基準）を見ると（図Ⅵ-3），製造業の特化係数は3.0を超えており，産業構造における位置づけを合わせて捉えると，製造業は辰野町の特徴的な主要産業であると言える。

　さらに製造業の構成内訳を産業中分類（従業者数基準）により見ると（図Ⅵ-4），機械産業が大きな割合を占めている（情報通信機械器具製造業18.2％，業務用機械器具製造業16.3％，はん用機械器具製造業13.6％，輸送用機械器具製造業11.0％，電気機械器具製造業5.2％，生産用機械器具製造業3.4％，電子部品・デバイス・電子回路製造業2.4％：合計70.1％）。また，機械産業を部品などの面において支える産業分野を多く擁する，金属製品製造業（8.1％）とプラスチック製品製造業（1.8％）は，合わせて約10％を占めている[4]。以上のことから，辰野町においては，製造業の中でも，機械産業とその関連の産業が基幹産業になっていると言える。

(2) 地域個性を創出する産業

　構成比率や特化係数において顕在化しない産業においても，自然や歴史・文化，食など，地域ブランドを創出する可能性を持つ地域資源を辰野町は多く擁している。これらは各々において地域の魅力を創出する力を持つことから，その有効活用の促進は重要である。さらに，これらの地域資源を観光資源として相互に関連づけることにより，複合産業としての観光を振興する原動力となり，交流人口の拡大を通して地域経済の振興への貢献が期待される。さらに，地域魅力の向上を通して定住人口の拡大への貢献も期待される。辰野町は，第1節で確認した荒神山スポーツ公園，小野宿，松尾峡ほたる童謡公園，かやぶきの館などの地域ブランド発信拠点に加え，次のような豊かな自然・文化・食

（図Ⅵ－2）辰野町の産業構造（産業大分類）（従業者数基準）

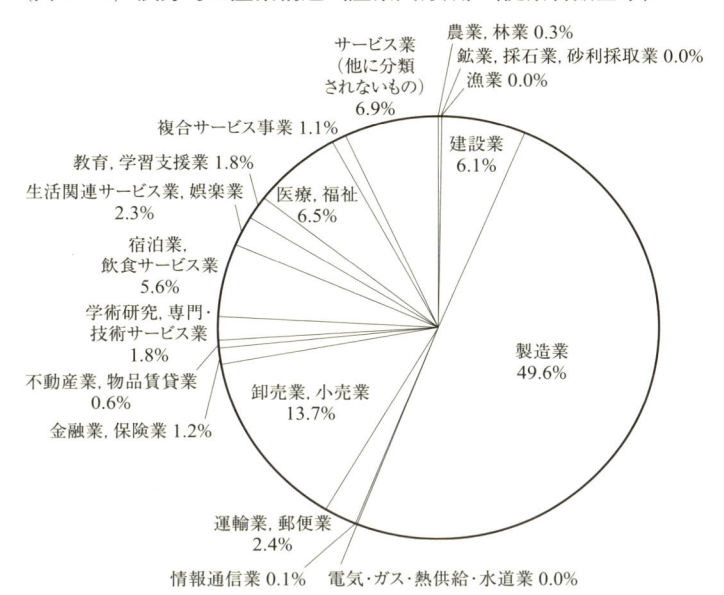

出典：総務省統計局『経済センサス 基礎調査』（2014年），民営事業所（従業者数）より作成。

（図Ⅵ－3）辰野町の産業（産業大分類）の特化係数（従業者数基準）

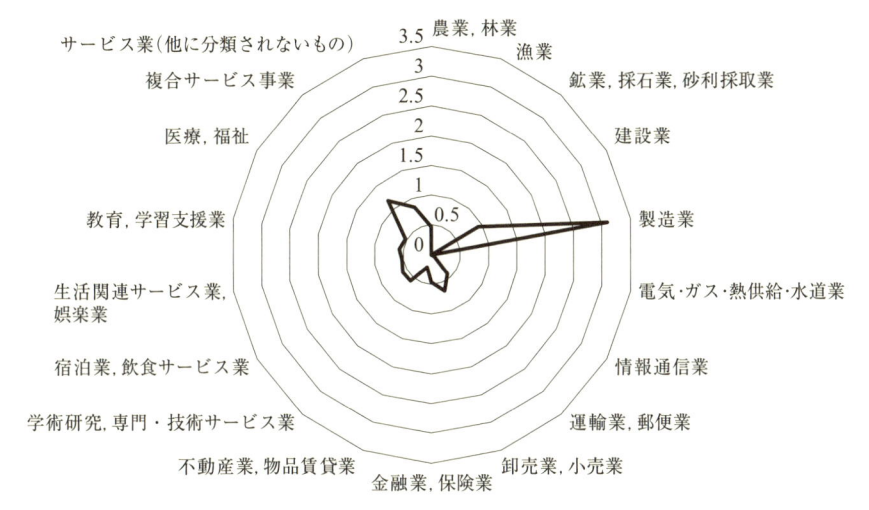

出典：総務省統計局『経済センサス 基礎調査』（2014年），民営事業所（従業者数）より作成。

161

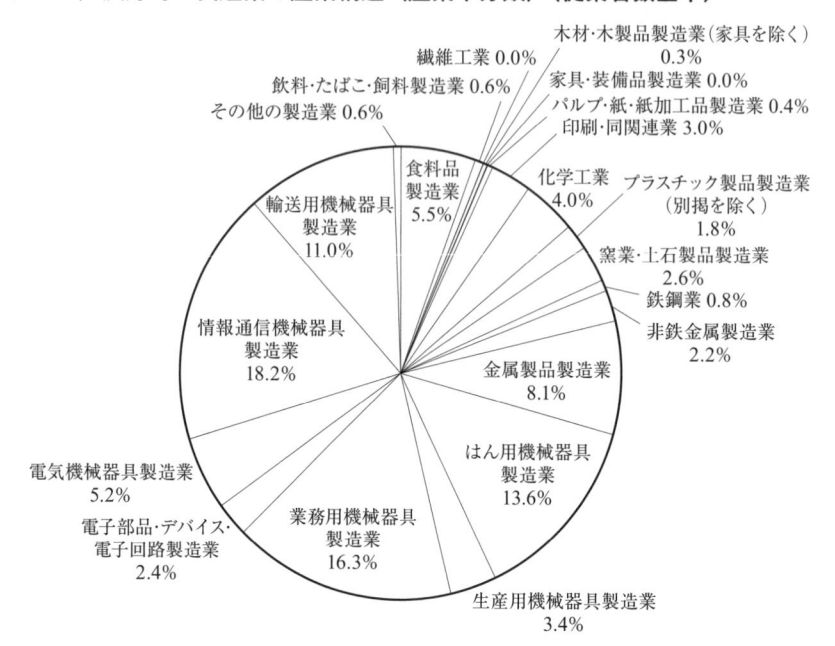

（図Ⅵ-4） 辰野町の製造業の産業構造（産業中分類）（従業者数基準）

繊維工業 0.0%

木材・木製品製造業（家具を除く） 0.3%

飲料・たばこ・飼料製造業 0.6%

家具・装備品製造業 0.0%

その他の製造業 0.6%

パルプ・紙・紙加工品製造業 0.4%

印刷・同関連業 3.0%

食料品製造業 5.5%

化学工業 4.0%

プラスチック製品製造業（別掲を除く） 1.8%

輸送用機械器具製造業 11.0%

窯業・土石製品製造業 2.6%

鉄鋼業 0.8%

非鉄金属製造業 2.2%

情報通信機械器具製造業 18.2%

金属製品製造業 8.1%

はん用機械器具製造業 13.6%

電気機械器具製造業 5.2%

業務用機械器具製造業 16.3%

電子部品・デバイス・電子回路製造業 2.4%

生産用機械器具製造業 3.4%

出典：総務省統計局『経済センサス 基礎調査』（2014年），民営事業所（従業者数）より作成。

の観光資源にも恵まれている[5]。

【**自然**】小野のシダレグリ自生地，色白水（名水スポット），横川渓谷，横川の蛇石（国天然記念物），三級の滝（横川渓谷），ゲンジボタル（松尾峡），町の花 ふくじゅ草（2月中旬～3月中旬），荒神山公園 さくら（4月上旬～5月上旬），川島 そばの花（9月上旬），城前線 桜トンネル（4月上旬～4月下旬），上島 セツブン草（3月上旬）。

【**イベント**】信州辰野ほたる祭り（6月中旬），沢底 福寿草まつり（2月中旬～3月中旬），荒神山公園さくら祭り（4月上旬～5月上旬），神戸 水仙まつり（4月上旬），泥地フラッグス世界大会（5月上旬），どろん田バレーボール日本大会（7月中旬），神戸スイカ祭り（8月上旬），神明神社例祭（天狗祭り）（10月中旬），横川渓谷 紅葉祭り（10月下旬），冬のほたる（荒神山公園のたつの

海周辺などでのイルミネーション，打上花火）（11月上旬～12月下旬）。

　【特産品】りんご・梨，スイカ，ぎたろう軍鶏，松茸，ほたる丼，ほたる饅頭，地元の酒 夜明け前。

　これらの観光資源を，公民協働の取組みによって有効活用し，辰野町の地域ブランドを向上させることによって魅力を高め，交流人口の拡大，ひいては移住定住人口の拡大に繋げていくことが重要となる。

（3）辰野町の観光の主要行事：「信州辰野ほたる祭り」

　辰野町の多様な観光資源については，第1節および上記（2）で概観したが，その中で辰野町の観光の中核をなすのが「信州辰野ほたる祭り」である。そこで，この行事について，辰野町資料（2018年8月22日取得）に基づき特に採り上げ詳しく見ていきたい。

　辰野町は，明治時代の頃からほたるの名所として知られていた。1985年には，ゲンジボタルが町の特別シンボルに指定された。そして，1989年度には「ほたる童謡公園整備事業」（自治省：まちづくり特別対策事業）が開始された。1991年には辰野町町民憲章において「ほたるの町」と謳い，1992年には「ほたるサミットたつの '92」が開催された。2002年度には「ほたる童謡公園」の造成が竣工した。2003年4月には「辰野町ホタル保護条例」が制定され，2017年にはほたるの発生数が20万匹と過去最高を記録した。

　辰野町では毎年，ほたる祭りが実施されており，2018年度には第70回を迎えた。最近5年度間の入込客数は，（表Ⅵ-1）のとおりである。

　ほたる祭りは毎年，10万人を超える入込客があり，観光事業としては成功を収めていると言える。一方で，開催期間が短く，年間を通じた集客効果という点において課題が残る。しかし，ほたるの育成には，年間を通して町民協働による多大な労力が必要とされている。具体的には，（表Ⅵ-2）に示す作業が行われており，（表Ⅳ-3）に示すような町民との協働による取組みが進められている。

163

（表Ⅵ-1）「信州辰野ほたる祭り」年度別入込客数

年度	客数	祭り期間中のほたる発生数
2014	111,000	30,967
2015	106,000	12,030
2016	128,600	40,944
2017	157,700	107,573
2018	120,000	18,976

（注）1.各年度の祭り期間は各9日間である。
　　　2.入り込み客数は実行委員会発表数である。
　　　3.ほたる発生数は目撃調査数である。
　　　4.ほたる童謡公園を中心に実施されている。
出典：辰野町資料（2018年8月22日取得）より作成。

（表Ⅵ-2）ほたる育成のための作業

月	生育段階	主な作業
4月	上陸	上陸調査（調査員4～5人，毎日）
5月	土の中で繭化	上陸調査，水路清掃（可搬ポンプ）
6月	成虫	目撃調査（ほたる祭り，1週間～10日間）
7月	卵	水路清掃（可搬ポンプ），大堰水草除去作業
8月	幼虫	水路の阻害草刈，上陸棚部の草刈，水質検査
9月	幼虫	草の撤去作業，大堰水草除去作業
10月	幼虫	落葉除去作業（毎日）
11月	幼虫	落葉除去作業（毎日）
12月	幼虫	落葉除去作業（毎日），水路清掃（手作業）
1月	幼虫	水路清掃（手作業）
2月	幼虫	水路清掃（手作業），水質検査
3月	幼虫	水路清掃（手作業）

出典：辰野町資料（2018年8月22日取得）より作成。

　ホタルの育成への地域の人々の熱心な取組みを踏まえると，「ほたる」という観光資源を，年間を通して有効活用することが求められる。その方法としては，例えば次の2つのことが考えられる。一つは「地域ブランド」形成のコアとして活用することである。もう一つは，ほたるの成虫に至るまでの育成過程も含め，常時，来訪者に紹介できる態勢を整えることである。すなわち，季節に応じた育成作業を，動画メディアを活用したり学習会を開催することなどで

（表Ⅵ-3）ほたる童謡公園管理における地域住民の協力

○トイレ掃除など		
下辰野側	実施者：ホタルさわやか会（下辰野区住民） 期　　間：4月〜11月 内　　容：公衆トイレの清掃	
平出側	実施者：上平出童謡公園清掃部（平出区住民） 期　　間：4月〜翌年3月 内　　容：公衆トイレの清掃，ほたる水路の通水状況の確認・ゴミの除去	
○ホタル幼虫の上陸調査，ホタル成虫の目撃調査		
上陸調査	実施者：地元住民4人程度 期　　間：4月初旬〜5月中旬 内　　容：上陸幼虫の数を計測	
目撃調査	実施者：地元住民6〜10人程度 期　　間：6月初旬〜7月初旬 内　　容：成虫の数を計測	
○ホタル専用水路の清掃		
	実施者：地元住民3，4人 期　　間：年2回5月下旬（1〜2週間），7月上旬（1〜2週間） 内　　容：公園内水路に溜まった泥やその他堆積物をポンプの噴射により清掃	
○カワニナ放流		
	実施者：辰野西小学校カワニナ委員会 期　　間：年2回 内　　容：室内飼育により増やしたカワニナを公園内水路へ放流	

出典：ほたる童謡公園の管理担当資料（2019年7月24日辰野町役場より取得）より作成。

ある。紹介する場は，信州フューチャーセンター，ホタルラボのあるアラパや辰野町が運営に関与している宿泊施設（たつのパークホテル，かやぶきの館），辰野美術館などが考えられる。

　また，ほたる童謡公園において，例えばAR（Augmented Reality：拡張現実）を使った観光アプリを導入し，ホタル観賞の季節以外の時期にも，ホタルが飛び交う状況を，現実のほたる童謡公園の風景と重ね合わせて仮想体験してもらうなど，様々な企画の検討が望まれる。

　ほたるという辰野町にとっての主要観光資源の活用を，ほたる祭りの時期に限定することなく，その育成のための地域協働の取組みも含め年間を通して紹

介することにより，地域としての熱い想いをより強く来訪者に伝えることができ，ほたるの地域ブランドへの貢献度を一層高めることができる。

　先述のように，辰野町には豊富な観光資源がある。取り分け「ほたる」については，行政のみならず地域の人々が協働して育み有効活用している（表Ⅳ-3）。ほたるを含め多様な観光資源の活用を一層促進するため今後求められることは，各々の観光資源の活用促進方策の一層の充実に努めると共に，観光資源相互の連携を図り，年間を通じての着地型観光として，多様な観光ニーズにきめ細かく対応できる態勢を充実させることであろう。

(5) 考察

　辰野町の地域経済と雇用を支える主要な産業として注目されるのは，製造業である。その中でも，機械産業とその関連の産業が地域の基幹産業になっている。産業の振興による地域経済の活性化のためには，この基幹産業の振興が先ずは重要となる。機械産業は，情報通信機械器具製造業や電子部品・デバイス・電子回路製造業など先端的な技術分野を擁していることから，その先導的役割も視野に入れ，地域に根ざした経済活動を行う中小企業の振興を着実に進めていくことが求められる。なお，小売・卸売業は特化度が低いが規模の大きな産業分野である。取り分け小売業は商店街の活性化など，まちづくりと密接な関係にあることから，小売業の振興のためにも，まちづくり事業は産業政策の重要なテーマとなる。

　また，地域個性を創出する産業の振興も重要である。地域ブランドの創出を介して観光振興により交流人口を拡大することができれば，観光とその関連産業が新たな基幹産業となる可能性もある。また地域ブランドの充実は，そこに住む人々のプライドを高め地域へのアイデンティティの確立にも貢献する。それは，地域に住む人々の心を豊かにする。基幹産業と個性豊かな産業を共に大事にして，地域産業の振興を進めていくことが求められる。

（図Ⅵ－5）定住人口の維持・拡大を目指す辰野町の政策と産業政策の位置づけ

『辰野町第五次総合計画』

将来像：「ひとも　まちも　自然も輝く　光と緑と　ほたるの町　たつの」
まちづくりの合言葉：「住み続けたい　帰りたい　住んでみたいまち　たつの」

・町民参画・協働のまちづくり　　　　　「仕事に活力と魅力があるまち」
・17の個性がきらめく地域づくり　　　　（産業振興・雇用確保）
〔主要な取組み目標（産業関係）〕　　　〔5点の将来目標の1点〕

後期基本計画の下位計画

『辰野町まち・ひと・しごと創生総合戦略』〔第3版〕

地域の特性を生かした住み良い環境の確保
「町にしごとをつくり，安心して働けるようにしよう！」
〔4つの基本目標の1つ〕

○就業者の増加促進　　　　　　　　　　○空き家バンクの活用による事業創出
　1）辰野町求人・インターンシップ情報サイト　　1）空き家バンク制度
　2）インターンシップ（実践型・体験型）支援事業　2）補助制度
○商業地域の活性化方策　　　　　　　　○拠点を活用した産業政策
　1）休眠不動産見学会・相談　　　　　　・フューチャーセッション
　2）補助制度　　　　　　　　　　　　　・コワーキングセッションなど
　　　　　　　　　　　　　　　　　　　○中小企業の振興など

出典：辰野町の諸行政計画を基に筆者が，産業振興・雇用創出の観点から重要事項を抽出し
　　　再構成して作成した。

第4節　辰野町の総合政策における産業政策の役割

（1）辰野町の政策の全体フレームと産業政策の位置づけ

　辰野町の政策の基盤は，人口減少に歯止めをかけ，定住人口の維持・拡大を総合的な政策により推進することにあると言える。産業政策についても，総合的な政策のなかに位置づけて捉えることが有益であると考えられる（図Ⅵ-5）。そこで，この枠組みのなかで辰野町の産業政策について，現状を捉えつつ将来展望の観点から考えていきたい。

　まず，辰野町の総合計画と地方創生総合戦略を概観することによって，移住定住促進が辰野町の政策の根幹になっていることを確認する。

（図Ⅵ-6）辰野町第五次総合計画の構成

基本構想		
町の将来像とまちづくりの合い言葉を掲げ，実現するための施策の大綱を示す長期的なまちづくりの指針		
計画期間10年 2011年度～2020年度		
前期基本計画		後期基本計画
構想実現のための施策と主要な取組みを明らかにした中期的な計画		
計画期間5年 2011年度～2015年度		計画期間5年 2016年度～2020年度
実施計画	実施計画	実施計画
実施計画は計画期間3年で毎年見直し		

出典：辰野町『辰野町第五次総合計画』（2011年3月策定）より作成。

(2) 辰野町第五次総合計画

　辰野町の行政計画の根幹となるのは，『辰野町第五次総合計画』（2011年3月策定）である。この総合計画は，「基本構想」，「基本計画」及び「実施計画」から構成されている（図Ⅵ-6）。

　基本構想は，目指すまちの「将来像」を明確にし，それを実現するための「将来目標」，「政策」の基本的な考え方を示し，まちづくりを進めるうえでの指針となる「まちづくりの合い言葉」，「取組み目標」，17区ある行政区の「地域別取組み目標」を示した長期的なまちづくりの構想である。「基本構想」の計画期間は2011年度～2020年度の10年間である。しかし，少子高齢化の急速な進展や人口減少社会の本格化など，時代の大きな転換期を機会に基本構想の一部の見直しが行われた。

　現在の総合計画における「将来像」は，「ひとも まちも 自然も輝く 光と緑と ほたるの町 たつの」である。「将来目標」，「政策」の基本的な考え方は，「辰野らしさ」である自然，文化・歴史的環境，風景，社会資本，産業，雇用

の場，福祉，人のつながり等の様々な条件が，バランス良く整っている「まち」を目指し，恵まれた自然環境と共生しつつ，町民，地域，事業者（企業），団体等，行政が夫々の役割を認識し，協働によって取り組んでいくことである。また，まちづくりの合言葉は，「住み続けたい　帰りたい　住んでみたいまち　たつの」としている。

その中で，将来目標，取組み目標，地域別取組み目標を示している。将来目標としては，次の5点が示されている。①豊かな自然を守るまち（自然・環境保全），②健やかな笑顔あふれるまち（福祉・保健・医療），③安心・安全なまち（防災・防犯・都市基盤整備・移住定住），④仕事に活力と魅力があるまち（産業振興・雇用確保），⑤明日を担う人材と文化を育むまち（子育て・教育・生涯学習・文化）。産業振興・雇用確保が目標の柱の1つとして明確に位置づけられている。

取組み目標には，次の2点が示されている。①町民参画・協働のまちづくり（協働・コミュニティ・男女共同参画），②行財政改革の推進によるまちづくり（第六次行財政改革大綱）。また，地域別取組み目標としては，17の個性がきらめく地域づくりを掲げている。取組み目標を踏まえると，産業振興・雇用確保の将来目標の実現において求められることは，協働・コミュニティ・男女共同参画の枠組みのなかで実現していくこと，また，辰野町を構成する地域の個性を活かした産業振興であると言える。

「基本計画」は，基本構想で定めた「将来像」と「目標」，「政策」を具体化するために「施策」の基本方針，具体的な取組みを体系的に定めた中期的な計画である。計画期間は，基本構想の計画期間10年を前半5年と後半5年に分け，2011年度〜2015年度を前期，2016年度〜2020年度を後期としている。2016年度からの計画は，「辰野町第五次総合計画・後期基本計画」である。この計画では，後期の期間に重点的，集中的に取り組む「重点プロジェクト」を位置づけ，2014年度に17区で実施した「よりあい会議」で策定された「地域計画」を基本計画の中に位置づけている。

実施計画は，基本計画で定められた施策を実現するため，具体的な事務事業

や財源を明らかにした短期的な計画である。毎年度の予算編成及び実施事業の指針とするものである。計画期間は3年間とし，毎年見直しを行う。

第5節　辰野町まち・ひと・しごと創生総合戦略

(1) 策定の趣旨

『辰野町まち・ひと・しごと創生総合戦略』［第3版］（2017年3月）（以下，「総合戦略」という。）は，「まち・ひと・しごと創生法」（平成26年法律第136号）第4条に基づき，辰野町が実施する施策について定めた計画である。

その目的は，次のように謳われている。少子高齢化の進展に対応し，人口減少に歯止めをかけるとともに，地域の特性を生かした住み良い環境を確保して，町民にとっていつまでも住み続けたいまち，進学等で町外へ出ている若者達の帰りたいまちとして将来もあり続けるため，さらに，首都圏をはじめとする町外の人達にとっては，いつか住んでみたいまちを創るための施策を総合的かつ計画的に実施するものである。

(2) 辰野町第五次総合計画・その他の上位計画との関係

人口減少対策は，辰野町第五次総合計画・後期基本計画における重点課題であることから，総合戦略は同計画の下位計画（重点プロジェクトの1つ）と位置づけ，整合を図っている。すなわち，2019年2月1日現在，この計画は，「【辰野町第五次総合計画・後期基本計画 人口減少対策プロジェクト】辰野町まち・ひと・しごと創生総合戦略［第3版］〜住み続けたい 帰りたい 住んでみたいまちを目指して!〜」（2017年3月）として位置づけられている[6]。

「ひとも まちも 自然も輝く 光と緑と ほたるの町 たつの」の将来像に向けて，町民一人ひとりが心豊かに将来の夢を描くことができ，安全で安心・快適な生活を営める「まち」の実現を目指す計画である。実施期間については，人口減少対策は喫緊の課題であるため，後期基本計画の計画年度（2016〜2020年度）を前倒し，国の総合戦略とあわせた2015年度から2019年度の5年間で

各施策を展開する。

　また，国・長野県の総合戦略等との関係については，国が策定した『まち・ひと・しごと創生総合戦略』（2014年12月）や長野県が定める『長野県人口定着・確かな暮らし実現総合戦略』（2015年10月），上伊那地域の自治体でとりまとめた上伊那地域将来ビジョン，リニアバレー構想等と整合を図り，連携するなかで，辰野町における人口減少と地域経済の縮小の克服，まち・ひと・しごとの創生と好循環の確立を目指している。

（3）目標と産業政策

　総合戦略では，国・県の総合戦略と辰野町の人口ビジョンをふまえた4つの「基本目標」と，それぞれ5年間で実現すべき成果の「数値目標」を設定している。また，それぞれの基本目標と施策に「重要業績評価指標（KPI：Key Performance Indicators）」を設定し，事業の進捗や成果の目安としている。4つの「基本目標」は，次のとおりである。

【基本目標1】町にしごとをつくり，安心して働けるようにしよう！

【基本目標2】町への新しいひとの流れをつくろう！

【基本目標3】若いみんなの結婚・出産・子育ての夢を実現！

【基本目標4】いつまでも安心して暮らせる地域をつくろう！

　これら4つの「基本目標」は，移住定住促進という基本政策の実現のための戦略として捉えることができる。

（4）考察

　辰野町の政策を全体として見ると，移住定住の促進を目的とした総合的な取組みであることが大きな特色であり，産業政策もこれを実現するための重要な政策として位置付けられている。それは，『辰野町まち・ひと・しごと創生総合戦略』［第3版］（2017年3月）に掲げられた，基本目標「【基本目標1】町にしごとをつくり，安心して働けるようにしよう！」により具現化されている

と言える。

　地域産業の振興と雇用の創出は，基本目標1を達成するために最も大きな役割を担う。すなわち，辰野町において安定した生活を営むためには，その経済的な基盤となる雇用の場の確保が重要となる。逆に，基本目標1を実現するためには，基本目標2〜4を達成し，魅力のある生活を実現することが重要となる。すなわち，基本目標を総合的に達成することにより，地域産業の振興と雇用の創出も達成される。そのために辰野町が取り組んでいる主な政策を，次節以降で概観する。

第6節　地域経済振興と雇用創出のための主要政策

　地域経済の振興と雇用の創出のために，辰野町は次のような注目すべき政策に取り組んでいる。

（1）雇用促進政策

　辰野町では，町内での就業拡大を，町内の事業所で働くことの魅力を伝えたり体験してもらうことを通して実現しようとする独自の政策により進めている。この取組みは，必ずしも全ての政策が直接に雇用促進を目的としたものとは言えないが，中長期的に見て辰野町で働くことへの魅力を高め，雇用促進に繋がっていると言える。そのことが，辰野町の産業政策を強く特徴づけている。以下，雇用促進に貢献する辰野町の政策を見ていく。

1）辰野町求人・インターンシップ情報サイトの運用

　辰野町は，求人・インターンシップ情報サイト「たつのシゴト」を運用している。このサイトの注目すべき特色は，単に事業者のプロフィールや業務内容を紹介するに留まらず，経営者の想いや従業員の生の声などが伝わる記事を掲載して，仕事の面白さが伝わるサイトを目指して運営されている点にある。求人やインターンシップの有無の情報も併記されている。すなわち，町内の事業

者情報を，業務拡大という視点からだけでなく，働く者の立場に立ち，生き甲斐を持って働ける職場の紹介という視点から，働く場を求める人々にアピールするものになっている点が注目される。

　さらに，辰野町で実施しているインターンシップ支援のための事業についての情報も掲載している。インターンシップは，働く場を求めている人々に，辰野町で働くことの良さを，実体験を通して実感してもらえる効果がある。それにより辰野町で働く人々の増加が期待される。行政が地域の事業者の振興を，インターンシップの促進という側面から積極的に支援する取組みは，他にあまり見られない事例である。

2）インターンシップ支援事業

　前項で述べたように，辰野町役場は町内の事業者が実施するインターンシップを積極的に支援している。具体的には，実践型と体験型に類型化された事業を実施している（表Ⅵ-3）。実践型は1ヶ月〜6ヶ月の長期，体験型は2日〜5日の短期である。

　事業者の目的を見ると，長期の実践型は「経営革新・事業組織の発展」と事業者の経営に若者の創造的な発想を役立てる意図が読み取れるのに対し，短期の体験型は「採用活動の一環・社会貢献」と短期的な効果を期待していると言える。実践型には，辰野町の設定した目的も重要であるが，体験型の目的である「採用活動の一環」も重要な目的として包含していると考えられる。長期間，辰野町の事業者のもとで働くことにより，働く場としての良さ，さらにインターンシップの期間中に地域の人々，まち，文化，食，自然に接する機会を多く持つことができ，辰野町への愛着を涵養できる効果も期待される。

　また，事業者と学生の相対の関係で直接にインターンシップを実施するという仕組みではなく，辰野町という公共主体が仲介することにより，目的や内容などが十分に吟味され整ったものとなること，学生からも事業者からもインターンシップ事業への信頼度が高まり，両者ともに安心して事業に参加することができるという効果が期待される。さらに，公共政策として位置付けること

（表Ⅵ-3）辰野町 実践型インターンシップと体験型インターンシップの概要

実践型インターンシップ	分類	体験型インターンシップ
経営革新・事業組織の発展	事業者の目的	採用活動の一環・社会貢献
大学・大学院・短期大学・専修学校・高等専門学校	対象	大学・大学院・短期大学・専修学校・高等専門学校
プロジェクトの成功・特定の役割の遂行	学生への期待	貪欲な学習意欲・学生ならではの意見
期間限定の正社員・経営者の右腕	事業者内の位置付け	研修生
1ヶ月から6ヶ月	期間	2日から5日
起業家的な思考・行動特性　問題発見・解決能力の獲得	人材育成目標	職業意識の醸成　仕事への理解
受入開始前に事業者から辰野町へ	事業者の登録	受入開始前に事業者から辰野町へ
時期・内容等を事業者と学生で協議	事業実施の協議	時期・内容等を事業者と学生で協議
学生から辰野町へ	インターンシップ申込み	学生から辰野町へ
事業者から学生へ（毎月）実践型インターンシップ活動支援金を支給	インターンシップ活動支援金	不支給
辰野町から事業者へ（1ヶ月1人当たり上限100,000円）実践型インターンシップ活動支援金の支給を補助	補助金	辰野町から事業者へ（1日1人当たり5,000円・障がい者6,000円）
事業者は，事故及び傷害等の保険に加入	災害補償等	事業者は，事故及び傷害等の保険に加入
事業者からの辰野町へ	事業実施の報告	事業者から辰野町へ

出典：辰野町（http://www.town.tatsuno.nagano.jp/koyojoho.html，2019年1月13日取得）より作成。

により，事業者に対して補助金を給付することが可能となり，事業の促進効果が高まる。実践型ではそれを基に，事業者から学生に対して活動支援金を給付できることから，学生自身も経済的負担が軽減され参加が容易になる。

　また，この事業を町と連携して実際に運営しているのが，「地域活性化」を活動目的とする地元の民間団体「株式会社TUG BOAT」（以下，「TUG

BOAT」とする。以前は，法人形態が一般社団法人であった。）であることも
注目される。この団体の活動については，後に詳しく採り上げる。また，イン
ターンシップを受け入れるのは地元の事業者であることから，地域の民間団体
の参加のもと連携して実施することによる意義は大きい。

3）辰野町無料職業紹介所

　辰野町役場では，求人・インターンシップ情報サイト「たつのしごと」やハ
ローワーク求人情報を活用した職業紹介を行っている。また，内職の求人情報
も取り扱っており，内職の求人を出したい事業者からの情報も随時募集してい
る[7]。

　情報発信だけでなく，実際に求人側と求職側を橋渡しすることは実践的な取
組みであり，事業実績が期待できる。

（2）商業地域の活性化政策

　商業地域の活性化のための空き店舗対策として注目されるのが，「休眠不動
産見学会・相談会／たつの暮らし相談所」と「空き店舗等対策事業補助金」で
ある。以下，その内容について概観する。

1）休眠不動産見学会・相談会

　「休眠不動産見学会・相談会」[8]は，まちあるきをしながら辰野町にある空
き家・空き店舗から，内部見学可能なものをピックアップし見学するイベント
である。この事業は，「たつの暮らし相談所」（辰野町役場まちづくり政策課
内）が実施しており，辰野町集落支援員のA氏が主要な役割を担ってきた。A
氏は辰野町の出身であり，一級建築士事務所の代表を務めている。宅地建物取
引士の試験の合格者であり，建物の所有者と使用者のマッチングを仲介するた
めの専門知識を保持している。

　この事業は2018年度まで，長野県の信州まちなかリノベーション推進事業，
商店街やその周辺地域の空き店舗等の魅力を発掘し，活用に向けた地域の取組

みを支援する「『信州で始めるあなたのお店』応援事業」にも位置づけられてきた[9]。これは，商店街やその周辺地域の空き店舗等の潜在的な魅力を掘り起こすとともに，出店希望者と商店街や空き店舗等所有者等とのマッチングを行うため，空き店舗等の見学会や活用についての意見交換等のイベントを実施し，その結果，実際に出店した者に対し，県が市町村を通じて助成することにより商店街の活性化や空き店舗対策等の取組みを支援するものである。

辰野町における「休眠不動産見学会・相談会」の事業趣旨は，この地域の空き家・空き店舗の存在状況，状態や雰囲気を歴史や風景も含めて感じてもらうことにある。辰野町に興味がある，住みたい，店舗を開きたいと希望する人々を参加者として期待している。2017年から2ヶ月に1回の定期イベントとして開催されてきた。見学会とその後引き続き実施される相談会の参加費は，無料とされてきた[10]。この取組みは，事業の実施を民間出身のA氏が担っていること，また商店街の再生の主役を空き家・空き店舗で事業を実施する民間事業者に求めていることが注目される。

2) 空き店舗等対策事業補助金

空き店舗等対策事業補助金は辰野町の商業地域の活力と賑わいを創出し，活性化を図るため，商業地域の空き店舗，空き家，空き倉庫（以下「空き店舗等」という。）を活用して行う事業に対して，その改修費及び賃借料の一部を予算の範囲内で補助を行う制度である。以下，「辰野町商業地域空き店舗等対策事補助金交付要綱」（平成27年，告示第27号）に基づき，当該制度の主要な骨子を確認する。

「空き店舗等」とは，3ヶ月以上，店舗，事務所又は住宅として使用されていない建物又は空間をいう。補助金の交付対象となる者（以下「補助対象者」という。）は，次に掲げる要件を満たす者とする。(a) 空き店舗等の賃貸借契約又は売買契約を締結した者，(b) 商店街等の関係者や地域住民と連携，協調して事業を行う意思がある者，(c) 出店について，辰野町商工会の推薦を受けた者，(d) 営業に関し許可又は認可を必要とする場合において，これを得

ている，若しくは得る見込みがある者。なお，年度内に事業が完了（開店）すること，2年以上継続して営業することが見込まれることが要件となっている。

　補助金交付対象となる経費及び額は，次のとおりである。

（a）空き店舗等の改修費：補助対象物件の新築，増築，改築，改修又は模様替え工事（町内事業者による工事に限る。）にかかる経費で，当該経費の2分の1以内の額（設計監理委託料，事務用機器，調理器具，器物等備品は含まない。）とし，限度額は30万円とする。

（b）空き店舗等の賃借料：補助対象物件の賃借料で，事業を開始してから12月までの当該経費の2分の1以内の額（敷金，礼金，駐車場代，光熱水費，共益等は含まない。また，空き家を店舗として利用する場合，住居部分の賃借料は対象外とする。）とし，限度額は1月2万5千円とする。

3）考察

　商店街の再生には，事業者や市民の自立的で継続的な取組みが不可欠である。休眠不動産見学会・相談会は，公的な施策をベースとして，民間の個人や事業者が主体的に事業に取り組むフレームの事業として注目される。

　また，空き店舗等対策事業補助金は，空き店舗等を活用して出店しようとする者の初期投資への負担を軽減し出店を促進する効果のある制度であると言える。ただし，事業者の自立促進が重要であることから，この補助金制度の適用を先行させるのではなく，休眠不動産見学会・相談会を円滑に進めるための補助的な支援制度として捉えるべきであろう。

（3）空き家バンクの活用による移住定住促進

　「空き家バンク制度」は空き家を移住定住促進のために有効活用し，地域活性化を図ることを目的としている。「売ってもよい・貸してもよい」という空き家の持ち主に，「買いたい・借りたい」という人を紹介するものである。この制度は移住定住促進を主たる目的としており，事業者の出店促進を主たる目的とする制度ではないが，商店街以外の地域において民宿や古民家レストラン

などの用途に活用することも可能であり，地域経済活性化のために有効活用できる制度である。そこで以下，その制度内容を確認する。

1）空き家バンク制度の全体構成

『辰野町空き家バンク実施要綱』（平成26年10月6日，告示第26号）によると，制度の主要な構成は次のとおりである。

制度の趣旨は，辰野町における空き家の有効活用を通して，辰野町民と都市住民の交流拡大及び定住促進による地域の活性化を図ることにある。ここで「空き家」とは，町内に存在する個人の居住を目的として建築され，現に居住していない（近く居住しなくなる予定のものを含む。）住宅及びその敷地である。「空き家バンク」は，空き家の売却又は賃貸を希望する所有者等から申込みを受けて登録した情報を，町内への移住及び定住等を目的として空き家の利用を希望する者（利用希望者）に対して提供する仕組みである。ただし，この制度は他の方法による取引を妨げるものではない（図Ⅵ-7）。

手続きの流れは概ね次のようになる。

(a) 空き家バンクへの登録を申し込む所有者等は，辰野町空き家バンク登録申込書に辰野町空き家バンク登録カードを添えて町長に提出し，町長はこの制度に適していると判断した場合，辰野町空き家バンク登録台帳（登録台帳）に登録し，申込者に通知する。なお，町長は，登録をしていない空き家で，空き家バンクによることが適当であると認めるものは，その所有者等に対して，制度による登録を勧めることができる。

(b) 空き家バンクに登録した空き家については，辰野町公式ホームページへの掲載，閲覧その他の方法により空き家に関する情報を公表する。

(c) 空き家バンクに登録した空き家の利用希望者は，辰野町空き家バンク利用申込書及び誓約書を町長に提出する。利用者として認められるものの要件は，次のとおりである。

① 空き家に定住し，又は定期的に滞在して，経済，教育，文化，芸術活動等を行うことにより，地域の活性化に寄与できる者。

（図Ⅵ-7）辰野町の空き家バンク制度

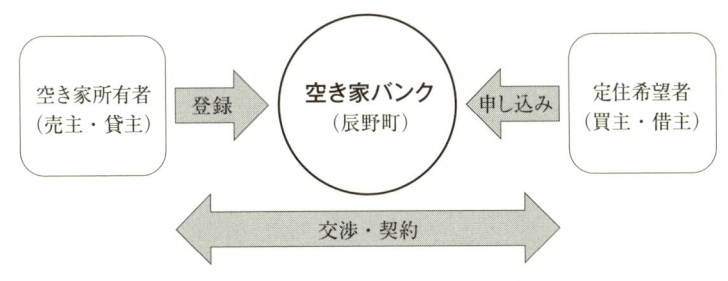

出典：「信州辰野　移住・定住応援サイト　たつの暮らし」（http://www.tatsuno-life.jp/#3，2019年1月13日取得）より作成。

② 空き家に定住し，又は定期的に滞在して，辰野町の自然環境，生活文化等に対する理解を深め，地域住民と協調して生活できる者。

③ その他町長が適当と認める者。

(d) 空き家の利用希望者が要件を満たすものと町長が認めたときは，辰野町空き家バンク利用登録簿（利用登録簿）に登録し，当該申込みをした者に通知する。

(e) 利用登録簿に登録を行った場合，町長は当該登録に係る空き家の登録者にその旨を通知する。当該空き家の登録者の代理又は媒介を行う者があるときは，その者に対しても同様とする。

(f) (e) の通知を受けた登録者又は登録者の代理若しくは媒介を行う者は，遅滞なく当該利用希望者へ回答し，町長へその回答内容を報告する。

なお，町長は，空き家の登録者と利用希望者との空き家に関する交渉及び売買契約並びに賃貸借等の契約については，直接これに関与しない。

2) 空き家バンク制度の利用促進のための補助制度

辰野町は，『辰野町定住促進空き家改修費等補助金交付要綱』（平成26年12月1日，告示第28号）に基づき，空き家バンク制度の利用促進のために補助制度を運用している。その主な内容は次のとおりである。

空き家バンク物件の改修（対象経費の1/2以内，30万円を限度），家財道具等の処分運搬費（対象経費の1/2以内，15万円を限度）などについて，予算の範囲内で補助が受けられる。補助対象者は，辰野町空き家バンクを利用して空き家を購入または賃貸借契約をした者，空き家を所有または管理している者である。

3）空き家バンク制度の活用事例

辰野町における空き家バンク制度による古民家活用事例として，次のような事例がある。

● ゲストハウス アトリエ和音[11]（写真Ⅵ-5）

・コンセプト：Art【あらゆる芸術】×Community【地元民とのつながり】×Agriculture【農の暮らし】をテーマに，私達（経営者）の暮らしの中へ迎える。自然豊かでのどかな田舎，アットホームな宿を楽しむ。

Art【あらゆる芸術】：一歩足を踏み入れたその場から広がるクリエイティブな空間。建物全体がアートの世界。

Community【地元民とのつながり】：川島地区。地域行事や学校行事も盛り上げる元気なおじいちゃん，おばあちゃん達。若者や子育て世代など。仲間を募集中。

Agriculture【農の暮らし】：作って食べるを楽しむ暮らし。自然に寄り添い，身体に入るものを選ぶ。無農薬，無化学肥料で栽培。

・サービス：宿泊（素泊まり，風呂），食事（フリーキッチン スタイル），その他（レンタルスペースとしても使用可）

● 農民家ふぇ あずかぽ（畑のランチ＆天然酵母パン・焼き菓子のお店）[12]（写真Ⅵ-6）

・コンセプト：野菜を中心にしたメニューで，安心して楽しく食べられる。無農薬・有機栽培の米や野菜，豆，穀類。酵母が生きていてお腹に良い醤油や味噌。残留農薬の心配がない，長野県産の小麦粉。輸入の際に消毒されない，特別なコーヒー豆など。身体に優しい材料を使っているから，作

（写真Ⅵ-5） ゲストハウス アトリエ和音

出典：2019年8月22日筆者撮影。

（写真Ⅵ-6） 農民家ふぇ あずかぽ

出典：2018年8月23日筆者撮影。

る人も安心して提供できる。
- メニュー：（店で楽しんでもらうもの）ランチプレート，こだわり豆の
  コーヒー，無農薬紅茶，自家製ジュース各種，今日のおやつ。（テイクア
  ウトできるもの）天然酵母パン，ピザ，米粉ワッフル，クッキー各種。

4）考察

　空き家バンク制度は近年，全国各地で多くの自治体が設置・運営している。しかし，この制度を有効性の高いものにするためには，空き家の提供者と利用者の双方に，地域の諸主体との連携・協働による地域活性化への貢献の意志が求められる。それにより，空き家利用者も満足が得られる。

　その実現のため自治体には，地域協働の意志を持った，空き家の提供者と利用者の間の適切なマッチングを図ることや，入居時や事業立ち上げ時期における経済的負担の軽減措置，地域住民との協働促進（住民参加によるDIYイベント（本章第7節の（2）を参照）の実施など）が求められる。

　また，古民家をリノベーションして事業を起す事例も確認した。このような空き家の活用事例が拡がることにより，地域の経済活動の拠点が増えて地域経済の発展に貢献すると共に，地域魅力の発信拠点の創出にもなり，辰野町の地域ブランドの創出や増進に貢献し，観光資源としても貴重な存在となる。空き家バンク制度には，地域経済の活性化への大きな貢献が期待される。

（4）交流人口拡大政策：合宿等補助金制度

1）制度概要 [13]

　辰野町が現在運用している合宿等補助金制度の概要は，次のとおりである。

（a）目的：滞在型観光客を誘致し交流人口を拡大することによって，地域の活性化と観光産業の振興，移住定住の推進を図ること。

（b）対象団体：辰野町外にある大学，高等学校，中学校，小学校および社会人で構成する団体とする。

（c）対象要件：辰野町内の宿泊施設に宿泊して行う合宿・体験教育・研修活動で，1回の延べ人数が20人以上である場合とする。

（d）補助金額：補助金は，①宿泊費＋②地域交流費の合計額とする。

　① 宿泊費（1回につき20万円を限度とする。）

　　　4月から11月までに行う合宿等の場合：延べ人数×500円

　　　12月から3月までに行う合宿等の場合：延べ人数×1,000円

②　地域交流費（1合宿につき5万円を限度とする。）

・対象要件：辰野町の自然，歴史，文化等に関する有料観光施設の利用・見学農林漁業体験，地域との交流

・参加人数×500円

2) 制度創設の契機[14]

2013年8月に，「高速乗合バス及び貸切バスの交替運転者の配置基準」が定められた。この基準により運転距離や時間の制限がなされたことから，観光来訪者の減少が危惧された。こうした状況の中で，他県に合宿等補助金制度があることを知り，辰野町で独自の制度として創設した。

辰野町は，春の桜，初夏のほたる，夏の渓谷やしだれ栗，スポーツ合宿など春から秋にかけて宿泊はあるが，冬期間の観光が乏しいため，宿泊者数も少ない状況であった。以前から，合宿は荒神山公園で多く行われていた。荒神山公園は，スポーツ公園として，さまざまな施設があり合宿には好適である。その地の利を生かし，補助金でさらに合宿の町を強化することとした。

宿泊施設からも補助金創設の声があり，補助金制度創設に動き出した。1宿泊1人500円を基本とし，宿泊が少ない12月〜3月の冬期間の補助額を1宿泊1人1,000円とした。また，その他の有料施設利用や町内者との交流を促すために，地域交流費の加算も盛り込んだ（表Ⅵ-4）。

（表Ⅵ-4）辰野町合宿等補助金年度別実績

年　度	予算額（円）	実績額（円）	団体数	延べ宿泊者数
2015年度	800,000	656,500	9	623
2016年度	3,000,000	2,476,500	52	3,998
2017年度	3,000,000	2,754,500	57	4,265

（注）2015年度の予算額は補正予算である。
出典：辰野町資料（2018年8月22日取得）より作成。

補助金制度導入後の現状は，合宿補助金制度の導入により，特に12月〜3月の宿泊者数が約1,000人増となった。また，スポーツだけでなく，吹奏楽な

ど文科系合宿も多く行われるようにもなった。

3）考察

　本補助金制度は，町内の宿泊施設その他の有料施設の活用促進をはじめ，観光振興に貢献が期待されることから，一層の有効活用が求められる。

　スポーツ活動・部活動などの利用により来訪者の数を増やすことは重要であるが，合わせて，歴史や文化，産業など辰野町の個性や人について深く知りたい，継続的に交流を拡大したいという団体の誘致拡大を図っていく必要もあるだろう。具体的には，大学の地域研究や体験学習を目的としたゼミ活動，小中高校生の地域学習や体験学習を目的とした活動の受入れ拡大などである。そのための戦略的な施策展開が求められる。

第7節　市民や事業者との協働による地域経済の活性化事業

　市民や事業者との協働による地域経済の活性化事業は，その成果が市民や事業者の納得のできる形で当事者や地域に還元される。内発的で持続的な発展を得るための，本質的に重要な取組みと言える。辰野町では，行政と市民や事業者との協働により事業が展開されている。

　主な事業として，一つは，地域活性化のための辰野町の施設である「信州フューチャーセンター」を拠点とし，市民が主体となり地域活性化を目的として活動する「一般社団法人TUG BOAT」（現在は「株式会社TUG BOAT」に形態が変更されている。)[15]を中心に展開されてきた事業，もう一つは，地域おこし協力隊（移住・定住促進担当）と集落支援員の活躍により展開されてきた事業が挙げられる。以下，この2つの事業の内容を確認し，その意義について考えたい。

（1）地域活性化の拠点を活用した市民協働の産業振興

　「信州フューチャーセンター」の役割について確認する[16]。信州フュー

チャーセンターは，市民が集い，町の未来について話し合う場である。町が抱える課題について，市民・行政・企業など様々な立場の人々が対話を繰り返し，解決のためのアクションをここから踏み出していく。「人が集い，つながり，新しいなにかが生まれる場」としている。信州フューチャーセンターは，フューチャーセッション（話し合いの場）のためのスペースだけでなく，町民のためのコワーキングスペースや，カフェ，貸し会議室を備えている[17]。

1）提供サービス

① フューチャーセッション：地域の課題解決のために特別なトレーニングを受けたファシリテーターのプロがセッション（ワークショップ）を開く。ここで扱う課題は，「地区の祭りを盛り上げたい」，「空き家を有効利用したい」といった地区レベルの比較的小さなものから，「辰野町の産業を活性化させたい」，「人口流失に歯止めをかけたい」というような町全体の大規模なものまで，多岐にわたる。

② コワーキングの支援：勉強，仕事，読書，談笑など，誰もが自由に取り組むことができる。イベントや会議も行える。また，常設で簡単な【てしごと】を体験できる。

③ マルシェ：農作物，地域の特産品，お土産など様々な品物を販売するマルシェを開催する。辰野町を盛り上げる新たな町内イベントを目指す。

2）施設

信州フューチャーセンターは，次のような施設を備えている。

① イノベーションスペース：最大40名が利用可能。談話・イベントに利用することができ，飲食も可能である（ケータリングサービス有り）。ワークショップ，勉強会の開催にも利用できる。

② コワーキングスペース：最大10名の同時利用が可能である。オフィスワークに必要な設備を完備し，コワーキングスペースとして利用できるフリーアドレス型のワークスペースを備えている。また，レイアウト変更が

185

可能な大型のテーブルや椅子，電源コンセント，Wi-Fi，複合機を完備している。

③ カフェスペース：コーヒー，地元店舗の手作り商品などを提供しており，新聞・雑誌などを閲覧できる。

3）施設の利用条件

次のとおりとなっている。

【営業時間】

平日11：00〜16：00，土曜日10：00〜15：00（イベントの有無により変更），定休日：日曜・祝日・月曜

【入会金】

初回のみ1,000円（税込）（会員カード作成）

【コワーキングスペース利用料】

<会　員>1時間まで無料，延長料金300円（税込）/時間

<非会員>1時間300円（税込），延長料金300円（税込）/時間

　※利用は営業時間に限る。

　※イノベーションスペースの貸切は予約が必要である。

【提供オフィスサービス】

<無料>無線LAN/シュレッダー/プロジェクター/スクリーン/PC（デスクトップ）/ホワイトボード/ペーパーカッター/カットシート/穴あけパンチ/カッター/はさみ/ホッチキス/ラミネート

<有料>コピー/プリント/ラミネート加工

4）運営チーム

信州フューチャーセンターは辰野町の保有施設であり，その運営は，TUG BOATが指定管理者として担っている。TUG BOATの名前の由来は，大きな船を引っ張り，目的地まで先導する小さな船である「TUG BOAT」である。TUG BOATは決して主役ではなく，主役である大船が航路に入るまでのエス

コートをするのがその役目である。辰野町のTUG BOATも「地域」という「主役」がより良い方向に進んでいくためのサポートをできればという思いを込めて命名された。すなわち，「地域おこしを先導する，小さくて大きな会社」という意味である。代表理事は，辰野町で80年以上の歴史を誇る新聞配達店を営む実業家A氏である（現在は株式会社に形態変更している）。

「地域自治や地域活性化のために市民の活力を生かした強いコミュニティづくりが喫緊の課題」になっているとの認識のもと，A氏とそのメンバーは「この町の人々のつながりをもう一度つなぎ合わせ，コミュニティ力の強い，「自立した地域の出現」のために信州フューチャーセンターを立ち上げたとしている。

また，「お年寄りの見回りボランティア，全国から100店のクラフトショップを呼び寄せてのクラフトフェア，町内の地域課題を把握するために全17地区で開催した住民参加型の「よりあい会議」など，様々な地域貢献に取り組んでいく中で次第に一つ一つの活動がつながってゆき，「町おこしプラットフォーム」，信州フューチャーセンターが出来上がっていった」という。その事業領域は「地域活性化」であり，以下2つの事業に取り組んでいる。

(a) まちおこし，まちづくりに関わるステークホルダーが一同に集い，企み，まちをより良くしていくアクションを生むための「町おこしプラットフォーム」である「信州フューチャーセンター」の立ち上げと運営。

(b) まちおこしに欠かせない地域経済の活性化のために，地域内での新規ビジネス立ち上げや，中小企業の経営革新をサポートする「たつBiz」の創設。

地域活性化の拠点＝信州フューチャーセンターを立ち上げて町おこしアクションを推し進めつつ，「たつBiz」で地域経済も元気にするという，両面から地域活性化を目指している。

(2) 地域おこし協力隊 (移住・定住促進担当) と集落支援員の活躍

市民参加を基盤とした移住定住促進のための地域経済活性化方策としては，

先に言及したインターンシップの受入れや休眠不動産見学会・相談会などが挙げられる。これらの事業は辰野町の産業政策（まちづくり政策でもある）として展開されているが，その重要な担い手は民間出身の集落支援員や，民間出身者が中心となって運営されている公的団体である。その活動の共通点は，地域の事業者と協働し，民間人材の主体的な取組みの掘り起こしと協働を目指すことである。その意味において，これらの取組みは市民協働の産業政策として捉えることができよう。

　これに加えて本章では，辰野町役場において移住定住促進事業に積極的に取り組んできた，地域おこし協力隊（移住・定住促進担当）の活動に注目して見ていきたい。

　移住定住促進を担当してきたＴ氏による『地域おこし協力隊（移住・定住促進担当）活動（2016年4月〜2018年3月）』（2018年8月23日のヒアリングにおいて取得）によると，同氏は集落支援員とも連携し，辰野町役場において次のような注目すべき事業に取り組んできた。

1）『空き家DIYイベント』
　〔主催〕辰野町移住定住促進協議会（事務局：辰野町役場まちづくり政策課
　　　　　地方創生係）
　〔趣旨〕自分達で出来る事は自分達で行う。
　〔狙い〕DIYのメリット：費用が抑えられる，自分好みにできる。店舗オープン前から地元の人達との関係づくりができる。オープン後は地元の人が応援してくれる。
　信州辰野町移住・定住応援サイト『たつの暮らし』[18] によると，「第1回空き家DIYイベント」の実施内容は以下のとおりである。
　【開催日】2016年10月8日〜10日
　【テーマ】「あける屋隊×あずかほpresentsカフェをOPENさせよう！①」
　　　・初日（10月8日）：残された家財の運び出し，仕分け，解体がメイン。
　　　・2日目（10月9日）：前日の片付けに続き畳を搬出し，必要な部材を取

り出すために解体。2階窓を外し，周辺の土壁を撤去（職人による作業）。建具も外し一時避難させた。

・3日目（10月10日）：解体作業に入った。まずはこの二日間で大量に出た処分品をそれぞれの処分場に運び込み，宅内をすっきりと片付ける。その後，内壁の仕上げ（砂壁）をヘラで擦り落とし，壁の下地を出した。それ以外は不要な壁・収納をハンマー等で解体した。

2）『空き家トレジャーハント』ツアー

〔趣旨〕空き家で自分だけのお宝を発見し入手する。

〔狙い〕（参加者側）空き家の現状を知ってもらえる。空き家に愛着を持ってもらう。

（所有者側）空き家の片付けが進む。オーナーの意識が変わる。

信州辰野町移住・定住応援サイト『たつの暮らし』[19]によると，「第1回空き家トレジャーハント・ツアー＋5R」[20]の実施内容（案内時点）は以下のとおりである。

《ツアー内容》町内の空き家に残された家具，小道具等を仕分け・片付けしながら探索。お宝を発見次第，その場で空き家持主と直接相談（金額交渉も含む）（1泊2日のトレジャーハント旅）。

【開催日】2016年7月30日（土）・31日（日）

【集合・解散】辰野町役場，30日（土）10：00集合/31日（日）13：00解散。

【定　員】10名まで

【参加費】大人3,000円/人＋宿泊費（5,000円〜10,000円程度）
費用内訳：参加記念シャツ（2,200円），初日風呂代（500円），イベント保険（200円），車ガソリン代（100円）

※宿泊場所は町内旅館，宿泊施設，農家民泊を予定（各自で予約）。

【持ち物】汚れても良い服装，汚れても良い室内履き（スリッパ），マスク，軍手，タオル，虫除けスプレー等，入浴道具一式，宿泊道具一式

【タイムスケジュール】

※予定の為，変更になる可能性がある。
  ・1日目 10：00〜辰野町役場集合，移動，トレジャーハント/12：00〜昼
    食（町内飲食店予定)/13：00〜トレジャーハント/15：00〜町内温泉施
    設/16：00〜宿泊場所到着（農家民泊の場合は野菜の収穫体験などあり）
  ・2日目 10：00〜トレジャーハント/13：00〜辰野町役場解散

　上記の2つの事業のほかにも，ほたる祭りを様々な人が関われる，気軽に参
加しやすい祭りにするための『竹あかり＠ほたる祭り』，移住者，先輩移住者，
地元の人達が自由に参加し不定期開催される『みんなの交流会』，家庭菜園で
可能な作業で自給自足を目的とする自然農法での農園について，移住者・地元
の人を問わず，誰でも参加可能で互いに情報交換し，農園での作業を通しコ
ミュニケーションを取り合う，また収穫した野菜でバーベキューや味噌つくり
も行う『みんなの農園交流会』の開催などの事業も実施している。

　上記の事業はいずれも，移住定住促進に効果の高いものであるが，市民協働
の観点から特に注目されるのは，1）の『空き家DIYイベント』である。通常，
空き家のリニューアルには多額の経費が必要になることが，空き家の所有者に
は，貸し出しするに当たっての障壁になっていた。またリニューアルの経費が
借り手に転嫁されると賃料が高額となり，借り手には借入における障壁とな
る。DIY方式を採れば，貸し手と借り手の双方の障壁を低くできる。『空き家
DIYイベント』は，そのDIYの担い手を，移住定住の促進に賛同する市民ボ
ランティアに求める取組みである。
　また，2）の『空き家トレジャーハント』ツアーは，空き家の価値への認識
を，外部の人々と所有者の両方に高めてもらう意味において，注目すべき取組
みである。直接的な即時効果が得られる取組みとは言えないが，空き家の有効
活用を促進するためには，空き家の価値への認識を高めてもらうことが中長期
的な観点から重要である。逆に，補助金の導入などの一般的な政策だけでは空
き家の活用促進には限界があり，人々の意識を変えることが，時間を要しても

結果的には高い政策効果につながると考えられる。

　空き家の活用を促進するためには，そのための事業の早い段階から，空き家の活用者，市民を含む一般の人々，そして空き家オーナーの自主的な参加を得た協働の取組みが重要となる。それにより，意識変革を伴う効果を得ることができれば，空き家対策は真の自律的まちづくりに繋がるものと期待される。

　地方において少子高齢化と過疎化に歯止めをかけるためには，大都市圏からの移住定住の促進や町民の定着度の向上を基盤とする，地域コミュニティや地域経済の活性化が重要となる。

第8節　連携・協働の担い手へのヒアリング調査

　市民参加に根ざした地域協働の産業政策に取り組んでいる辰野町の現状と課題，将来可能性をより深く捉えるため，その重要な担い手である民間の事業者，民間の感性と実行力を持って行政の内部で活躍する地域おこし協力隊と集落支援員，そして政策の中心的な担い手としての辰野町役場へのヒアリング調査を実施した。本節では，ヒアリング調査により得られた現状認識や知見について確認し，市民参加に根ざした地域協働・連携の産業政策のあり方について検討する。

(1) 事業者：株式会社 TUG BOAT

　辰野町の地域協働の産業政策において，辰野町の重要なパートナーとなって活動している，民間事業者である TUG BOAT にヒアリング調査を実施した。

1) ヒアリング調査の相手方・実施日・場所
　【相手方】株式会社 TUG BOAT　代表取締役　A氏
　　　　　　新聞販売業K社（株式会社 TUG BOAT の主要な活動母体）
　　　　　　代表取締役B氏
　【実施日】2019年3月6日

【場　所】信州フューチャーセンター

2）ヒアリング調査の結果（要旨）

　公民の連携と役割分担のあり方についての考え方，事業の進捗状況と将来に向けた課題を中心に，ヒアリング調査を実施した。その結果は次のとおりである。なお，AとBの両氏が相互補完的に発言されたので，両氏の発言内容は分離せず，総合的に要旨を整理した。

　（a）まちづくり事業における行政（辰野町役場）との連携の理由

　株式会社TUG BOATの由来は，創業以来92年の新聞販売店K社（辰野町内に所在）にある。また従来は社団法人であったが，株式会社に形態を変えた（2019年1月）。辰野町が所有する公共の宿「かやぶきの館」の運営も，辰野町役場（以下，「町役場」とする。）の指定管理者として，2019年度から運営することになり，そのためにも株式会社は適していると考える。

　まちづくりに関する町役場との連携は，町役場から事業を委託されたことにより始めたわけではない。新聞販売店K社が主体となり，20年ほど前から独自に，まちづくりに関する様々なイベントを実施してきた。当初は顧客サービスのために実施していたが，次第に顧客の方から助力を申し出てもらえるようになった。その状況を踏まえ，顧客には自社のためではなく，まち全体のために活動してもらった方が良いという考えに方向転換をした。

　新聞販売店K社の事業活動地域は辰野町内であり，地域の人達に新聞を愛読してもらうことによる地域密着型の企業として活動してきた。しかし，紙媒体の新聞への需要が厳しくなっていくことが予想される状況を踏まえ，5～6年前から将来の事業形態について検討を始めた。議論を重ねた結果，原点に戻り，地域の顧客に育んでもらったことを忘れないことが重要であると確認した。そして，自分達の事業が成り立つと共に，地域が元気になる取組みを探した。それが町役場の目指す方向と一致したため，町役場との連携を進めていった。

地域課題には，地域の企業が愛着と責任を持って取り組むことが望ましい。企業にしかできない強み，行政にしかできない強みがある。両者は，程よい距離感を持ちつつ連携することが大事である。そこに，20年前からのまちづくりイベントに関する独自の取組みが役立った。

町役場との連携の直接のきっかけは，町役場が第5次総合計画を策定する際に地域でワークショップがあり，ファシリテーターとしてその進行に協力したことにある。町役場も目標が共通であると認識し，連携を申し出てくれた。この点については，町役場の担当者も次のように評価している（筆者による町役場担当者へのヒアリング）。地域でのワークショップにおいてファシリテーターを導入するという方法を，行政は従来とってこなかったし，それをできる人材がいなかったので，地域のことに理解のある人に取り組んでもらえて良かった。それを契機に，町役場の中の意思決定においてもワークショップの方法が使われるようになった。

地域活性化拠点である信州フューチャーセンターが完成し，TUG BOATが指定管理者として運営を始めた際にも，既に連携して活動していた地域の人々の存在があったことから，円滑に事業が進んだ。通常は，施設を作ってから事業を始めるのだが，連携活動が先行しており，その活動の拠点が信州フューチャーセンターになったと言える。

（b）収益性と公益性の共存・両立のあり方についての考え方

最近の10年前後は，自らの事業を新聞販売業ではなく，「地域課題支援業」として捉えている。新聞販売店としてのみ捉えていたときには，顧客と新聞販売店K社との関係であったが，地域課題支援業と捉えると仲間同志という関係になった。そのように意識が変わるには，かなり時間を要したが，仲間同志になることにより信頼関係が生まれた。新聞販売店K社の発展のためだけであれば顧客は協力してくれないが，地域課題支援には皆が共感をもって協力してくれる。地域課題支援業に一貫して取り組むことにより，事業としても成立していく。個々の事業については，次のとおりである。

① 信州フューチャーセンターの運営

　信州フューチャーセンター運営に関する，公との経費分担の考え方は，次のとおりである。当該事業では収益性は考慮せず，新聞販売店K社のブランディングまたはCSR的な考え方で捉えてきた。実際に，運営費については新聞販売店Kからかなり支出されており，自主的なイベントは自分達の負担で行っている。直接の収益性を考えないから，多様な取組みができる。それが，自分達の強みである。

　ただし，最低限の指定管理料は町から受けている。人件費についても若干の支援があるが，支援がなくても自主運営ができる状況にはある。光熱費，水道代などは町役場の負担となっている。信州フューチャーセンターを運営するには，本業である新聞販売業からのしっかりとした収益源が必要である。

　公益性・収益性のバランスに関する考え方は，次のとおりである。自分達も公益事業だけでは立ち行かないので，公益性と収益性が両立できるビジネスモデルを構築していく必要がある。一方で，行政も必要なサービスを提供できる実力をつける必要がある。地域課題が溢れており，民間的な感覚で仕事を進めることが求められる時代になっている。地域課題支援業を目指す自分達のような地域企業が，信頼できる連携相手となり得る。自治体としての予算規模が小さく多額の資金が負担できなくても，柔軟に対応できる関係性が両者にはある。小さな自治体では，これからは学生も含めた連携力を活用していくことが重要になる。

② 「かやぶきの館」事業への展望

　TUG BOATは2019年4月から，「かやぶきの館」の指定管理者として運営を始める。当該施設は，地元の人からも誇りに思われている施設であることから，地域の人と協働して取り組んでいきたい。

　指定管理料は赤字補填的な性格となる。しかし，自己努力によって下げていけるよう努力していき，自己運営に変えていくことを目指す。自分達が行

うのは旅館業ではなく，地域課題支援業を目指す明確な経営理念を持ち，他に負けない優位性を持ったビジネスモデルを作っていくことだ。辰野町には優れた経営理念を持った事業者がいるので，連携しながら町の経済を振興していきたい。地域の様々な取組みを支援していくなかで新聞販売店を続けていくことが，自分達としてできることだと考えている。

（c）展開事業の現状と展望
①インターンシップ事業
　インターンシップは，町役場の事業として委託を受け運営している。自分達には既に新聞販売店Ｋ社の顧客があり，その方々が協力してくれている。インターンシップに来る学生も，ビジネスパートナーとして位置づけている。責任感も生じ実社会に出ても役立つ。実践型インターンシップの修了生は24名になる。インターンシップフェスティバルというイベントを実施した際には，企画もインターンOBに担当してもらった。インターンシップを通じてまちに関わってもらうと，新たな人をまちに連れて来てくれ，交流が途絶えない。地域おこし協力隊や2拠点活動という形で町に関わってくれるインターンOBがいる。様々な人を頼り，辰野の地域活性化に巻き込むことが大事である。

　インターンシップ事業では，短期の体験型の実績が少ない。その理由の一つは，受入れ事業者が少ないことである。事業者側からすると負担感が強いものと考えられる。自社に就職してくれる確率が低いため，受け入れてもあまりメリットを感じないと推察される。実践型には，事業者の業績に貢献するというメリットが感じられることから，自分達自身が事業として優先的に取り組みたいのは長期の実践型だという意識を持っていることも要因としてある。

　長期の実践型では，これまで24名の大学生が修了しているが，インターンシップ生達は辰野町で就職する意思を持って参加しているわけではない。実践型への参加学生は，企業に入った後の自分のスキルアップを目的として

いる。しかし，1ヶ月間インターンシップに入ると地域に親しみを持つようになる。インターンシップの受入れ事業者についても精査しており，学生を労働力だと思っているところは除外している。

②イベントの開催

自分達が主体というより，事業運営が得意な方々にお任せしているという状況である。「たつの横丁」（ほたる祭りの際の出店），「おてんとさんぽ」（毎年10月に荒神山の公園で2日間に亘って開催される出店であり，1万人規模で今年9回目となる。その以前はフリーマーケットであった。）などのイベントがあるが，自分達はそれを支援する立場にある。イベントを自分達が企画・運営するわけではない。事業者は皆で連絡を取り合って，様々なイベントに参画している。自分達は，イベントへの参加事業者を，信州フューチャーセンターで繋ぎ合せている。「おてんとさんぽ」の開催時には事前に一度，集まってもらっている。主なイベントの状況は次のとおりである。

＜たつの横丁＞

ホタル祭りの際の出店構想も，自分達はいくつかの団体をまとめる役割を担い，「たつの横丁」[21]にすることを提案した。それまでは，テントの設営などは行政が段取りをしていた。出店する人は本人達だけが来て店を開いて帰るという状況であった。それが，自発的にテントの設置，設営，片付けもするようになった。そのために，地域の飲食店でチームを作り，何回も話し合いをして準備を進めていくという方式をとった。依存型から自発型に変わったのが大きな変化である。そこで横の連携ができ，色々な場所で動き出している。

＜おてんとさんぽ＞

「おてんとさんぽ」の前身は「クラフト＆産直フェア」であるが，そこでの自分達の役割は，仕掛け人やオーガーナイザーである。自分達が主催

すると，参加者達は依存してしまう。自分達の役割は「場」を作ることである。実行委員会の飲食，音楽，スポーツの責任者は誰にするか，という進め方である。無理なら途中で止めても良い。困ったら自分達がサポートする。

　「クラフト＆産直フェア」は20年ほど続けてきたが，始まってから13年ほどは自分達が企画運営していた。行政との連携が始まる前から，新聞販売業Ｋが地域貢献事業として実施していた。現在の方式に移行したきっかけは，東日本大震災であった。「繋がり」を持ったイベントに，変えていかなければいけないと考え，「おてんとさんぽ」が生まれた。地域の資源を，誇りをもって発信していく取組みである。「ほたる祭り」しかないことを，自分達も課題に思っていたが，秋に楽しめるイベントができれば地域の人も喜んでくれる。振り返ると，そこから地域課題支援業が始まっていた。

　事業は，3年ほど前から本格的に動いている。行政を含め，特定の誰かの発言力が強いと上手くいかない。各々が勝手に取り組むと上手くいく。自らのできることを参加者の夫々が少しずつ取り組めば，かなりのことができることを，経験により皆が分かってきた。

<仕事チャレンジ>
　「仕事チャレンジ」[22]は，中学校からの支援の要請があり実施した仕事体験イベントである。このイベントの企画は，学校と事業者の双方の負担になっていたことから，その解決策として，子供達が実行委員になって主体性を持って取り組み，町内の事業者を集めてフェスティバルを開催することを提案した。子供達が3ヶ月間かけて取り組んだ。任せることが大事である。場所を貸し協力はした。また，大人も連携してバックアップした。拠点としての信州フューチャーセンターがあることで，学校の先生への支援もできる。

　信州フューチャーセンターの機能は，地域課題の解決を支援する「何で

も屋」である。ここに少し声をかけると，何処かに繋がる。直接に行政には言いにくいことでも相談できる。学校の先生と事業者の双方に大変喜んでもらえた。将来の就職への期待を込めて子供に話すと，自分達も考えが整理される。事業者の意識変革にも繋がり，インターンシップに協力してくれる事業者も増やせる。自分達から主体的に学校に関わっていくことは難しいので，先生の方から困ったときに来てもらえることで，程よい関係性が構築できる。

　行政も柔軟になり，行政組織内の連携も良くなった。役所内の各課の強みを活かし合った連携が生まれるようになり，効率が高まり対応が早くなった。学校，事業者，行政などが，各々の強みを活かして連携することにより良い結果へと繋がった。この事業で繋がった34事業者は，インターンシップの受入れにも繋がることが期待される。その延長線は，「かやぶきの館」にも繋がっていく。

　③たつBiz

「たつBiz」という名称の事業は立ち上がっていない。しかし，10年ほど前から自分達が実施してきたマーケティングの勉強会の経験を活かし，指定管理事業ではないが，経営に関する相談に乗ることを行っている。

　特に，インターンシップ事業の過程において経営相談がある。インターンシップ事業の受け入事業者の準備は，自分達によるカウンセリングから始まる。まず，事業者が抱える課題や将来の希望などについてカウンセリングをしていくと，そこに課題が見えてくる。それを，自分達の持つネットワークを活かして解決したこともある。すなわち，課題解決への提案を，カウンセリングを行うなかで実施する。

3）考察

TUG BOATは，町役場による産業政策の大切な協働・連携のパートナーとして位置づけられる。その活動が地域貢献となる要因は，TUG BOAT自身が

「地域課題支援業」を目指すことを標榜していることにある。しかもそれは，行政の働きかけにより始まったのではなく，TUG BOATの活動母体である，老舗の新聞販売店K社が長年自発的に実施してきた，地域貢献事業に由来することが重要である。近年では，TUG BOATの代表者A氏はこれを地域課題支援事業と呼び，これを行うことにより，従来からの本業である新聞販売業の発展との整合性を図りつつ，両者の相乗効果により公益性と実益性の両方を創出するという，実践的な取組みとして捉えることができる。

　公益性の高い事業を積極的に推進するTUG BOATと，それを主に資金面で支える新聞販売業K社の一体的な取組みは，地域活性化の実効性の高い取組みとして高く評価できる。この取組みの有効性の理解には，本書の第Ⅰ章第3節で言及したマイケル・E・ポーター（Michael E. Porter）（以下，「ポーター」とする。）ら（2011）の共通価値創造の理論（CSV〔Creating Shared Value〕）を適用することが有効であると考えられる。そこで改めて，この理論の骨子を確認する（再掲）。

　ポーターら（2011）の主張する共通価値創造とは，企業は単に利潤の追求だけに終始していては成長に限界が生じるという認識のもとに，企業活動の中核的な目的である利潤追求が社会的利益の実現に合致することにより，企業の新たな成長・発展に結びつくとする理論である。

　共通価値創造を実現するための方策として，ポーターら（2011）は次のような3つのアプローチを提示している。①製品と市場を見直す，②バリューチェーンの生産性を再定義する，③企業が拠点を置く地域を支援する産業クラスターをつくる。①～③のアプローチは，地域経済の活性化に適用する視点から，次のように捉えることができる。①は，地域資源や地域市場を活用して新たな商品やサービスを生み出す可能性を示している。②は，地域企業との取引関係や立地上の優位性などを有効活用することにより，自社の生産性の向上が図れる可能性を示している。③は，誘致企業を核とする産業クラスターが形成できれば，地域の産業集積は全体として生産性が高まり発展に繋がることを示している。

TUG BOATとその活動を支援する新聞販売業K社による町役場との連携・協働の取組みは，当に共通価値創造を実現するための方策を地域経済の活性化に適用した場合の上記①および②に該当すると言える。すなわち，地域企業の新商品・新サービスの創出を促進する実践型インターンシップの推進や，地域の諸主体のネットワークを基盤とした，地域資源を顕在化させるイベントの開催支援などにより，自らは「地域課題支援業」という新たなビジネスモデルを開拓することができる。私企業としての性格の強い新聞販売業K社の顧客の信頼向上や新規顧客の開拓に貢献すると同時に，その成果は，地域経済の活性化や移住定住の促進の実現を目指す町役場の公共目的に合致する。

　「地域課題支援業」の中核企業としてのTUG BOATには，収益目的と公益目的を共存させ，地域の多くの諸主体の参画の受け皿になることにより，辰野町の活性化という，地域全体の共通価値の実現に貢献することが期待される。

(2)「一般社団法人 ○と編集社」代表理事, 辰野町地域おこし協力隊（移住・定住担当）（たつの暮らし相談所）

　辰野町の移住定住促進に集落支援員として取り組んできたC氏，地域おこし協力隊として取り組んできたD氏にヒアリング調査を実施した。

1）ヒアリング調査の相手方・実施日・場所

【相手方】一般社団法人 ○と編集社 代表理事C氏（2018年度までは辰野町集落支援員として活動)，辰野町地域おこし協力隊（移住・定住担当）（たつの暮らし相談所）D氏

【実施日】2019年3月6日

【場　所】辰野町役場

2）ヒアリング調査の結果（要旨）

　（a）基本的なまちづくりの理念について（C氏）

　C氏は，2018年10月に「一般社団法人 ○と編集社」を立ち上げた。C氏はそれまでの約3年間，集落支援員として地域で活動し，会社を立ち上げた理念

になる「ディレクションや企画，建築，デザインという方法を使って，その人，その企業，その地域の今を再編集（re：vision）する。そして○の未来にワクワクする人を増やすこと」が大事との考えに至った。「まちづくり」とか「地域活性化」という言葉は使うが，その趣旨は，地域に楽しそうな人が増えれば，結果的に活性化になるということである。すなわち，自分が楽しむということが大前提であり，そうすれば，楽しい人が集まって来るというのが基本的な考えである。

「○と編集社」の○は，個人であったり，地域であったり，団体であったり，会社だったり，ときには行政であったりもする。「あなたの編集社」といった意味である。○の人がわくわくすれば，○の周りにいる人もわくわくし，それが連鎖的に起こってくれば，まちは結果的に楽しくなる。○の未来をわくわくする人を増やすことで，エリアにイノベーションを起すということがミッションである。

地域には資源が豊富にある。昔良かったものでも，そのまま継承して使う場合，どうしても劣化が生じているが，今を再編集することで違った見方や楽しみ方が生まれる。○の今を再編集するということである。それが地域の今を再編集することになる。編集とは，使えるものは全部使えば良いということで，その組み合わせ方が「編集」の意味である。

主な事業としては3つある。①地元工務店，②つなぐ編集室，③ちょっと未来の研究所である。①については，自分は建築が専門で，不動産業も登録しているので実施できる。自分が地元工務店の棟梁である。②については，スタッフにデザイナーがおり，その者はコンセプトワーク（ブランディング）ができる。③については，実際の事業に繋げていくときのフィールドは，空き家バンクの空き家だったり，シェアオフィスの運営だったり，地域シェアハウスだったり，空き家から出てくる古いものを扱う事業だったり，ちょっと先の未来を研究していくことにチャレンジしていくような事業を常に実施していくことであり，それがエリアにイノベーションを与えると考える。「地元を楽しくすると，ちょっと未来が見えてくる」ということである。

（b）○と編集社が公益性のある一般社団形式を取っている理由（収益性との関係）（C氏）

特定非営利活動法人（NPO法人）では事業が特定非営利活動に限定されるため，収益性のある自主事業が実施しづらい。それに対して，一般社団法人の場合は実施事業に制約がない。また，一般社団法人は非営利法人であり，利益配当ができない。しかし，内部には利益は留保できる。さらに，非営利であるため，行政からの仕事を請けやすいことや，官民問わず補助金や助成金を受けやすい。このように，一般社団法人では資金調達の手段が豊富にある。

社会的な活動としての地域活性化事業は，収益を生み出すことが難しい。地域活性化事業は，継続することが重要である。継続するための資金は，自分で稼ぐ必要があると考えている。高い収入を得ることが目的なのではなく，収益事業で得た収益を公益性の高い社会活動に充てることが自分の目的であることから，その実現のために一般社団法人の形態を取っている。それが，3年間の集落支援員としての活動から自分が得た解でもある。

行政からの委託事業は請けるが，永続的に続くとは考えていない。委託業務を受けている間に自主事業を伸ばす。それにより，一般社団法人としては全体として収益を上げることができるような，持続的な事業活動が可能になる。行政の役割は，こうした社会的事業の継続的実施を目指す中間支援団体への，立ち上げ段階を中心とした支援だと考えている。その方策は，行政が収益を目的とした個別の事業者を対象として行っていく支援より持続可能性がある。ただし，中間支援団体には，自身で収益を得ることが必要条件として求められる。

（c）空き家・空き店舗対策の難しさと対応方策（主にD氏）

　①辰野町における空き家バンクの特色と意義

　辰野町の空き家バンクは，不動産業者による普通の仲介もあるが，傷みが大きく不動産業者が取り扱わない物件も，直接物件という形で取り扱っている。そこにチャレンジしていることに，他と大きな違いがある。ただし，本当に劣化が激しいものについては，率直に所有者に伝える。

　地域資源や人材の活用により，新たな価値を生み出していく。例えば，利用希望者が店を開きたいのか，どのような生活を希望するのかなど，ソフトな内容まで提案できれば，傷んでいても改修が可能な方が生活にフィットする場合もある。また，売買による責任を伴う所有より，賃借の方が良い場合もある。例えば若者世代は，所有意識がそれほど強くないが，自分の思い描く暮らしがしたいとする者が多く，賃貸で自由に改修ができる物件への需要がある。

　また，自分で改修が可能なDIY方式が認められると，実際に10件に1件くらいの頻度で活用がある。辰野町の空き家バンクの扱っている物件の8割ほどはDIYが認められる物件になっている。DIYイベントも，募集すれば応募者はある。DIYイベントでは，移住定住者と地域住民との自然な交流が生まれてくる。それがDIYイベントの重要な点である。移住定住者が緩やかに地域に溶け込んでいけるし，挨拶代わりにもなる。

　②空き家バンクを中心とした今後の課題（D氏）
　空き家は数多くあるが，売買や賃貸への提供者が非常に少ないことが，最大の問題である。理由としては，空き家バンクに対する理解が十分でなかったり，親戚筋以外の利用は認めたくないといったことがある。そのため，空き家バンクの意義を知ってもらうことや，移住定住者の地域での活躍の状況を知ってもらい，協力が得られる物件所有者を増やしていく必要がある。そのためには，周知活動が重要となる。

　（d）公民の連携と役割分担のあり方について（C氏・D氏）
　事業に持続性を持たせることが重要であるが，行政が関わる事業に持続性を持たせることは難しい。しかし同時に，民間主体が自ら実施を希望する事業に対して行政が継続的に資金を提供することも難しい。民間主体との相互分担の範囲が重要となる。（D氏）
　辰野町について興味深いことは，皆が夫々の立ち位置で，互いが利用し合っ

ている状況があることである。地域おこし協力隊や自分（C氏）は，完全な民間人ではなく半官半民である（グレー人と言っている）。行政と民間主体と半官半民の自分達が三位一体で活動できており，興味深い状況になっている。

　各主体は相互の関係性を創ることが難しい。行政が民間主体に委託業務に出す場合，行政は民間主体に全面的に依存することが一般的である。しかし辰野町では，PPP（Public Private Partnership：官民連携）により連携と協働が行われている。考える際には共同で考える。実際に行動を起す際には，各々の立場でしかできないことは各々で実施し，共にできることは共に実施する。そういう関係にあることが重要だ。辰野町の場合，地域おこし協力隊や集落支援員がコーディネート役の立ち位置にある。（C氏）

3) 考察

　C氏は2019年度末までの3年間，辰野町の集落支援員を務めてきた。即ち，町役場の立場で地域活性化の仕事に取り組んできた。しかし，純粋な公務員ではなく，建築設計事務所を営む民間事業者でもあることから，半公半民の立場にあると言える。すなわち，民間事業者としての発想力を持った公務員と捉えることができる。そして2018年10月に一般社団法人を立ち上げ，2018年度末には集落支援員の職からは離れる。

　今後は，民間事業者の立場で辰野町の地域活性化事業に取り組んでいくことになる。その意味においては，TUG BOATのA氏と同じ立場になると言える。しかし，両者には相違点もある。TUG BOATは，新聞販売業K社の資金支援を受けることにより，地域課題支援業という公共性の高い地域活性化事業を展開している。そのため必然的に，収益性はあまり期待できない。資金面の課題を補うのは，外部の新聞販売業K社である。逆に新聞販売業K社は，TUG BOATの社会的活動に参画することによりブランド力が高まり，本来事業にもプラスの効果をもたらす。公益性を重視する団体と収益性を重視する団体が，「地域課題の解決とそれによる地域活性化が重要」という共通価値を共有することにより，連携の相乗効果を生み出している。さらには公共団体としての町

役場ともこの共通価値を共有し，市民の主体的参画も得た連携と協働によって共通価値の実現力を高めていると言える。

　なお，TUG BOATは近年，組織形態を一般社団法人から株式会社に変更した。これにより，新聞販売業K社との協働による公益性の高い事業フレームを維持しつつ，収益性の高い事業も積極的に展開できる組織体制が整い，事業展開の幅が拡がったと言える。

　一方で「〇と編集社」は，その最終目的が「地域課題の解決とそれによる地域活性化の推進」だという点においては，TUG BOATと共通している。しかし，「〇と編集社」は，自らが収益事業や補助金などにより公益事業のための資金を確保する点において，自己完結的な事業形態を目指している。その上で，地域の住民や事業者によるまちづくりを支援するため，行政との連携と図っていこうとしている。

　しかし，TUG BOATと〇と編集社の取組みは共に，地域活性化のための公益事業を可能な限り自立的に継続することを目標としており，自立的で継続的な地域活性化の事業に主体的に取り組もうとしている点においては共通している。このように，高い発想力と事業力を持ち，地域活性化事業への主体的な取組み意識を持った民間主体が地域にあることが，地域活性化には重要となる。

　公民の役割分担のあり方については，民間主体の自立的で継続的な取組みが中心となり，行政と連携・協働しつつ，地域の住民や事業者と連携・協働する中で，活動していくことが必要となる。地域おこし協力隊や集落支援員は，行政のフレームの中で活動しているが，一方で民間での活動経験も持っている。このメリットを活かし，行政や地域の住民，事業者による相互連携や協働のコーディネート役を担っていくことが期待される。ただし，地域おこし協力隊や集落支援員の制度は，国の制度に依存している。いずれは，こうした役割を担える，自治体独自の制度を構築していくことが求められる。

（3）辰野町役場産業振興課

　辰野町の地域協働の産業政策において，中核的な役割を担う辰野町役場産業

振興課にヒアリング調査を実施した。

1）ヒアリング調査の相手方・実施日・場所

　【相手方】辰野町役場産業振興課

　【実施日】2019年3月6日

　【場　所】辰野町役場

2）ヒアリング調査の結果（要旨）

　(a)「たつのシゴト」について

　たつのシゴトのアクセス数は，2016年度約8千件，2017年度約9千件，2018年度が約1万4千件と実績が上がってきている。移住定住セミナー（東京や名古屋などで実施されており，辰野町も参加）に来ている人が，辰野町の2つのウェブサイト「たつの暮らし」と「たつのシゴト」を並立して見てくれているものと考えている。移住定住政策と雇用政策は一体的なものと言える。

　3年間「たつのシゴト」を掲載してきて，現時点で35社が掲載されている。中には起業した人も掲載されている。本来，求人情報サイトとインターンシップを広める目的で始めたものである。事業者の感想を最近聴いたところ，求人に対する求職者の有無についての問いかけに対し，当該サイトを見て求職に繋がったという回答は無かった。企業の広告になっていることは良かったとの評価はある。当該サイトの掲載については，大部分の企業が継続を希望した。引き続き，サイトをリニューアルしながら継続する予定である。

　(b)　インターンシップ事業について

　インターンシップ事業は，3年間実施してきた。短期のインターンシップが少ないため，学生への広報の方法も検討している。

　広報については，チラシを大学などに一斉に送っており，また町のホームページに掲載している。ターゲットを決めて戦略的に行っていくなど，検討の余地はある。長期の実践型を重視して取り組んできたことも，短期のインターンシップが少ない原因として考えられる。

　(c)　地域おこし協力隊・集落支援員，町役場外の団体や人材との連携や分担のあり方

　地域おこし協力隊や集落支援員は半官半民としての性格を持つが，基本的に同じ町役場の公務員として仕事に協力を求めることができる。行政にはないアイディアが出されるため貴重な存在である。ただし，地域おこし協力隊や集落支援員は国の制度であり不安定性を内包しているため，町役場として安定的な制度にしていく必要がある。

　それに対して，町役場外部の団体や人材の活用は，公の立場として一定の距離感は必要で難しいが大変貴重である。どのように連携と分担をしていくのか，ルールを構築する必要がある。併せて，行政の主体性も高めていく必要がある。また，金銭が伴うので，その点については厳格な関係性が必要となる。

　(d)　中小企業支援事業について

　企業マッチングは，企業訪問に基づき既に行っている。2019年度からは長野県工業技術総合センターの所員だった方が，相談員として新たに加わる。これからは，生産に関するアドバイスもできるようになる。仕事のマッチング，製品開発などの意見もできるようになる。また，国の補助金の申請書を書くことにも長けているので，指導を依頼したいと思っている。主に現職の相談員と連携して企業訪問を実施してもらう。

5）考察

　町役場では，移住定住促進サイトである「たつの暮らし」と就労促進のサイトである「たつのシゴト」を効果的にリンクさせて運営している。生活と仕事は互いに支えあう表裏一体の関係にあることから，今後も両施策は強い連携のもとに総合的に展開することが重要となる。

　「たつの暮らし」については，空き家バンクや休眠不動産見学会・相談会を，地域の諸主体との連携と協働のもとで強化することが望まれる。その促進方策として，改修費等への補助金制度の適切な運用は必要であるが，DIYイベン

ト施策との連携を強化し，地域住民の協力を得て移住定住者を支援することができれば，移住定住者にすると，費用負担が軽減されるだけでなく地域住民との交流も深まり，地域への円滑な定着が期待できる。

　「たつのシゴト」については，今後の取組みとして主に2つのことが望まれる。1つは，ホームページの機動的な活用である。当該サイトを活用した，地域企業への就業の実績が得られていない状況にあると言う。サイトは，働く側の立場に立った丁寧な内容になっており高く評価される。今後は，資格審査を前提としたログイン方式を導入して，登録意思を持つ多くの事業者の登録や更新を可能にすることにより，登録企業を増やすことや情報の新鮮さを維持させるための工夫なども望まれる。また，サイトの情報を採用に結びつけるため，町役場やその連携者が情報を活用して具体的な仲介活動を行う方策が必要と考えられる。

　もう1つの検討課題として，体験型の短期インターンシップ制度の有効活用がある。短期の方が学生は参加しやすい。人数も多く確保できる。受け入れ先の事業者の確保を前提とした上で，地域周辺の学生にターゲットを絞った働きかけなども必要と考えられる。そのため，首都圏の長野県人会など地元出身者による団体への協力依頼，広域連携エリアの就職説明会，大学との連携協定などへの積極的な取組みが求められる。

　また，地域の諸主体との連携と協働の拡大は，地域経済の自立的な発展のためには不可欠の取組みであると言えることから，そのための体制を更に整えていく必要がある。基本的に重要なことは，民間主体でできることは，できるだけ民間主体で実施すべきだということである。民間主体は，社会のニーズに創造的な発想により対応できる実践力を持つ。行政に求められることは例えば，貴重な民間人材を公平・公正性を確保しながら有効活用していく方法の確立である。また，行政には高い政策形成能力が求められる。施策や事業の具体的な実施は民間主体の能力を十分に活用する必要があるが，地域の中長期的な将来像の明確化や民間諸主体の活動環境を整えることは，行政の重要な役割であると言える。ただし，民間諸主体の意見を採り入れる仕組みを持つことが併せて

必要となる。

　また，製造業の機械関連産業を基幹産業とする辰野町においては，ものづくり政策は重要である。中小企業支援事業の取組みは，その意味において重要である。地域中小企業を専門家が訪問し，個々の企業の実態を把握し，課題や新規展開方策について助言を丁寧に行っていくことは，地域に根付いた内発的な地域経済の発展推進のためには重要である。将来的には，共同受注や共同研究開発など，協働と連携による施策展開を目指すことが望まれる。

むすび

　本章では，市民参加による自治体産業政策の二つ目の実践事例として，長野県上伊那郡辰野町の産業政策を採り上げた。

　辰野町は，地域産業の振興のため，地域に住み働く人々を増やすことを重視し，地域の事業者や市民活動と連携して取り組んでいることが注目される。その方針は，移住定住促進を目指す総合的な取組みを大事にする辰野町の基本方針と合致していることから，産業政策とその他の政策は相互に補完し合い相乗効果を生み出す関係にある。このため，辰野町の産業政策の推進には，町政全体からの視点を大切にして，地域の諸主体の連携のもとで総合的な取組みを行うことが重要となる。このことを，再度，本章の論点を振り返ることにより確認する。

　辰野町の地域経済と雇用を支える，主要産業として注目されるのは製造業である。その内の機械産業と関連産業が地域の基幹産業になっている。産業の振興により地域経済の活性化を図るためには，この基幹産業の振興が先ずは重要となる。機械産業は，情報通信機械器具製造業や電子部品・デバイス・電子回路製造業など，先端的な技術分野を擁していることから，地域経済に対する先導的役割も視野に入れ，関連する産業分野を中心とした中小企業の振興を着実に進めていくことが求められる。一方，小売・卸売業は特化度が低いが，規模の大きな産業分野であり，地域経済において大きな位置を占める。とりわけ小

売業は，商店街や市街地の活性化などを通して，まちづくりに大きく貢献できる可能性を持つ重要な産業である。

　地域個性を創出する産業の振興も重要である。観光関連産業の振興により，地域ブランドの創出を介して，交流人口を拡大することができれば，観光関連産業が新たな基幹産業となる可能性もある。また，地域ブランドの充実は，そこに住む人々のプライドを高め，地域へのアイデンティティの確立にも貢献する。それは，地域に住む人々の心を豊かにする。基幹産業と地域個性産業の両方の視点から，地域産業の振興を進めていくことが求められる。

　辰野町の政策の根幹となるのは，『辰野町第五次総合計画』である。その基本構想（2011年度～2020年度）は，まちづくりの合言葉を「住み続けたい 帰りたい 住んでみたいまち たつの」としており，5点の将来目標を定めている。その中に「仕事に活力と魅力があるまち（産業振興・雇用確保）」があり，産業振興・雇用確保は町の重要政策の大きな柱の一つに位置づけられている。また，設定されている取組み目標から，雇用確保の将来目標の実現のために求められるのは，協働・コミュニティ・男女共同参画の枠組み，辰野町を構成する地域の個性を活かした産業振興である。

　それは，『辰野町まち・ひと・しごと創生総合戦略』［第3版］（2017年3月）に掲げられた，基本目標1「【基本目標1】町にしごとをつくり，安心して働けるようにしよう！」により具現化されていると言える。地域産業の振興と雇用の創出は，基本目標1を達成するために最も大きな役割を担う。すなわち，辰野町において安定した生活を営むためには，その経済的な基盤となる雇用の場の確保が重要となる。逆に，基本目標1を実現するためには，基本目標2～4を達成し，魅力のある生活を実現することが重要となる。すなわち，基本目標を総合的に達成することにより，地域産業の振興と雇用の創出も達成される。

　本章では，そのために辰野町が取り組んでいる，地域経済活性化と雇用創出のための主要政策を採り上げ概観した。それは，雇用促進政策，商業地域の活性化政策，空き家バンクの活用による移住定住促進，交流人口拡大政策としての合宿等補助金制度である。

　以上のように，辰野町の産業政策の意義や具体的な施策の実態を確認した上で視点を変え，これらの政策を実践的に推進するための，市民・事業者協働による地域経済の活性化事業について，その取組み状況を確認した。そして，将来可能性についてより深く捉えるため，その重要な担い手である民間の事業者，民間の感性と実行力を以って行政の内部で活躍する地域おこし協力隊と集落支援員，そして政策の中心的な担い手としての辰野町役場へのヒアリング調査を実施した。

　辰野町による市民参加の産業政策については，注目すべき点をいくつか挙げることができる。一つは，辰野町の政策目標が明確であったことにある。すなわち，総合計画の主要目標（まちづくりの合言葉）を移住定住の促進に置き，町の個別政策をその実現に向けて総合的に実施できるような政策体系を構築していることである。もう一つは，地域活性化に主体的かつ積極的に取り組む熱意を持った民間団体や個人（民間主体）に恵まれたことである。また，民間主体の側も自治体としての辰野町の側も共に，相互に連携・協働して地域活性化に取り組んでいこうという柔軟な考え方と知恵を持っていたことである。

　民間主体と自治体が，各々の得意な点を持ち寄り，苦手な点を補完し合い，適度な距離感を持ちつつ連携・協働していく体制が形成されていることが，取組みを実績に繋げることを可能にした重要な要因であると言える。

（注）
1）辰野町『平成29年度　町勢要覧』2018年3月による。
2）上掲1）。
3）辰野町観光サイト（http://kankou.town.tatsuno.nagano.jp，2019年2月23日取得），かやぶきの館（https://kayabukinoyakata.jp，2019年8月13日取得）による。
4）他章における市部自治体に関する製造業の産業構造に関する分析は，経済産業省『工業統計調査』に基づいて行っている。しかし同資料では，郡部の町村について，産業中分類による製造業の産業構成の内訳が示されていない。そのため，ここでは総務省統計局『経済センサス 基礎調査』に基づいて分析を行った。

5) 辰野町・辰野町観光協会『信州たつの：光と緑とほたるのまち』（信州辰野観光ガイド，2017年5月

6) 『辰野町第五次総合計画 後期基本計画』（2016年度〜2020年度），2016年3月

7) 辰野町（http://www.town.tatsuno.nagano.jp/koyojoho.html，2019年1月13日取得）

8) 休眠不動産：通常の不動産流通から外れたり，長期間休んで眠ってしまっている空き店舗・空き家の通称名として使用している。出典：信州辰野町移住・定住応援サイト「たつの暮らし」（http://www.tatsuno-life.jp，2019年2月2日取得）

9) 長野県（https://www.pref.nagano.lg.jp/service/anatanoomise.html，2019年2月4日取得）

10) 筆者が，2018年8月22日〜24日の実地調査の際に，辰野町集落支援員C氏より知見と資料を拝受した。

11) 「アトリエ＆ゲストハウス 和音」パンフレット（2018年8月24日取得）より作成。

12) 「農民家ふぇ あずかぽ」パンフレット（2018年8月24日取得）より作成。

13) 「辰野町合宿等補助金交付要綱」（2015年11月30日，辰野町告示第30号）による。

14) 合宿補助金に関する辰野町資料（2018年8月22日取得）による。

15) TUG BOATは，2019年1月に一般社団法人から株式会社に形態を変えた（ヒアリング調査において確認）。

16) 信州フューチャーセンター（http://shinsyu-fc.jp/future-center，2019年2月5日取得）による。

17) フューチャーセンターそのものは施設を指し，中で行われるセッションはフューチャーセッション（future session）と呼ばれている。
　　フューチャーセッションとは，現場の多様なステークホルダーに加え，想像力を働かせて「未来のステークホルダー」も招き入れることで，創造的な関係性を生み出す。互いが尊敬の念をもって傾聴し合い，未来に向けての「新たな関係性」と「新たなアイデア」を生み出す。その結果として，それぞれのステークホルダーが認識と行動を変化させ，協力してアクションを起こせる状況を生み出す。出典：「信州フューチャーセンター」が「株式会社 フューチャーセッションズ」（https://www.futuresessions.com）のホームページを引用している（2018年2月6日に筆者も同ホームページを確認した）。
　　信州フューチャーセンターは，辰野町が設置運営する「駅前パルTIS観光情報センター」を，みらいの「ひと」と「しごと」を創ることを目的とした「信

州フューチャーセンター事業」（代表：長野県）と連携し，地方創生加速化交付金事業（観光情報センターを拠点に雇用，創業，経営支援などの地域経済の課題解決への取組み支援）として地域活性化センターとして位置付けたもので，2017年にオープンした。出典：辰野町議会『たつのまち議会だより』No.64（2017年2月1日），辰野町資料「地方創生加速化交付金事業」〔平成27年度（繰越）事業〕（http://www.town.tastuno.nagano.jp，2019年7月20日取得）

18）信州辰野町移住・定住応援サイト『たつの暮らし』（http://www.tatsuno-life.jp，2019年2月19日取得）

19）上掲18）。

20）ここでの5Rとは，Rediscovery（リディスカバリー）：再発見，Reuse（リユース）：再使用，Recycle（リサイクル）：再循環，Reduce（リデュース）：抑制，減らす，Re-realize（リ・リアライズ）：再認識である。

21）「たつの横丁」について，信州フューチャーセンターのホームページの2017年5月11日付けの記事として，次のような趣旨の記述がある。「信州ど真ん中たつの横丁：もっと地元を感じよう。たつの横丁はそんなことで立ち上がった地元の移動販売車と屋台部隊!2017のほたる祭り始動!ほたる祭りは横丁に加え，ほたるにちなんだワークショップや，ゆったりまったりLIVEもおこないます!日時2017年6月10日（土）〜6月18日（日）18：00〜21：00，場所：信州フューチャーセンター」。出典：信州フューチャーセンター（http://shinsyu-fc.jp/info，2019年5月3日）

22）中学校1年生143名の全員が関わった。体育館に34の事業者が集まった。ブースを出して，1事業者に5〜6人が3クール，3つの事業者を周った。出典：ヒアリング調査による。

【参考文献】

霜島小夜子・大江靖雄「離島移住の定住志向とその要因」『農林業問題研究』第52巻第3号，2016年，pp.105-110

マイケル・E・ポーター，マーク・R・クラマー（Michael E. Porter and Mark R. Kramer）「経済的価値と社会的価値を同時実現する共通価値の戦略」『DIAMONDハーバード・ビジネス・レビュー』第36巻第6号，ダイヤモンド社，2011年6月，pp.8-31

牧山正男「空き家へのIターン者受け入れを目指す若者たちの活動：群馬県南牧村・

「南牧山村ぐらし支援協議会」への期待と課題」『農村計画学会誌』第31巻第3号，2012年12月，pp.463-466

牧山正男・平林藍・細谷典史「東日本における市町村主体の移住促進を目指した取組：悉皆的なホームページ検索を通じた現状把握と傾向分析」『農村計画学会誌』33巻論文特集号，2014年11月，pp.227-232

山内道雄「《交流》こそが定住促進の鍵：島に変化をもたらす《活力人口》（特集インタビュー）季刊『しま』第63巻第4号，2018年3月，pp.18-21

山本幸子・中園眞人・利光由江・渡邉弘崇「中山間集落における空き家を活用した都市農村交流施設の整備プロセス：集落住民を主体とする改修・増築工事の事例研究」『日本建築学会計画系論文集』第77巻第676号，2012年6月，pp.1423-1430

第VII章

実践事例3：
協働により進める自立的な経済発展
—長野県飯田・下伊那地域の取組み—

はじめに

　本章では，市民参加による自治体産業政策の3つ目の実践事例として，長野県飯田市と下伊那郡の町村（飯田・下伊那地域）を採り上げる。

　長野県の飯田・下伊那地域は，飯田市と下伊那郡の3町10村で構成される地域であり，南信州広域連合を形成している（図VII-1）[1]。人口は約16万2千人，面積1,929km^{2}である。うち飯田市は，人口約10万2千人，面積約659km^{2}を占めている（総務省『国勢調査』2015年）。

　少子高齢化の急速な進展を受け地方の衰退への懸念が高まるなか，飯田・下伊那地域は，地域の諸主体の協働により自立的な経済発展を進めてきた。その中心的な役割を担ってきたのが3つの第三セクター[2]：公益財団法人 南信州・飯田産業センター（以下，「南信州・飯田産業センター」とする。），株式会社 南信州観光公社（以下，「南信州観光公社」とする。），株式会社 飯田まちづくりカンパニー（以下，「飯田まちづくりカンパニー」とする。）である。その実績の基盤には，夫々の第三セクターが事業感覚をしっかりと持って取り組んできたことがあると考えられる。またその取組みのなかで，民間の事業者や市民の取組みの主体性を重視し，その活動と協働することにより事業展開が図られてきた点も重要であろう。そこで本章では，これら3つの第三セクターの先進的な取組みに着目したい。

　飯田・下伊那地域の地域経済の実態について筆者は，2010年度から2017年年度にかけて，ゼミ学生達と4回にわたり飯田市を訪問し，実地調査を行って

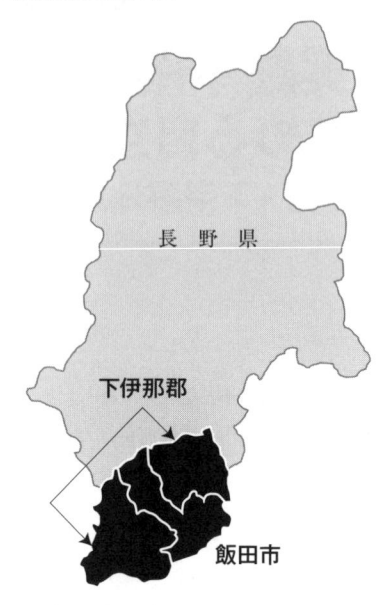

出典：公益財団法人八十二文化財団（https://www.82bunka.or.jp/bunkashisetsu/map.php，
　　　2019年5月12日取得）を基に作成。

きた[3]。また筆者は，飯田市が中心となり2011年に立ち上げられた地域学会
『学輪IIDA』[4]の会員でもあり，しばしば飯田市を訪れてきた。さらに2017年
9月には，りんご並木周辺の街並みについて補足調査も行った。本章はこれら
の調査や，その際に得た資料，先行研究などを基に執筆するものである。

第1節　飯田・下伊那地域の地域経済を捉える視点

　安藤（2010）は，飯田・下伊那地域において2006年1月に導入され，様々
な事業を開始した『地域経済活性化プログラム』を採り上げ，「若者が故郷に
帰ってこられる「産業づくり」に向け，地域の経済自立を図る上での課題と戦
略を明らかにしたものだ」と紹介している。さらにここで導入した「経済自立

度」という指標に着目し，「経済自立度は，官民で組織した飯田・下伊那経済
自立化研究会議が地域経済の現況を定量的に評価するため独自に導入した分析
指標だ」としている[5]。

　また，飯田市の牧野市長は，飯田市の自立的な気質について，経済産業の発
展の歴史と関連づけて次のように認識を示している（牧野，2016）。「地域経
済の視点から見ると，飯田は先人が地域に産業を興し富を蓄え文化振興を図っ
た時代を経験している。江戸時代，飯田藩の殿様が興した水引産業は，シルク
産業を経て精密機械工業へと変遷し，現在，航空宇宙産業にチャレンジしてい
る。このような歴史の中で人々の自主自立の精神が育まれ，自治意識が伝統的
に継承されてきたのではないかと考えている」（p.180）。さらに牧野（2016）
は，飯田市の地域経済のあり方について次のように述べている。「飯田市の
「第5次基本構想基本計画」では将来像に「文化経済自立都市」を掲げ，経済
自立度の向上に努めているが，地域経済の自立とは域外からの財貨獲得とその
域内循環を図るものである」（p.180）。飯田市の地域経済の自立を，その歴史
的な蓄積も活用して促進することの重要性が示されている。

　こうした論点も踏まえ本章では，飯田・下伊那地域の経済自立化を推進する
3つの第三セクターの役割を中心に，当該地域の経済発展方策について考察す
る。

第2節　飯田・下伊那地域の地域経済の現状

　飯田市と下伊那郡の3町10村は共同で，「企業立地の促進等による地域にお
ける産業集積の形成及び活性化に関する法律（企業立地促進法）」（平成19年
法律第40号）第5条第1項に基づく産業集積の形成または活性化に関する基本
計画等について協議を行うため，同法第7条第1項に基づき，「南信州産業活
性化協議会」を設立した。そしてこの協議会において，『南信州地域産業活性
化基本計画』（計画期間：2013年4月1日〜2018年3月31日）を策定し，広域
連携による産業振興を行ってきた[6]。

『南信州地域産業活性化基本計画』（2013年度〜2017年度）は，飯田・下伊那地域について次のように紹介している。「飯田市は，古くから城下町としての歴史を有し，この飯田市を行政，経済の中心都市として本地域全体が密接に結びついている。1969（昭和44）年には飯伊（はんい）地域広域行政市町村圏協議会（現在，「南信州広域連合」に引き継がれている。）が設立され，1979（昭和54）年には，三全総によるモデル定住圏指定も受けている」（西暦は筆者による加筆）。

　飯田・下伊那地域の産業の特色を，統計資料により概観する（図Ⅶ−2・3）。2014年の従業者ベースで見ると，規模が大きくかつ特化係数が大きな特色ある代表的な産業として，製造業（構成比率23.0％，特化係数1.4）が挙げられる。また，規模は小さいが特色ある産業であり地域ブランド形成への貢献が期待される代表的な産業として，農林漁業が挙げられる（構成比率1.3％，特化係数2.0）。同じく規模は小さいが特色ある産業として「鉱業，砕石業，砂利採取業」がある（構成比率0.1％，特化係数2.2）。ちなみに，「鉱業，砕石業，砂利採取業」の業種の内訳を見ると，55人中「砕石業，砂・砂利・玉石採取業」（産業小分類）が51人と大部分を占めている。

　飯田・下伊那地域の産業の詳しい特色は『南信州地域産業活性化基本計画』（2013年度〜2017年度）が的確に示していることから，当該計画に基づいて主な点を概観する（数値は2010年時点。産業類型は，筆者の整理に基づく）。

1）製造業（加工組立型産業）

　①機械系工業のウェイトが高い構成である。長野県内工業の粗付加価値額に占めるシェアは，製造業合計で5.4％であるが，電気機械は14.0％，電子部品・デバイスは10.5％と1割を超えている。②部品・部材産業の集積である。本地域で産出する機械系工業製品は，最終製品は少なく，関東圏，名古屋圏に集積する工業や，海外を対象とする精密部品・部材の加工が主流を占めている。③本地域の工業集積の中心となっている機械系工業の特性は「精密加工」である。精密機械分野（業務用機械）は，光学機器用等の精密ガラス加工など

（図Ⅶ-2）飯田・下伊那地域の産業構造（従業者数基準）

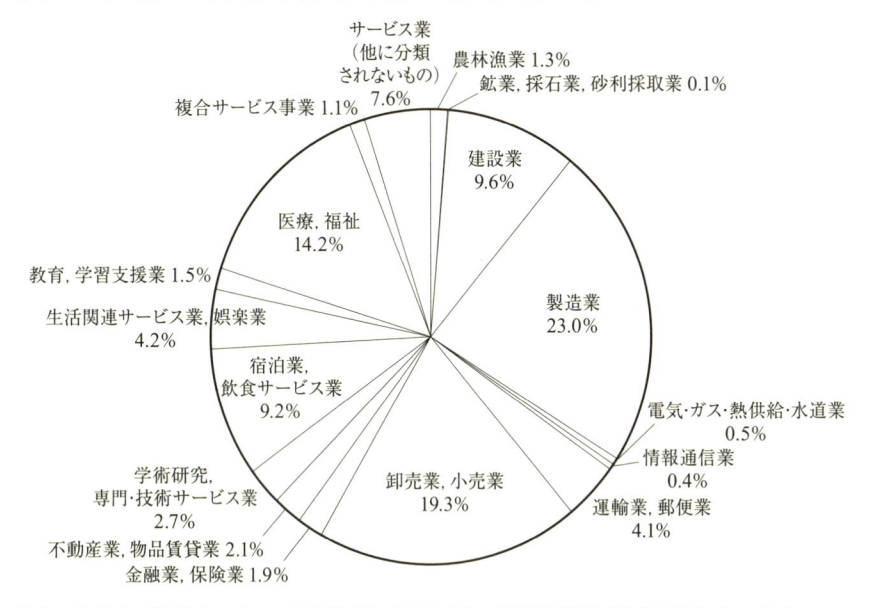

出典：総務省『経済センサス 基礎調査』（2014年），民営事業所（従業者数）より作成。

（図Ⅶ-3）飯田・下伊那地域の特化係数（従業者数基準）

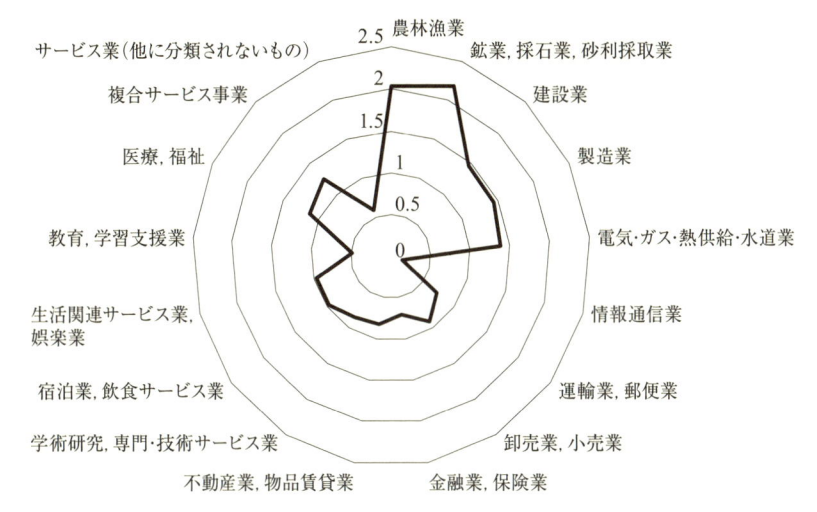

出典：総務省『経済センサス 基礎調査』（2014年），民営事業所（従業者数）より作成。

を中心に出荷額・粗付加価値額の7%前後を占める。このほかに電子・電気の微細加工部品，金属製品の精密加工品，精密金型など精密加工技術を基盤とする製品が多く，大企業の工場や中堅企業以外にも，高い精密加工技術を有する中小企業が多様な業種にわたって集積している。（数値：経済産業省『工業統計調査』2010年）

2）製造業（伝統的地場産業）

　水引，ランドセル用本革という全国で高いシェアを持つ地場産業を有している。水引は，本地域で何世代にもわたって伝え続けられてきた伝統工芸品「飯田水引」として知られており，現在，全国の約70％を生産している。また，ランドセル用本革の生産は，飯田市には全国の80％のシェアを有する企業があり，その関連もあって皮革工芸の事業所は，県全体で16社の内，9社が南信州地域（飯田・下伊那地域）にある。

3）農業と農産物加工業

　山間部が多い地形もあり，稲作のほかに，野菜や柿，りんご，梨などの果実，山菜等が豊かであり，これらを加工した農産物加工産業が盛んである。果実農家では，観光農園を営むところが多く，果実の実る季節には多数の観光客を誘引している。

　さらに，飯田・下伊那地域の主要地域である飯田市の製造業と農産物の特色を，近年の統計資料により確認する。製造業においては，電子部品・デバイス・電子回路製造業，電気機械器具製造業をはじめ機械関連分野が大きな割合を占めていることが確認される（図Ⅶ-4・5）。

　果樹栽培については柿を主として，りんご，桃，日本梨など多様な果樹の栽培農家が確認される（表Ⅶ-1）。ただし，いずれも近年は減少傾向が顕著である。稲作農家も同様に減少傾向が顕著であることから，農業全体の振興を推進していく必要がある。

220

（図Ⅶ－4）飯田市の製造業の構造（従業者数基準）

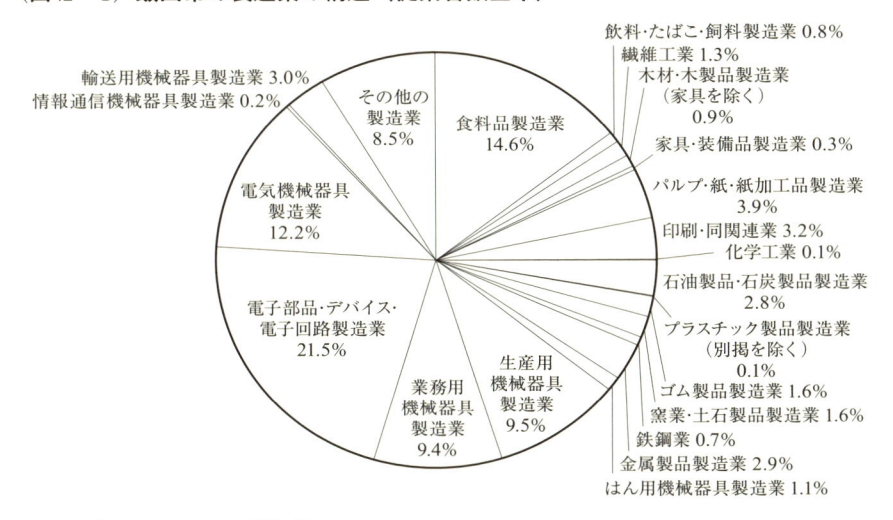

（注）従業者数4人以上の事業所。
出典：経済産業省『工業統計調査』（2014年）より作成。

（図Ⅶ－5）飯田市の製造業の構造（付加価値額基準）

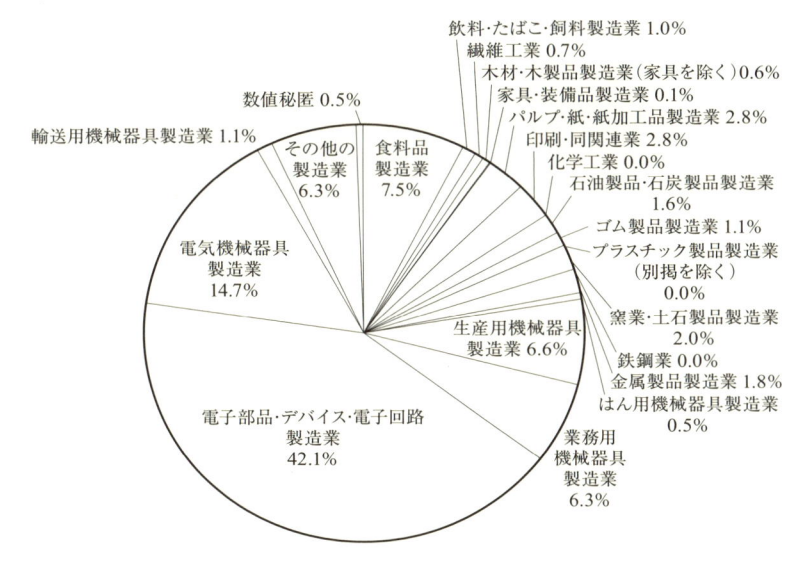

（注）従業者数4人以上の事業所。
出典：経済産業省『工業統計調査』（2014年）より作成。

（表Ⅶ-1）飯田市の果樹別栽培農家数

年	りんご	ぶどう	日本梨	桃	かんきつ類	柿	栗	梅	その他	稲作 （比較参考）
1995	957	57	667	446	…	1,738	84	1,483	351	2,380
2000	762	51	561	456	…	1,490	42	787	270	1,975
2005	645	78	464	418	4	1,363	27	520	298	1,572
2010	589	66	357	349	…	1,238	33	410	275	1,472
2015	482	78	309	311	2	1,032	36	267	235	1,205

出典：飯田市『飯田市勢の概要2016』より作成。
（出所）農林業センサス各年。

第3節　南信州・飯田産業センターの役割

（1）南信州・飯田産業センターの概要[7]

　地域内の産業振興のため，前身である「産業センターIIDA」が1984年に，長野県，飯田・下伊那地域の市町村，業界が一体となって第三セクター方式で建設された。現在の施設は，「産業振興と人材育成の拠点」（S-BIRD）にある（2019年1月に移転）。館内施設としては，地場産品の常設展示場，多目的大ホール，各種会議室，研究室，団体事務室などがあり，住民と地場産業とのふれあいの場として，また業界の新商品開発，需要開拓，人材養成のための研修，情報提供事業の推進等を行っている。また，急速な技術革新に対応するため，当センターには「工業技術試験研究所」や「EMC試験室」（電磁波利用製品の測定・評価施設）がある（写真Ⅶ-1・2）。

　以下，南信州・飯田産業センターの事業の内，地域産業の諸主体の連携を支援し促進する重要な事業である「飯田ビジネスネットワーク支援センター」と「飯田航空宇宙プロジェクトへの支援」の2つの事業について概観する。

（2）飯田ビジネスネットワーク支援センター

　飯田ビジネスネットワーク支援センターは南信州・飯田産業センターに設置された機関であり，次のような支援事業を行っている[8]。

　① 南信州・飯田地域（飯田・下伊那地域）を工業集積地として全国にPR

（写真Ⅶ‐1）南信州・飯田産業センター「工業技術試験研究所」

出典：筆者撮影（2019年2月27日）

（写真Ⅶ‐2）南信州・飯田産業センター「EMC試験室」

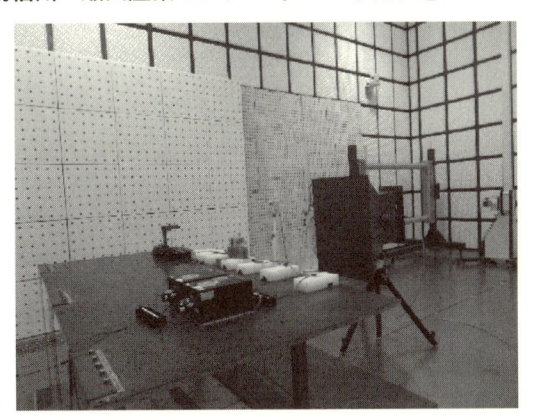

出典：筆者撮影（2019年2月27日）

　し，センターに寄せられる各受発注情報を登録企業に紹介し，ビジネスの
　仲介を行う。
② 全国各地の異業種交流会とネットワークを形成し，登録企業との交流を
　図る。

③　県内外のあらゆる情報を把握し登録企業に適切に提供し，具体的な取引の成立を推進する。

④　全国各地の展示会等に積極的に参加し，新規発注先となる企業の開拓を図る。

この仕組みには，注目される2つの点ある。第1点は，共同受注を受ける地域の企業が連携して共同受注グループNESUC-IIDA[9) を運営していること，第2点は，発注企業からの発注を，飯田ビジネスネットワーク支援センター，南信州・飯田産業センター，飯田市工業課，飯田商工会議所・商工会など地域の産業支援団体が連携して受注企業に仲介している点である。すなわち，公私にわたる諸主体が協力連携して共同受注に取り組んでいる[10)。

（3）飯田航空宇宙プロジェクトへの支援

1）飯田航空宇宙プロジェクトの概要[11)

飯田航空宇宙プロジェクトは，航空宇宙関連の技術を持つ企業38社で構成されている。その主な活動内容は，①航空機需要と業界情報の提供，②航空機関連工場見学会開催，③航空機部品ビジネスセミナー開催，④航空宇宙QMS（JISQ9100）解説と認証取得に向けたセミナー開催，⑤航空機部品・難削材加工セミナー開催，⑥CAD/CAMソフト研修会開催，⑦航空宇宙関連の研修会・セミナー・見学会への共同参加，⑧国内外展示会出展・商談会参加，⑨共同受注開拓と試作・量産受注である。2ヶ月に1回開催されるプロジェクト会議を中心として，4つのワーキングチーム：共同受注推進，品質保証システム構築，5軸ソフト開発，難削・難加工がその下で活動している。2006年5月から活動を行っており，プロジェクト会議は年6回，ワーキングチームは年50回以上のペースで開催されている。

また，飯田航空宇宙プロジェクトのワーキンググループとして活動している「エアロスペース飯田（Aerospace IIDA）」が注目される。このグループは，飯田・下伊那地域の中小企業が精密機械加工の技術を結集し，地域一貫生産体

制を可能とする共同受注体制の確立を目指し，2006年5月に設立された。主なテーマは，大手顧客窓口開拓・共同受注，受注システム構築・受注体制構築，生産技術・行程設計，加工分担・生産管理，品質保証・トレーサビリティー，コストダウン・採算管理，納期管理である。

2) 南信州・飯田産業センターによる支援事業

南信州・飯田産業センターは，この飯田航空宇宙プロジェクトについて，新産業クラスター事業の航空宇宙クラスターと位置づけた。『南信州・飯田産業センター　平成27年度事業報告書』によると，2015年度には次のような支援が実施された。

① プロジェクト活動推進　全体会議（6回/年）

② ワーキングチーム活動（111回/年）

③ 共同顧客開拓及び技術補完企業開拓（43回）

④ 一貫生産体制の強化支援：専門コーディネーターによる生産技術・コストダウンのコンサルティング指導

⑤ 国内外展示会出展等による販路開拓事業

⑥ 炭素繊維複合材研究会の開催（伊那テクノバレー共催事業）

⑦「アジアNo.1航空宇宙産業クラスター形成特区」の変更及び継続申請支援：飯田・下伊那35事業所指定，特区事業計画認定20事業所・5金融機関が認定

⑧ 航空宇宙産業クラスター拠点支援事業[12]

（4）考察

南信州・飯田産業センターは，地場産業に関する展示や物産販売，検査分析用機器の共同利用サービスの提供などにより地域の企業や個人事業者の事業活動を支援すると共に，ビジネス・マッチングや航空宇宙産業クラスターの形成促進など，地域内外の企業の連携を促進するコーディネーターとしての事業を展開している。

ただし，いずれの事業においても地域産業の主役はあくまでも地域企業であり，南信州・飯田産業センターの役割は，地域企業の自立的発展を側面的に支援することにある。

第4節　南信州観光公社の役割

（1）南信州観光公社の概要 [13]

　会社概要：2001年1月に飯田市，阿智村，喬木村，浪合村，平谷村の5市村と10の地元企業・団体の出資により設立された，体験型観光による広域地域振興を目的とした第三セクターの株式会社である。2004年6月に当時の飯田・下伊那18市町村（現在は合併により14市町村）全ての出資が完了し，2016年には上伊那郡中川村が新規加入した。資本金：2,965万円，役員：取締役（常勤）1名，社員構成：正社員1名，契約社員2名，飯田市観光課（ツーリズム係）1名と少数精鋭である。

　当該事業の開始に至るまでには，次のような経過がある。飯田市は1995年より，通過型の観光地から滞在型への転換を目指した。そして教育旅行にターゲットを絞り，関東から関西にかけての中学校，高等学校，教育委員会，旅行会社に3千通のダイレクトメールを送り，1996年度には8団体（うち学校3）の誘致に成功した。1998年には最初の農家民泊を受け入れた。この頃から飯田・下伊那18市町村全域で事業を展開していく構想が生まれ，2001年の会社設立，2004年の全関係市町村参加へと繋がっていった。

（2）実施事業 [14]

　事業は，次のような事業コンセプト（理念）に支えられてきた。

① 感動は人を変える。その感動は本物の体験から生まれる。

② 全てのプログラムに地域の人が関わる。

③ 窓口は一つ。受付・手配・調整・現地コーディネート・清算の全てを飯田市商業観光課（現在は南信州観光公社）が行う。

南信州観光公社の事業内容は次のとおりである。

① 体験プログラム・体験旅行のコーディネート

② 体験プログラムの企画開発・受入指導

③ 一般旅行業務，観光案内所の運営

④ 観光開発に関する設計並びにコンサルタント業務

⑤ 観光土産産品の製造・加工販売

⑥ 観光に関する宣伝・広告業務

⑦ 旅館・ホテル・土産品販売店等の社員教育研修

⑧ 観光開発のためのイベントの企画・実施

⑨ 損害保険代理業

受入れでは，旅行者，団体，学校から旅行会社を通した申し込みを南信州観光公社が受ける。南信州観光公社は，手配・調整・清算，受入，情報発信，プロモーション，営業，商品企画開発，教育研修，コンサルティングなどの業務を行うが，事業実施に当たっては1,000名を超える農家やインストラクター，地域コーディネーターと緩やかな連携を持っている。体験・交流の手配については自治体・地域コーディネーターの果たす役割が大きい。また，体験・交流の担い手は一般市民協力者がその殆どを占める。経営状況は，市町村及び出資団体からの補助金はなく，独立採算で運営されている。2005年度より収支は単年度黒字である。2016年度の受入状況は，次のとおりである。

学生団体：108団体，人数13.5千人（延べ人数44.4千人）

一般団体：144団体，人数4.4千人（延べ人数4.8千人）

（3）考察

飯田・下伊那地域における体験型観光への取組みは，自治体である飯田市が立ち上げたものである。公共主体が主導して始められた事業ではあるが，その発想は革新的である。それを民間ベースの事業として南信州観光公社に継承した。市町村及び出資団体からの補助金はなく，独立採算で運営されている点は

高く評価される。

　合わせて「結い」の伝統を持つ飯田らしさを活かした事業体制として評価されるのが，地域における数多くの農家やインストラクター，地域コーディネーターと緩やかな連携を持ち，体験・交流の担い手の多くを市民協力者が占め，事業の基盤を形成している点である。そして体験・交流の手配については，地域コーディネーターのほか自治体が大きな役割を担っており，民と公が適度な役割分担と協働関係の構築に成功していると言える（観光資源：写真Ⅶ−3・4）。

第5節　飯田まちづくりカンパニーの役割

（1）飯田まちづくりカンパニーの概要[15]

　飯田まちづくりカンパニーは，5つの視点を持って中心市街地再生に取り組んでいる。

1) まちづくりの原点に戻り，生活（住宅）と交流（商業・イベント）と仕事（オフィス）等の都市型機能を合わせ持った，安全で便利で快適な，暮らしよい環境を目指す。
2) 中心市街地全体は一つの共同体であり，公共性を持った市民財産である。
3) 中心市街地の土地，建物の所有と利用に関して，生活者の立場に立ったより合理的な権利関係の調整，マネジメントを行う。
4) 土地，建物の所有者およびそこに生活する人々の利益になるよう，商業地，生活地としてのポテンシャルを向上させる。
5) つねに住民の合意形成を大切にした市民主導による。

【会社概要】

　設　　立：1998年8月

　資本金：2億1,200万円

　出資者：40名（飯田市3,000万円・日本政策投資銀行2,000万円・金融機関4,000万円・会社・企業8,800万円・個人2,900万円・商工会議所500万円）

（写真Ⅶ－3）農村寄食舎　ごんべえ邑（飯田市千代地区）

出典：筆者撮影（2017年8月24日）

（写真Ⅶ－4）国指定名勝　天龍峡（飯田市）

出典：筆者撮影（2016年8月24日）

役　　員：取締役13名・監査役2名

社員構成：常勤役員（社員兼務）2名・専従社員4名

TMO認定：1999年8月

【支援・参加団体】

NPOいいだ応援ネット・イデア，市民団体IIDA WAVE，りんご並木まちづくりネットワーク，丘の上通信まいかみ，NPO国際りんご・シードル振興会，一般社団法人 飯田五平もち楽会，一般社団法人 空き家人情プロジェクト，ゆるキャラ(R)天国inりんご並木実行委員会，百万人のキャンドルナイトin南信州実行委員会ほか。

(2) 実施事業 [16]

飯田まちづくりカンパニーは，まちづくりの総合支援会社として次の事業を展開している。

1）本部事業 デベロッパー事業：不動産販売業務，不動産管理業務，不動産賃貸業務，不動産斡旋業務。調査・研究・開発事業：まちづくり調査・研究業務，コンサルティング業務，都市型事業開発業務，高齢者住宅提供業務。

2）市街地ミニ開発事業：空き店舗の活用とテナントミックス，共同立て替え・店舗の共同化，駐車場整備。

3）イベント・文化事業，まちづくり事業：各種商店街の集客イベント，創業塾の企画運営，まちづくり研究，ネットワークの形成。

4）物販・飲食事業：物販店舗・飲食店舗のサポート。

5）福祉サービス事業：福祉関連ネットワークの形成，高齢者支援サービス。

(3) 考察

飯田まちづくりカンパニーに関しては，井上（2000）も「まちの再生に強い思い入れを持つ5人の地元企業経営者が発起人となり，この再開発事業の受け皿となることを中心事業に据えたまちづくり会社として，平成10年8月に

当社を設立した」と評しているように，その成功要因が，民主導で事業が始まりそれが継承され，事業性が重視されてきた点が注目される。またその事業に，「公」である飯田市をはじめとする公的団体が参画して支援することにより，ハード事業とソフト事業の両方を包摂するまちづくりの展開を可能にしてきたことの意義も高く評価される。

さらに近年では，飯田まちづくりカンパニーが，まちづくり関係の多くの市民活動の参画により，まちづくりを総合的に推進するための核としての役割を高めていることも注目される。まちの再生や活性化には，自立性，総合性，市民参加が不可欠である。飯田まちづくりカンパニーは，その要件を中心となって整え推進する重要な役割を担っていると言える（写真Ⅶ-5・6）。

まとめ

本章では，市民参加による自治体産業政策の三つ目の実践事例として，長野県飯田市と下伊那郡の町村（飯田・下伊那地域）を採り上げた。飯田・下伊那地域では，地域の諸主体の協働により自立的な経済発展を進めてきた。その中心的な役割を担ってきた3つの第三セクターの活動に着目し，事業実績を上げて来た要因について考察した。

本章で採り上げた3つの第三セクターは，飯田・下伊那地域にある産業資源や観光資源，人的資源などの多様な地域資源を顕在化させ，夫々の力を高めると共に，地域資源相互の連携を促進することによって地域力を高め，地域経済の一層の発展を促進する役割を果たしていると言える。このような取組みにより地域全体の総合的な発展を実現している地域は，全国的にも少ない。地域の自立的・継続的な発展への取組みの先進事例として注目すべきものである。

今後は，夫々の団体について事業への継続的な取組みが求められると共に，団体間の相互連携の可能性についても検討していく必要がある。例えば，飯田市のまちなかの振興を中心に取り組む飯田まちづくりカンパニーと，郊外部の振興を中心に取り組む南信州観光公社が連携することにより，飯田・下伊那地

（写真Ⅶ−5）りんご並木（中心市街地）

出典：筆者撮影（2017年9月29日）

（写真Ⅶ−6）りんご並木から望むトップヒルズ本町（デベロッパー事業）

出典：筆者撮影（2017年9月29日）

域全体の地域経済の活性化が期待できる。また，この2つの団体が地域の特産品の振興を推進する南信州・飯田産業センターと連携することにより，飯田・下伊那地域の魅力がさらに高まると期待される。すなわち，既存の取組みを総合化するための方策が求められる。

本章は，次の拙著を再編したものである。
河藤佳彦「協働により自立的な経済発展を進める飯田・下伊那地域」『地域政策研究』
　（高崎経済大学地域政策学会）第20巻第4号，2018年，pp.75-86

（注）
1) 南信州広域連合の構成市町村：飯田市，松川町，高森町，阿南町，阿智村，平
　谷村，根羽村，下條村，売木村，天龍村，泰阜村，喬木村，豊丘村，大鹿村の1
　市3町10村。
　　出典：南信州広域連合規約（平成11年3月15日　長野県指令10地第1281号）
2) 国は，「第三セクター」を，地方公共団体が出資又は出えんを行っている一般社
　団法人及び一般財団法人（公益社団法人及び公益財団法人を含む。）並びに会社
　法法人と定義している。
　　出典：総務省自治財政局長「第三セクター等の経営健全化等に関する指針の策
　　　　定について」（総財公第102号，2014年8月5日付け）
3) 実地調査の内の2010年と2017年は，高崎経済大学地域政策学部の片岡美喜准
　教授の学部ゼミ3年生との合同実施である。
4) 「学輪IIDA」は，飯田市と関係を深めてきた大学・研究者等が，飯田を起点と
　して相互につながる有機的ネットワークを形成するため，2011年1月に設立さ
　れた。
　　出典：学輪IIDA（http://gakurin-iida.jpn.org，2017年10月10日取得）
5) 経済自立度の定義は，次のとおりである。経済自立度（%）＝地域産業からの波
　及所得総額/地域全体の必要所得額。
　　出典：飯田市『飯田市地域経済活性化プログラム2016』2016年
6) 飯田市（https://www.city.iida.lg.jp/site/kougyou/mshinsyuu-kyougikai.html，
　2017年9月4日取得）。なお企業立地促進法は，2017年7月31日に「地域経済
　牽引事業の促進による地域の成長発展の基盤強化に関する法律（地域未来投資
　促進法）」（平成29年法律第47号）に改定・施行された。
　　出典：経済産業省（http://www.meti.go.jp/press/2017/07/20170725003/2017072
　　　　5003.html，2017年11月17日取得）
7) 公益財団法人 南信州・飯田産業センター（https://www.isilip.com，2019年2月
　9日取得），同パンフレット『公益財団法人 南信州・飯田産業センター』（2017
　年8月25日取得）に基づく。

8) 上掲7)

9) 共同受注グループ「NESUC-IIDA」(Network Support & Community)〔ネクス－イイダ〕：南信州・飯田産業センター内に設置された飯田ビジネスネットワーク支援センターに登録された会員企業からなる運営組織である。会員社は80余社を数え，様々な技術を持った企業からなる共同受注ブランドとして活動している。
   出典：上掲7)

10) 上掲7) に基づく筆者の考察である。

11) エアロスペース飯田（Aerospace IIDA）(http://www.aerospace-iida.com/pj/org.html，2017年9月22日取得）について要点を整理した。

12) 航空宇宙産業クラスターを強固なものとするため，航空機産業における特殊工程技術（熱処理・表面処理・非破壊検査）機能を有する「航空宇宙産業クラスター拠点工場」が整備された。
   出典：公益財団法人 南信州・飯田産業センター（http://guide.isilip.org/?cid=54686，2017年10月10日取得）

13) 南信州観光公社資料（2017年8月23日取得）に基づく。

14) 上掲13)

15) 株式会社 まちづくりカンパニー パンフレット『まち・ひと・みらい』(2017年8月23日取得)。

16) 株式会社 まちづくりカンパニー パンフレット『まちの未来を育てます。―誇りある街を未来に残すために』(2017年8月23日取得)。

【参考文献】

安藤裕「新連載 逆境を乗り越える！地域の「成長戦略」第1回 現場主義で，多様な産業と高い技術力を結集」『月刊ガバナンス4月号』No.108，ぎょうせい，2010年4月，pp.84-86

井上雄文「まちづくり最前線～TMOは今④ 市民有志が主体となったTMOが市街地の開発事業を実施（飯田市：㈱飯田まちづくりカンパニー）」財団法人 静岡経済研究所『SERIまんすりー』第38巻12月号，2000年11月，pp.18-21

牧野光朗編著『円卓の地域主義：共創の場づくりから生まれる善い地域とは』事業構想大学院大学出版部，2016年

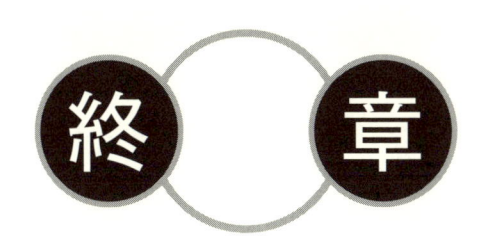

第1節　本書の目的の再確認

　本書は，一般市民を含む地域の産業関係の諸主体を広義の「市民」として捉え，自治体が市民と連携・協働して取り組む産業政策を「市民参加による自治体産業政策」と表現した。そして，その意義について理論的把握に努めると共に，その実態を知ることにより，実績を生み出している要因や課題について分析し，将来のあり方について考察することを目的として執筆した。

　自治体産業政策における市民参加は，政策形成過程に留まらず実践活動も含め，事業者や市民団体，一般市民など幅広い層の市民と連携・協働して，地域経済の活性化に取り組むものであり，既に一定の成果を上げている事例も見られる。

　人々の多様化する行政ニーズに的確に応える実効性の高い産業政策を，市町村が今後さらに発展させていくためには，自治体産業政策を包含する地域産業政策の意義や役割，その中での自治体産業政策の位置づけ，さらには自治体政策への市民参加の意義や具体的な方法など，実践を裏付ける理論による基礎固めが重要となる。それを確認した上で，様々なかたちで市民と連携・協働して取組みを進めている地域に着目し，実態分析を行い，理論を適用しつつその活動の注目点を抽出し，一般化へと繋げるための糸口を探った。

第2節　本書の要旨

　第1節に示した趣旨・目的に基づいて執筆した本書について，以下，各章の

235

テーマとその中で得られた知見について改めて振り返る。

　序章では，本書の目的を確認した上で，自治体産業政策を捉える視点について，自治体産業政策に求められる要件，自治体産業政策の実践事例から考察し，本書における考察の方向性の検討へと繋げた。

　第Ⅰ章では，「地域産業政策の意義と枠組み」について検討した。即ち，自治体産業政策に関する考察に先立ち，それを包含する地域産業政策の将来への展望を得るため，地域産業政策の主な担い手（政策主体）と対象，地域産業政策への理解のための基本概念，地域主体の産業政策に必要な視座という基本的な重要事項について確認し，その意義について考察した。

　自治体産業政策は，地域産業政策の中心的な役割を担う存在である。また，地域産業政策の対象の中心に置かれるのは，中小企業を中心とした地域産業の諸主体のニーズである。そこで，諸主体のニーズを的確に把握することが重要となる。そのために政策の諸主体が，必要に応じて，単独で，または連携・協働して取り組んでいく仕組みが，地域産業政策には必要であると言える。

　また，地域産業政策を理解するための基本概念として，「産業」の意義と役割，「産業政策」の意義，「地域産業政策」の意義，「地域資源」の重要性，「中小企業」の重要性，「地域政策」と「中小企業政策」，「産業政策」及び「産業立地政策」との関わりについて確認した。自治体産業政策のあり方について考察するためには，このような基本的な概念を把握しておくことが重要である。

　さらに，地域主体の産業政策に必要な視座として，地域産業政策の活躍舞台としての地域経済の捉え方と，地域産業政策による地域経済の活性化策の基本的なあり方を確認した。そして，戦後の地域開発政策の歴史と地域主体の産業立地政策について確認した。戦後の長い期間，国の主導のもとで地域開発が進められた。その事実認識のうえに，地域主体の産業立地政策のあり方について考察することが重要である。

　第Ⅱ章では，「内発的発展を促進する自治体産業政策の基本要件」について検討した。まず内発的発展の基本的な意義について確認した上で，内発的発展を誘発・促進する産業分野や企業の要件と把握方法について整理した。さらに

考察を発展させ，自治体産業政策の推進体制のあり方について検討した。

　地域産業政策は，多様化・個性化の進むなかで必然的に重要性を増している。自治体の認識も高まっており，その表れとして，地域経済の振興に重要な役割を担う中小企業の振興を目的とする，中小企業振興条例の制定が各地で進んでいる。また，産業振興会議など地域の経済関係主体が協働して政策提言を実施する仕組みづくりも進んでいる。

　地域産業政策において中心的な役割を担う自治体産業政策は，地域主義に基づく内発的発展を理念として推進することが重要となる。内発的発展を促進する地域産業政策を推進するために重要なことは，地域の人々が自らの地域資源を十分に把握し，地域の優位性や個性の源泉として最大限に活用することである。その実施主体として市町村が重要な役割を担う。

　市町村を中心とする自治体産業政策には，こうした取組みを総合的に推進することにより，中小企業の革新的な取組みや相互連携を促進して地域産業の総合力を高め，地域の内外の人々に物心両面にわたる豊かさをもたらすことが求められる。さらに，地域産業政策の担い手人材の育成も重要な課題である。

　第Ⅲ章では，「地方創生における自治体産業政策の役割」について検討した。

　地域に住む人々が経済的にも精神的にも豊かな生活を実現するためには，一人ひとりが生み出す付加価値である生産性を向上させることが重要となる。それを実現するのがイノベーションである。

　イノベーションは，産業活動に関する供給面と需要面の双方において多様な可能性を内包している。自治体産業政策は知恵を絞りその可能性を見出し，地域独自の地域資源や優位性に適用したり，地域資源と諸主体を相互に結びつけることなどにより，地域産業の高付加価値化を進めることができる。そのため，人口減少社会が進展し，労働力の量的増加に期待することが困難なこれからの時代においては，一人当たりの労働者が生み出す付加価値，即ち労働生産性を高めていく政策は，自治体産業政策において取り組むべき必須の要件となる。併せて，労働生産性の向上分を適正に働く人々に適正に分配する必要があり，国が全国的な観点から誘導していくことも必要である。

第Ⅳ章では，「自治体政策への市民参加の意義と枠組み」として，産業政策より広い視点に立ち，市民参加による自治体政策の可能性について確認した。

　そのためまず，先行研究に基づき，市民参加による自治体政策に必要な要件について検討した。自治体の政策形成における市民参加は，市民ニーズの多様化と高度化に自治体行政が的確に対応するために必要不可欠であること，市民参加組織には民主性，専門性，市民感覚を兼ね備えることが求められること，政策の策定・執行・評価の全過程への参加が求められること，市民と自治体職員の双方が主体性と責任感をもって臨む必要があることが確認された。

　次に，市民参加の枠組みについて，より具体的に検討した。行政や議会，市民・地域団体との関係の中での審議会・委員会の位置づけや活動の流れを確認した上で，構成委員の役割，サポート体制の役割について確認した。構成委員としては，実務者委員，市民団体の代表・一般市民委員，連携・支援機関の代表委員の各々が，異なる立場からではあるが重要な役割を担うことを確認した。また，審議会・委員会の活動を，より一層効果的なものとするためのサポート役として，審議会・委員会の事務局，民間コンサルタント，学識経験者（研究者など）の有効活用が効果的であることを確認した。

　さらにこれを事例によって確認するため，自治体政策の総合的な行政計画となる総合計画の策定を市民参加のもとに進めた，群馬県渋川市の取組みに着目した。渋川市では，市民参加を前提とした策定方針を立て，体制を整えた上で計画策定を実施した。さらに総合計画審議会は，計画の策定後も存続し，計画の進捗状況の評価と政策の改善への意見具申などを行うことにより，計画に基づく政策の実行をより良いものとなるよう活動している。計画策定過程は勿論のこと，計画に基づく政策実施過程においても，市民参加による審議会が継続的に役割を担い続けていると言える。

　第Ⅴ章では，市民参加による自治体産業政策の一つ目の実践事例として，埼玉県上尾市を採り上げた。上尾市は，首都圏の大都市近郊地域であることによる優位性を発揮できる特色を活かしながら，関係諸主体が連携・協働し，着実に地域産業政策を進めている。

　具体的には，産業政策の指針となる産業振興ビジョンを策定し，それを拠り所として，関係諸主体が連携と協働により地域ニーズに即した施策を提言する組織として産業振興会議を設置し，地域産業の振興に取り組んでいる。産業振興会議は，地域産業の諸主体の連携・協働の基盤として重要な役割を担っていると言える。そして，産業振興会議の構成メンバーに留まらず，地域の諸主体が連携・協働して実施すべき，広い意味での市民参加による産業政策の実施方策を提言することにより，実効性の高い地域産業政策が展開されていると言える。

　第Ⅵ章では，市民参加による自治体産業政策の二つ目の実践事例として，長野県上伊那郡辰野町の産業政策を採り上げた。辰野町は，地域産業の振興のため，地域に住み働いてくれる人々を増やすことを重視し，地域の事業者や市民活動と連携して取り組んでいることが注目される。その方針は，地域間交流から移住定住促進を目指す総合的な取組みを特色とする辰野町の基本方針と合致していることから，産業政策と他の政策は相互に補完し合い相乗効果を生み出す関係にあると言える。

　辰野町の政策の根幹となるのは，『辰野町第五次総合計画』である。その基本構想（2011年度〜2020年度）は，まちづくりの合言葉を「住み続けたい　帰りたい　住んでみたいまち　たつの」としており，その将来目標の中に産業振興・雇用確保は，大きな柱の一つに位置づけられている。その目標は，『辰野町まち・ひと・しごと創生総合戦略』［第3版］（2017年3月）において，より具現化されていると言える。

　さらに，辰野町が取り組む地域経済振興と雇用創出の主要政策として，雇用促進政策，商業地域の活性化政策，空き家バンクの活用による移住定住促進，交流人口拡大政策としての合宿補助金制度を採り上げ，各々の政策の現状を確認した上で，更なる可能性について考察した。

　このように，辰野町の産業政策の意義や具体的な施策の実態を確認した上で，次に視点を変え，これらの政策を実践する体制として，市民・事業者の協働による，地域経済の活性化事業への取組み状況を確認した。さらに，その重

要な担い手である民間の事業者，民間の感性と実行力を持って行政の内部で活躍する地域おこし協力隊と集落支援員，そして政策の中心的な担い手としての辰野町役場へのヒアリング調査を実施した。

辰野町における市民参加による産業政策については，注目すべき点をいくつか挙げることができる。一つは，辰野町の政策目標が明確であったことにある。すなわち，総合計画の主要目標（まちづくりの合言葉）を移住定住の促進に置き，町の個別政策をその実現に向けて総合的に実施できるような政策体系を構築していたことである。もう一つは，地域活性化に主体的かつ積極的に取り組む熱意を持った民間団体や個人（民間主体）に恵まれたことである。また，民間主体の側も自治体としての辰野町の側も共に，相互に連携し協働して地域活性化に取り組んでいこうという柔軟な考え方と知恵を持っていたことである。

民間主体と自治体が，各々の得意な点を持ち寄り，苦手な点を補完し合い，適度な距離感を持ちつつ連携・協働していく態勢が地域において形成されていることが，取組みを実績に繋げてきた重要な要因であると言える。

第Ⅶ章では，市民参加による自治体産業政策の三つ目の実践事例として，長野県飯田市と下伊那郡の町村（飯田・下伊那地域）を採り上げた。飯田・下伊那地域では，地域の諸主体の連携・協働により自立的な経済発展を進めてきた。本章では，その中心的な役割を担ってきた3つの第三セクターの活動に着目し，事業実績を上げて来た要因について考察した。

3つの第三セクターは，飯田・下伊那地域にある産業資源や観光資源，人的資源などの多様な地域資源を顕在化させ，夫々の力を高めると共に，地域資源相互の連携を促進することによって地域力を高め，地域経済の一層の発展を促進する役割を果たしてきたと言える。このような取組みにより地域全体の総合的な発展を実現している地域は，全国的にも少ない。地域の自立的・継続的な発展への取組みの先進事例として注目すべきものである。今後は，夫々の団体について事業への継続的な取組みが求められると共に，団体間の相互連携の可能性についても検討していく必要がある。

第3節　結語

　自治体産業政策を実効性の高いものにするために最も重要なことは，地域の経済活動に実際に携わっている事業者たちの政策ニーズを的確に把握し，それに的確に対応できる政策をきめ細かく実施していくことである。

　そのためには，政策の形成過程と実施過程の両方の過程において，事業者を含む広義の市民の参加を得て実施できる体制を整えることが重要となる。政策形成過程で中心的な役割が期待されるのが産業振興会議（呼称は自治体により様々）である。政策実施の過程における市民参加のかたちは多様である。しかし，基本において共通する必須要素は，熱意を持った民間主体（市民）と自治体（市町村）が地域活性化の理念を共有し，互いの得意とする知識やノウハウ，行動力を持ち寄り，連携と協働により取り組むことである。その中で個性と多様性がある地域資源を活かしながら，産業政策に取り組むことが求められる。

　自治体と地域諸主体が連携・協働して実施される地域産業政策から生み出される成果は，多様なものとなる。個性と多様性は，地方創生においても重要な要素となる。

あとがき

　筆者は20数年間，自治体行政に従事し，そのなかで地域産業政策の業務を担当してきた経験を持つ。その後，大学で教育研究に携わってきたが，その月日も10年余になる。筆者が，自治体の行政実務家から大学の研究者になることを志した理由の一つに，自治体政策を実効性の高いものにするため，政策に理論的な裏づけを行うことの必要性を強く感じていたことがある。取り分け私の関心の中心は，地域産業政策にあった。即ち，実践的な地域産業政策論，その中核となる自治体産業政策論の構築への想いである。

　そのため，大学に奉職してからは，この観点を基本に据えて研究活動に取り組んできた。地域の経済・産業の個性や優れた点を客観的に捉え，それを地域の経済・産業の振興に活かすための実践的な方法論の探究である。

　大学に奉職した後も，自治体の産業政策に関する委員会などに参画する機会に恵まれたことから，地域の経済・産業の実務家の方々との交流のなかで，多くのことを学ぶことができた。その経験の中で，地域における経済諸主体が連携・協働して地域産業の振興に取り組むこと，またそのために「産業振興会議」のような場の果たす役割の重要性を改めて実感している。

　本書は，実践的な自治体産業政策の方法論について，自治体産業政策の実務家をはじめ，地域の経済・産業の活性化に関わる多くの方々，そして日本の将来を担う若い学生諸君とも知見を共有し，共に考えるための出発点となることを願って執筆した。この趣旨に少しでも役立てれば幸甚に存じる。

　本書の執筆に当たり，多くの地域のお取組みを事例として考察の対象にさせていただきました。そのために実施した調査や資料収集に当たり，関係の自治体，事業関係団体，民間事業者など多くの方々にお世話になりました。心より御礼申し上げます。

また，本書の企画の趣旨をご理解くださり，出版の機会を与えてくださった
同友館のスタッフの皆様にも，心より御礼申し上げます。
　最後に，本書の出版まで何とかたどり着いた筆者を，一貫して支えてくれた
妻の泰子に感謝の気持ちを表したい。

令和元年9月　神奈川県川崎市にて

河藤　佳彦

索　引

◎著者略歴

河藤 佳彦（かわとう よしひこ）

専修大学経済学部・同大学院経済学研究科教授。
大阪府の行政職として長年勤務し，産業・土木・地域開発などの分野で実務を担当。高崎経済大学の勤務を経て現職。
専門分野は，地域経済論，地域産業政策論，中小企業論など。
早稲田大学政治経済学部経済学科，埼玉大学大学院政策科学研究科修士課程（現：政策研究大学院大学），大阪商業大学大学院地域政策学研究科博士後期課程（地域経済政策専攻）修了。博士（地域政策学）。
これまでに，行政職では，大阪府商工部立地経済交流課地域経済振興係長，大阪府八尾市理事，大阪府企業局企業監理課参事などを務めた。
2019年8月現在，群馬地方最低賃金審議会（厚生労働省群馬労働局）会長，渋川市総合計画審議会会長，渋川市まち・ひと・しごと創生検討会議会長，渋川市中小企業振興会議会長，上尾市産業振興会議会長，所沢市産業ビジョン推進会議会長，北本市産業振興委員会委員長などを務めている。

2019年9月30日　初版第1刷発行

市民参加による自治体産業政策
―基礎自治体における取組みを中心として―

© 著　者　　河藤佳彦
　　発行者　　脇坂康弘

〒113-0033 東京都文京区本郷 3-38-1
TEL.03(3813)3966
FAX.03(3818)2774
https://www.doyukan.co.jp/

発行所　株式会社　同友館

落丁・乱丁本はお取り替えいたします。
ISBN 978-4-496-05433-4

三美印刷／松村製本所
Printed in Japan